湖南省教育科学规划课题研究成果
课题批准号：XJK014BTW008
课题名称：生态学视域下武陵特困区体育教育发展路径研究

# 贫困地区体育教育生态化发展理论研究

◎黎玉浓　著

中国原子能出版社

**图书在版编目（CIP）数据**

贫困地区体育教育生态化发展理论研究 / 黎玉浓著
. —北京：中国原子能出版社，2017.8（2024.4 重印）
ISBN 978-7-5022-8430-5

Ⅰ.①贫… Ⅱ.①黎… Ⅲ.①贫困区—学校体育—体育教育—研究—中国 Ⅳ.①G807

中国版本图书馆CIP数据核字（2017）第 203934 号

**贫困地区体育教育生态化发展理论研究**

| | |
|---|---|
| **出版发行** | 中国原子能出版社（北京市海淀区阜成路 43 号　100048） |
| **责任编辑** | 王　青 |
| **印　　刷** | 河北华商印刷有限公司 |
| **经　　销** | 全国新华书店 |
| **开　　本** | 787mm×960mm　1/16 |
| **印　　张** | 12.75　　字　数　222 千字 |
| **版　　次** | 2023 年 11 月第 2 版　2024 年 4 月第 2 次印刷 |
| **书　　号** | ISBN 978-7-5022-8430-5　　定价：80.00 元 |

网址：http://www.aep.com.cn　　**版权所有　侵权必究**

# 前　言

生态环境是人类生存和发展的终极物质基础，它为人类的生产和生活提供能源、原材料，同时人类活动所产生的废弃物质和能量只有回到环境中去才能得到消解和转化。人类为了生存和发展在不断地认识、改造着生态环境，同时生态环境又以其强大的力量制约着人类的行动，要求人类的服从。将生态思维运用到体育事业的发展中，对于自觉审视和思考体育运动与人类身体及自然界的协同发展，以及体育事业的可持续发展等问题具有重要指导作用。

贫困问题已经成为当今世界最尖锐的社会问题之一，它是引起社会矛盾的根源，同样也是影响社会稳定的主要因素。我国对贫困问题一直相当重视，如精准扶贫政策的提出，对于促进社会和谐发展、解决贫困地区的学校体育发展是非常重要的，因为比贫困更可怕的是健康问题，而加强学校体育教育是促进贫困地区人民群众健康的主要途径和保证。我们知道，教育的发展受制于经济发展水平，而经济发展水平又决定着社会的贫困程度。贫困地区大多数人对于生态环境重要性的理解是非常浅薄的，对保护和优化生态环境的重要意义的认识也远远不够，因此在发展经济的同时还要大力宣传环保意识，这样才能促进贫困地区体育教育的生态化发展。

本书的绪论部分阐述了研究背景、研究的意义、理论依据、研究综述、核心概念等内容；第二章主要阐述了体育教育生态化内涵和体育教育生态化的相关研究；第三章主要阐述了体育生态系统的因子分析；第四章主要阐述了体育教育的生态环境；第五章主要阐述了贫困地区体育资源的生态开发；第六章主要阐述了贫困地区体育教育生态化发展的必要性；第七章主要阐述了贫困地区体育课堂生态化教学评价指标体系的构建；第八章主要阐述了贫困地区体育教育生态化的发展。

由于时间仓促，笔者才疏学浅，书中错误之处在所难免，望专家学者和广大读者朋友批评指正。

编　者
2017 年 7 月

# 目　录

# 第一章　绪　论

## 一、研究背景

自 20 世纪 60 年代联合国提出著名的"3P"问题以来，poverty——"贫困"问题、pollution——"污染"问题、population——"人口"问题，已经日益成为当今世界各国政府迫切需要解决的重要问题。党的十八大报告提出了建设"美丽中国"、共筑"中国梦"等一系列重要举措，给生态文明建设与贫困问题的解决提出了新的更高要求。邓小平同志曾经多次告诫全党："社会主义不是少数人富起来、大多数人穷，不是那个样子。社会主义最大的优越性就是共同富裕，这是体现社会主义本质的一个东西。"把扶贫作为关心群众疾苦和密切党群关系的一件大事来抓。处处关心群众，事事依靠群众，一切为了群众，诚心诚意为群众谋福利，是我们党的根本宗旨[①]。

首先，贫困是一个世界各国政府共同面临的严峻问题。根据世界银行的报告，世界极度贫困人口仍有 12 亿人之多。消除贫困，既是当前诸多发展中国家所面临的严峻挑战之一，也是现阶段中国政府高度关注的重要问题。中国作为一个农业大国，人口多、底子薄，虽然经过中华人民共和国成立以来六十多年的发展，广大人民群众的生活水平显著提高，但是部分农村地区仍然面临着贫困的挑战。中国学术界对于贫困问题较为规范的研究，大致开始于 20 世纪 80年代，稍晚于中国农村可持续减贫实践的探索。随着近年来中国政府在农村贫困治理方面一系列重大政策举措的相继出台，中国农村贫困地区的"脱贫致富"成绩显著。与此同时，学术界针对中国农村贫困问题的研究更加细致，并且在遵循农村减贫实践普遍规律的基础上，立足于地方实际，从更深层次上探索局部贫困地区农村扶贫开发的特殊规律，学术观点层出不穷，形成的对策与建议

---

[①]　梁君思.美丽中国视野下的可持续减贫与绿色崛起研究：以赣南农村为例［M］.南昌：江西人民出版社，2015.

在可操作性方面越来越强，研究成果转化率显著提高，极大地推动了中国农村减贫事业发展的进程。当前，中国农村贫困地区致贫返贫因素较多，贫困地区连片分布的现实挑战依然存在，"生产力发展水平低下、产业结构单一、市场规模狭小、基础设施薄弱、生态环境恶化、社会发展机制发育不全，贫困发生普遍、贫困程度深重的状况非常严峻"。虽然从 2002 年到 2011 年，中国经济总量从世界第六位跃升到第二位，取得了一系列新的历史性成就："收入分配差距缩小，中等收入群体持续扩大，扶贫对象大幅减少。"党的十八大报告提出了全面建成小康社会的历史任务，消除贫困，势在必行。但是，由于长期处于贫困落后的状态、地理位置相对封闭、历史负担较重等因素的存在，我国贫困地区无论是在体育还是其他方面的发展依然面临着极为严峻的挑战。

其次，污染是一个具有全球性视野的问题，也是新形势下中国政府应对全球性自然生态环境恶化危机、推进生态文明建设面临的重要挑战。自然资源是人类生存和社会发展的重要物质基础。随着世界经济的迅速发展，人类对自然界资源的开发与利用不断深化，致使生态环境的容纳能力不断降低。因此，以"高污染"为代价的传统的资源开发模式已经渐渐无法适应时代发展的需求。我国大部分贫困地区的自然环境是比较优越的，但是鉴于各方面的原因，这些地方的特色并未转化为经济优势。因此，在注重保护自然生态环境的背景下推进贫困地区体育教育的生态化，对在新的历史形势下推动贫困地区的经济发展具有重要的现实意义。

生态文明是全面建设小康社会奋斗目标的新要求，鉴于这一点，中国生态文明建设对生态教育也提出了新的更高要求。近年来，教育生态失衡现象越来越严重，这就使得更多的教育者开始关注教育的生态平衡与发展问题。体育教学是教育生态系统中以"学生—教师—环境"为主要构成要素的最基本的动态开放系统，体育教育的生态问题也自然地成为人们重视和研究的新领域。然而在我国的贫困地区，人们的体育生态意识相对来说是比较落后的，因此在发展体育事业的过程中，要针对这种情况，采用生态教育对象层次化及多样化等方式，与贫困地区的生态环境和经济状况等当地的实际情况相结合，提出在生态学视域下大力发展贫困地区的体育教育，逐步缩小发达地区与经济相对落户地区的差距，是我国新时期亟待解决的重要课题。

## 二、研究的意义

本课题既有理论价值也有实践价值。理论价值主要是在生态学基础上对我国贫困地区体育教育发展起到进一步的促进作用；能够提升体育精神的扩展和发扬，增强人们对贫困地区体育教育发展的关注；对国家生态教育下的体育教育整体发展具有重大意义。实践价值主要体现在：加快贫困地区体育生态教育的建设和发展；对贫困地区整体体育发展起到促进作用；创新出一种全新视域下的体育教育发展路径。

当前，人类文明正处于由工业文明向生态文明过渡的历史时期。充分挖掘生态资源，实现赣南农村贫困地区的可持续减贫与绿色崛起，是当前推进生态文明建设迫切需要解决的重要课题，是现阶段实现全面建成小康社会历史任务的重要举措，也是新形势下建设"美丽中国"、共筑"中国梦"的重要载体与理想选择，还是在新的历史形势下实现好、维护好和发展好最广大人民群众根本利益的根本途径与现实出路。本书基于生态学，使生态教育与我国贫困地区体育教育发展相结合，进一步对体育生态教育的研究进行了补充，对提高贫困地区学生的体育生态意识，促进全面发展具有积极意义，同时对于贯彻落实科学发展观，推进生态文明建设更具有重要的现实意义[①]。

## 三、理论依据

党的十八大报告把生态文明建设放在突出地位，纳入社会主义现代化建设总体布局，进一步强调了生态文明建设的地位和作用。2011年12月1日国务院印发了《中国农村扶贫开发纲要（2011—2020年）》（以下简称《纲要》）。作为今后十年我国农村扶贫开发工作的纲领性文件，《纲要》提出要把14个特困地区作为新时期扶贫开发主战场。《纲要》还提出，将加大在教育、卫生、文化、就业、社会保障等民生方面的支持力度，保障其义务教育，促进基本公共服务均等化。

教育生态学是生态学原理与方法在教育学中渗透与应用的产物。教育生态理论源自自然生态，融合了生态学的精髓，立足于"生命观"，终极目标是为了

---

① 梁君思.美丽中国视野下的可持续减贫与绿色崛起研究：以赣南农村为例［M］.南昌：江西人民出版社，2015.

人的全面发展，旨在探索符合区域经济和社会发展要求，与生态文明时代相适应的教育存在和持续发展的方法体系。因此，教育生态既是一种教育理念，也是一种教育实施策略，将教育生态学的相关理论运用到教育实践中来，对于解决教育现实中的现实问题，具有很重要的指导意义。

作为我国教育事业的重要组成部分，体育教育对各方面发展都起到了促进和带动作用。在国家政策的积极带动下，湖南武陵特困地区的各项建设不断取得发展，但体育生态教育发展相对滞后。因此，如何加快建设生态学视域下湖南武陵特困区体育教育发展的路径是当前亟待解决的重要课题之一。

## 四、研究综述

### （一）关于贫困问题的研究

在迄今为止的一切社会中，贫困是一个普遍存在的社会现象。在历史上许多思想大师的笔下都涉及了贫困问题，如柏拉图、亚里士多德、培根、马克思、恩格斯等。但是最早对贫困问题进行探讨的是英国经济学家马尔萨斯，他在其代表作《人口论》中阐明了自己的"贫困理论"观点。他从所谓两个永恒性法则出发，"第一，两性间的情欲是必然的，且几乎保持现状"，他认为，在人口的增加超过了生活资料的增长，两者不平衡的时候，自然规律必然使他恢复到平衡，贫困和罪恶就是限制人口增加，使人口增加和生活资料相平衡的调节手段。在此基础上，他认为贫困的根源在于人口的过度增长。"第二，食物为人类所必需。"从长期看，食物供给的增长滞后于人口的增长，即食物供应是按算术级数增长，人口则是以爆炸性的几何级数增长，因此贫困是不可避免的。但他认为，资本主义社会中的贫困和罪恶并不是由资本主义私有制造成的，资本主义私有制不仅不是贫困和罪恶的根源，相反地，它是保持人口增值同生活资料之间平衡的最有效和最好的制度。他的结论是贫民自身是贫困的原因，社会制度没有任何责任，他们除了承受由自身人口增加太快而带来的贫穷和罪恶的惩罚之外，别无出路[①]。

马克思在对资本主义生产方式的深刻分析基础之上，凭借着他对贫困生活的体验以及对贫困人民的了解，建立了马克思主义的贫困理论。他是最早从制

---

① 冯迎娜.我国边远地区国家级贫困县农村中小学体育教育现状的研究［D］.北京体育大学，2009.

度层次上揭示贫困的根源。马克思认为，在资本主义制度下，资本家为了攫取更多的剩余价值，就不断地把剥削来的剩余价值中的一部分，转化为资本，扩大资本主义再生产，随着资本集中和资本有机构成的提高，资本家用于购买生产资料的不变资本相对增加，用于购买劳动力的可变资本相对减少从而出现了机器排挤工人的现象，产生相对过剩人口。马克思认为"工人人口本身在生产出资本积累的同时，也以日益扩大的规模生产出使他们自身成为相对过剩人口的手段，这就是资本主义生产方式所特有的人口规模。"马克思断言，制度是造成无产阶级贫困化的根源，必须从制度本身寻求答案，在改变旧制度，建立新制度中实现反贫困的目标。总之，马克思的贫困理论揭示了资本主义制度下无产阶级贫困化的本质和根源以及无产阶级贫困化增长的趋势。同时也指明了无产阶级摆脱贫困命运的根本出路——消灭雇用劳动制度。

纳克斯的"贫困恶性循环理论"中指出，发展中国家之所以贫困，不是因为这些国家国内资源不足，而是因为这些国家的经济中存在着若干个互相联系、互相作用的"恶性循环系列"，正是这些恶性循环，使发展中国家长期在持续的贫困封闭圈中徘徊，无法实现经济发展，而在这个恶性循环系列中，主要是"贫困恶性循环"，其产生的原因在于资本缺乏，资本形成不足，从资本的供给方面看，发展中国家人均实际收入低，低收入意味着低储蓄能力，低储蓄能力造成资本形成不足，资本形成不足使劳动生产率难以提高，生产率低又造成新的一轮低收入，从资本的需求方面看，发展中国家人均收入低，低收入意味着低购买力，低购买力造成投资引诱不足，投资引诱不足使生产率难以提高，生产率低又导致新一轮的低收入，如此周而复始的恶性循环，这两个循环是相互影响、相互作用的，阻碍了经济的发展，从而必然使发展中国家长期处于经济停滞和贫穷的困境之中。纳克斯的"贫困恶性循环"理论的核心实际是要说明，发展中国家要摆脱贫困，打破恶性循环，必须大规模地增加储蓄，扩大投资，促进资本形成。但是，它过分强调了储蓄作用和资本积累的重要性，因而产生了片面的影响。

纳尔逊认为，发展中国家的经济表现为人均收入处于维持生存或接近于维持生存的低水平均衡状态，即所谓的"低水平均衡陷阱"。只要人均收入低于其理论值，国民收入的增长就被更快的人口增长所抵消，使人均收入退回到维持生存的水平上，并且固定不变。当人均收入大于这一理论值，国民收入增长下降到与人口增长均衡为止，在这一点上，人口增长和国民收入达到新的均衡。

这说明在一个最低人均收入水平增长到与人口增长率相等得人均收入水平之间，存在一个"低水平均衡陷阱"，在这个陷阱中，任何超过最低水平的人均国民收入的增长都将由人口增长所抵消，这种均衡也是稳定的。发展中国家必须进行大规模的资本投资，使投资和产出的增长超过人口增长，才能冲出"低水平均衡陷阱"。它说明了资本稀缺是经济发展的主要障碍和关键所在。而且它与纳克斯的"贫困恶性循环"理论相比，更进一步证明了发展中国家贫困再生是一种稳定现象，并揭示了这种稳定均衡的内在机制对突破贫困均衡的临界条件。另外还有缪尔达尔的"循环积累因果关系"理论，森的权利贫困理论，郝希曼的"不平衡发展理论"等，他们围绕发展中国家贫困的原因以及如何摆脱贫困这两个基本问题，从不同角度进行了深入的分析，并在此基础上提出了各种各样的政策主张[①]。

### （二）关于和谐社会下的贫困与教育的研究

胡庆山、王健在《新农村建设中发展"新农村体育"的必要性、制约因素及对策》一文中提到构建社会主义和谐社会，是一个系统工程，需要从整体上思考问题，把工作视野拓展到政治、经济、社会和文化等各个方面，统筹各种社会资源，综合解决社会协调发展问题。并且提到体育系统是我国社会主义事业的重要子系统。但体育系统中的农村体育已与城市体育的发展出现了严重的"两极分化"，农村体育又是社会体育的重要组成部分，其发展的好坏也直接影响着社会体育发展的大局，影响着全民健身体系完善的大局，最终会影响全面建设小康社会目标实现的大局。因此得出，在努力构建和谐社会的今天，没有农村体育的长足发展，我国的体育事业不能说是和谐的，同样，没有体育的和谐发展，和谐社会的构建亦不能说是全面的。

陈端计在《和谐社会构建中反贫困"双轨制"模式的并轨研究》一文中提出构建和谐社会，一定要做到人与人之间能够和谐相处，这是和谐社会的基础，而人与人之间能否和谐相处，固然有很多因素在起作用，但作为一个社会的整体而言，贫富差距的存在是其中最为关键的因素。和谐社会是不可能建立在贫困基础之上的。因此得出反贫困理应是构建社会主义和谐社会的题中应有之义，要想构建和谐社会，首先就要重视反贫困，使贫困群体早日脱贫致富，达到小康水平。

关信平在《发展中国家的城市贫困问题及反贫困行动》一文中对发展中国

---

① 冯迎娜.我国边远地区国家级贫困县农村中小学体育教育现状的研究［D］.北京体育大学，2009.

家的贫困问题以及反贫困行动做了分析，得出最近一些年来，各发展中国家对治理城市贫困问题的重视程度有所提高，并取得了不同程度的效果，但总体上看仍然还很不够。主要表现在反贫困行动方面总体投入不够、反贫困项目的长期稳定性和系统性不够以及各个地区和国家之间差别很大等方面。巴图在《关于中国贫困与反贫困问题的思考》一文中提出中国的贫困问题不仅表现为经济贫困，同时还包括教育文化、人口素质差和思想观念上的贫困，是一种物质贫困与精神贫困并存的贫困。由于贫困而导致忽视文化教育，尤其是观念、技能等方面的落后更是一个长期制约因素。因此，提出全社会都应关注贫困和履行扶贫义务，降低教育门槛，加强基础教育，帮助贫困家庭的孩子获得受教育机会。如果他们能够通过受教育，提高人力资本，贫困就不会在代际之间遗传。

李朝林在《减少农村贫困，缩小贫富差距》一文中提到"人是社会生产中的主体，农民是农业生产中的主体，是起决定作用的因素。要使农村经济发展，贫困人口摆脱贫困，应主要依靠农民自身"。美国经济学家西奥多舒尔茨认为"土地并不是使人贫穷的主要因素，而人的能力和素质却是决定贫富的关键因素"。因此得出，要想摆脱贫困就要加大财政对农村教育的投入，尤其是中西部贫困地区义务教育的投资力度。长期的二元社会结构使我国农村教育发展滞后，贫困地区教育发展就更滞后，长期投资不足是个重要原因。

胡宏琴在《论教育与反贫困》一文中提到教育具有反贫困功能，在现代经济社会中，教育是提高人口素质的主要途径。这是由现代经济社会中劳动力的特性决定的。现代经济社会中，即使是从事农业经济的居民也需要具备一定的文化基础和掌握一定的生产经营技能，才能成为现代经济社会的合格劳动力，而这都需要一定的教育与培训。通过对贫困人口的技术培训，可以促使人力资本的提高，更新贫困人口的价值观念，使他们具有向上流动的动力和进取心，从根本上走出贫困的恶性循环，摆脱贫困。

张智勇在《人口素质贫困与西部地区贫困》一文中认为西部地区贫困有多方面的原因，但根本的问题在于人口素质的低下。因此，在西部地区，应该大力发展基础教育事业和成人教育。通过教育使人们掌握一定的科学技术，提高技能和文化，增强人们对新领域、新工作的适应性，运用于生产实践后，相信素质要素所导致的脱贫效应的增加是相当迅速和明显的[①]。

---

① 冯迎娜.我国边远地区国家级贫困县农村中小学体育教育现状的研究［D］.北京体育大学，2009.

### （三）生态文明理论研究

生态教育源于人类对 20 世纪中叶以来日益严重的生态危机的深刻反思。1976 年，克雷明（Cremin L.A.）的著作《公共教育》最早正式提出"教育生态学"一词。随着工业文明的发展和人口的不断增加，西方发达国家面临严重的环境挑战。许多专家学者从理念、制度、政策等层面进行反思，就发展生态文明提出了一些有价值的思想。如确立生态理性、生态优先观念，发展循环经济、稳态经济，实现生态现代化、生态自治，构建生态国家，等等。例如，美国实行了环境政策管实管细，德国提出循环是一种社会责任，日本建立了"绿色新政"[①]。

国外的生态文明理论从不同方面探索了人与自然和谐相处的路径，设计了当前及未来经济发展的模式，虽然其中包含一些脱离实际甚至空想的成分，但在一定程度上丰富了人类生态文明理论宝库。

### （四）贫困地区体育教育发展研究

葛会欣（2008）、李正龙（2010）、冯迎娜（2009）和许锋华（2013）等以论文成果的形式，针对我国贫困地区的体育改革发展、创新体育教师培训机制、管理体制、合理配置设施资源等提出了非常切实可行的具体对策，这些对策和方略的目的在于真正贯彻落实《中共中央国务院关于基础教育改革与发展的决定》的重要精神，为推进全省乃至全国贫困地区中小学体育事业的发展提供理论依据，从而实现面向 21 世纪"人人享有体育"的战略目标。

钟全宏和王普明（2010）对西北地区贫困民族聚居地的学校体育教学现状进行了调查研究，结果显示：该地区学校体育教学在很大程度上受到了区域经济发展的影响，主要表现在无法全面执行体育课程标准、体育课开设不足、缺乏体育场地设施、教学内容比较单一等；他们针对该地区学校体育的发展提出了针对性的意见和建议[②]。

### （五）学校体育发展方面的研究

李泽群在《影响湘西少数民族贫困地区农村学校体育发展的主要因素及其

---

① 黎玉浓.湘西特困区体育教育生态化发展路径研究［D］.湖南农业大学，2015.

② 黎玉浓.湘西特困区体育教育生态化发展路径研究［D］.湖南农业大学，2015.

对策》中谈到体育意识、教师数量、职称、体育设施等都是影响学校体育发展的重要因素，因此各级学校领导要重视体育教师队伍的数量和质量的发展，建设一支数量充足、质量过硬的体育教师队伍对当地教育综合改革的成功与否有着重要意义。

涂绍生、刘举科在《湘西少数民族地区希望学校体育教育现状及发展对策研究》中提到农村小学特别是少数民族地区中小学以下、村小体育教育状况与全国平均水平存在较大差距。因此提出，各级政府主管教育部门、社会各界和学校还需进一步提高认识，转变观念建立健全学校体育教育管理机构、依法治教加强师资队伍建设加大投入，改善办学条件，争取较短时间内改变希望小学体育教育后的现状，逐步做到按体育教学大纲上好体育与健康教育课，开展课外体育锻炼，组织好课外业余体育训练与竞赛，逐步提高少数民族地区青少年学生的身体素质。

曲宗湖、尚大光、李芬芬在《中国农村学校体育基本现状和发展战略研究》中对农村学校体育发展现状做了较全面的描述，尤其涵盖了乡村小学和村教学点，这是对同类研究有关文献的重要补充。同时也提出了在明确农村学校体育若干理论问题的前提下，要按照教育部门制定的有关政策，完善对农村学校体育的领导，改革体育教学，加强师资队伍建设，确保对学校体育的投入，要实现农村学校体育发展目标，还存在着较多的困难，既有客观条件也有人为因素，只有依靠有敬业精神的管理队伍和师资队伍，才能把困难降到最低限度。

裴德超、赵一平、庞敏在《皖北地区义务教育学校体育教学现状的调查与分析》一文中运用多种研究方法对皖北地区义务教育学校体育教育现状进行了调查分析，得知皖北地区义务教育学校都开设了体育课，体育教师拥有大纲和制定教学进度情况良好，但备课与教案编写不太理想，有近半数的老师不能按教案上课，教学方法单一，各校都执行《中小学体育合格标准》，但有的学校不能按有关文件要求进行，因此，教学主管部门要加大对体育教学的管理力度，随机和定期深入到课堂第一线，督促广大教师认真上课，同时要求教师要围绕素质教育，深化教学改革，加强教学研究，改变传统的教学模式，开发学生的主题意识，在教学方法的运用上应有"重教"向"重学"转变。

邵华、顾美容、张燕、孙红在《我国农村学校体育的现状与发展》一文中探讨了农村体育的发展现状，提出了发展农村学校体育的战略意义和现实意义，深刻理解学校体育的内涵和作用，纠正对学校体育的认识和偏差，了解实现学校体育目的任务、方法手段的多样性。改善学校体育的条件，加强师资队伍建设，增加对体育师资培养的投入，对兼职教师做好培训和资格认证工作，在管理方面应建立健全体育工作的管理机制，政府部门在管理中要树立依法治体的观念，随着法律、法规制度的不断健全，应逐步由行政管理向法制管理过渡。钟全宏在《面向世纪西北地区农村学校体育现状及发展对策研究》中认为西北农村地区学校体育不论就其认识层次、经费的投入、师资队伍建设、体育设施的配套服务以及各级领导对农村学校体育的重视程度，与全国同类地区相比均有非常明显的差距，因此，提出要加大对农村学校体育地位、作用、意义的宣传力度，强化提高各阶层人士对农村学校体育的认识层次。要积极发挥教育行政部门对农村学校体育的组织、监督、帮助作用。引导广大人民群众支持农村学校体育的发展，各级政府要高度重视农村学校体育在全民健身战略中的地位和意义。

从目前这些学术研究成果来看，关于农村学校体育发展方面已经有所研究，但是对于和谐社会这一背景下对我国边远地区国家级贫困县的农村中小学体育的研究还相对缺乏。因此不能作为主管部门制定方针政策的理论依据，这些理论问题得不到解决，我国边远地区国家级贫困县农村体育就得不到质的飞跃。因此，我们必须对我国边远地区国家级贫困县农村学校体育的发展给予重新的审视和分析。因此，目前进行关于我国边远地区国家级贫困县中小学体育教育的深入研究是十分必要的[①]。

### （六）体育与环境之间的关系研究

与其他文化课不同，体育教学是在一个特殊的环境中进行的，这就注定了体育课堂受环境的影响非常大，体育与环境之间的问题就是体育的生态学问题。众所周知，体育是离不开环境的。对于体育与环境之间的关系的研究主要有：成守允、刘东辉两位学者在《论教育生态环境与体育教育生态系统》一文中提出了对教育生态环境以及体育与教育环境之间所构成的生态系统的论述。周君华、韩晓东、丁永玺在《学校体育的生态环境探析》一文从生态环境多因素的角度，对学校体育的生态环境进行分析，探讨生态环境与学校体育的关系，并提出学校环境对学校体育的影响。他们从环境和学校体育教育的关系进行讨论，强调和谐的生态环境对体育教学的影响。

---

① 冯迎娜.我国边远地区国家级贫困县农村中小学体育教育现状的研究［D］.北京体育大学，2009.

### （七）体育生态化研究

随着人们对环境问题的深化，体育生态环境的内涵与外延不断丰富。要求体育主体即"人"或"群体"与一切社会、政治、经济、人文环境相互之间达到整体和谐与稳定，营造一个健康、文明、积极的文化生态圈，最终实现体育生态环境的优化。美国人类学家朱利安·图尔德为首的"文化生态"学派认为：人类文化和行为与其所处的自然生态环境之间互相作用的关系，即文化对生态环境的适应，文化内部必须保持生态平衡，适者生存。近年来，国外教育生态学的研究从侧重研究教育环境与人的行为的关系扩大到教育生态学的各个层面[①]。

### （八）学校体育生态化研究

关于学校体育生态化的研究主要有：董入莉（2008）通过解读十七大政治报告提出了在"生态文明"成为时代主题的情况下，加强生态教育尤为必要的观念。王俊峰（2010）、孙剑、邢金明（2010）等从生态学角度对学校体育的生态系统、学校体育生态化存在的问题以及学校体育生态化发展的相关问题和体育的教学形态进行分析，探究各种生态环境与体育的相互关系以揭示体育的发展规律，从而为提高体育教育的效益提供理论参考。

### （九）体育教育与生态环境研究

1995 年 7 月 15 日，在洛桑闭幕的第一届"体育运动与环境问题"世界大会确认，国际奥林匹克委员会将把保护生态作为奥林匹克精神的支柱之一。今后，申办奥林匹克的城市，必须首先检查自己在尊重越来越严格的环保标准的情况下举办奥运会的能力。2000 年 11 月 3 日在日本长野召开的第四届"世界体育与环境"大会，评估了两年来国际奥委会生态计划的实施情况，并讨论了如何进一步改进的具体实施方法。2001 年，在南非约翰内斯堡举行的可持续发展世界级首脑会议上，又深入探讨了奥运会在"生态"方面的贡献和不足及其发展，本次大会口号"给全球一个体育的机会"的提出，则标志着生态体育作为绿色奥运核心理念的最终确立。

---

① 　黎玉浓.湘西特困区体育教育生态化发展路径研究［D］.湖南农业大学，2015.

### （十）体育生态教育发展趋势研究

虽然国内外的生态教育几乎是同步发展的，但是在发展的深度和广度上还存在一定的差距。综合来看，当前生态教育的发展趋势主要表现为以下几个方面：首先，生态教育对象层次化。就是将不同的对象群体看作不同的生物种群，根据各个种群的不同特征设计不同的教育内容，采取不同的教育方式，在此过程中要特别注重普通公民和在校学生这两个种群的区别。其次，生态教育内容的结构化。根据内容构成要素和组织方式将生态教育的内容形成合理严密的结构，从而改变原有生态教育内容零散性、随意性的状况，使受教育者获得系统化的生态教育知识。最后，生态教育方式的多样化。根据不同的教育对象和内容，采用丰富多样的教育方式，提高受教育者的学习兴趣和积极性，不断提升教育效果[①]。

以上研究阐述了国内外的生态文明观念、生态教育理念和贫困、特困地区的生态教育或者体育教育发展的状况及改进路径方面，但有效地把两者结合在一起进行研究并无发现。因此，本课题通过结合前人研究成果，对湖南武陵特困区体育生态教育发展进行调查研究，通过生态学视角，寻求一个促进特困区体育教育的可持续发展路径模式。

## 五、核心概念

### （一）生态文明

马克思主义者历来高度重视生态文明建设问题，而且在马克思主义理论中有关自然生态环境保护问题的阐述也非常丰富。马克思、恩格斯所生活的时代，欧洲正是经历工业革命的变革时期，生产力急剧提高，生产水平显著增强，人类对自然资源的开发与利用不断深化。正是基于这样的时代背景，马克思明确指出："没有自然界、没有感性的外部世界，工人就什么也不能创造。它是工人用来实现自己的劳动、在其中展开劳动活动、由其中生产出和借以生产出自己的产品的材料。"恩格斯在《自然辩证法》中也曾经强调人类无节制经济开发对自然生态环境资源的巨大危害："美索不达米亚、希腊小亚细亚以及其他各地的

---

① 黎玉浓.湘西特困区体育教育生态化发展路径研究［D］.湖南农业大学，2015.

居民，为了得到耕地，把森林都砍光了，但是他们想不到，这些地方竟因此成为荒芜不毛之地，因为他们使这些地方失去了森林，也失去了积聚和贮存水分的中心。阿尔卑斯山的意大利人，在山南坡砍光了在北坡被十分细心地保护的松林，他们没有料到，这样一来，把区域里的高山畜牧业的基础给毁了，他们更没有料到，这样做，竟使山泉在一年中的大部分时期内枯竭了，而在雨季又使更加凶猛的洪水倾泻到平原上。"

从文明发展史的角度来讲，人类社会的发展已经进入一个新的历史阶段。"人类社会的文明史已经经历了狩猎文明、农业文明、工业文明，正在走向信息文明，同时也孕育着生态文明。"中国政府高度重视自然生态环境问题，新中国成立之初就曾经提出过"保护环境"的重要思想。近年来，随着全球生态恶化态势的不断凸显，有关生态文明问题的研究再次成为学术界关注的热点问题。2007 年，党在十七大报告中曾经明确指出："建设生态文明，基本形成节约能源资源和保护生态环境的产业结构、增长方式、消费模式。循环经济形成较大规模，可再生能源比重显著上升。主要污染物排放得到有效控制，生态环境质量明显改善。生态文明观念在全社会牢固树立。"为进一步推进生态文明建设，2012 年党在十八大报告中再次强调指出："建设生态文明，是关系人民福祉、关乎民族未来的长远大计。面对资源约束趋紧、环境污染严重、生态系统退化的严峻形势，必须树立尊重自然、顺应自然、保护自然的生态文明理念，把生态文明建设放在突出地位，融入经济建设、政治建设、文化建设、社会建设各方面和全过程，努力建设美丽中国，实现中华民族永续发展。"①

## （二）生态学

生态学（ecology）作为上世纪最热的一门学科，主要由"Oikos"和"Logos"两个希腊文的词根所组成。其中，Oikos 表示"住所"或"生活所在地"，而 Logos 则是"论述""研究"之意。因此，从词源上来讲，生态学主要是研究生物"住所"的科学。但因研究侧重点的不同，对生态学一直没有给予一个明确的界定。直到 1866 年，德国的一位名叫恩斯特·赫克尔（E.Haeckel）的生物学家，首次将生态学界定为一门研究动物与其无机和有机环境全部关系

---

① 梁君思.美丽中国视野下的可持续减贫与绿色崛起研究：以赣南农村为例［M］.南昌：江西人民出版社，2015.

的科学。此后，随着研究对象和研究背景的发展，不同学者也对生态学给出了不同的界定。鉴于本文研究侧重点的需要，在此就不一一阐释。

20 世纪初，随着研究的深入，生态学作为一门初具理论体系的学科在植物和动物两个学科领域得到迅速的发展，但其研究内容仅限于植物和动物两个学科领域。直到 1921 年，帕克（Park R. E.）和伯吉斯（Burgess E. W.）两位学者在其著作《社会学科学导论》一书中率先衍生创建出"人类生态学"的学科。自此，国内外众多专家学者开启了运用生态学的相关原理与方法研究人类社会发展的各种问题的先河。伴随着"人类生态学"相关著作的日渐丰富，一系列诸如教育生态学、社会生态学、行政生态学等学科也相继问世，而饱受社会争议的人口、资源、环境等社会发展中出现的问题也成为这些学科从不同角度予以关注的问题。这样，随着冠以"生态"交叉学科的日渐丰富与发展，生态学的研究重点也逐渐从生物界发展到人类社会的各方面，涉及自然科学和社会科学的众多领域。从主要考察自然生态系统过渡到人类社会系统的诸多领域。而作为具有自然科学和社会科学交叉特征的现代体育学，其两重性决定了体育不是孤立地存在，而是与自然界和人类社会有着必然的、本质的联系。所以，体育学为适应其进一步发展的需要，生态学理论的引入也就成了自然而然的趋势。[①]

### （三）体育生态学

随着生态学和体育学的研究不断向深度和广度层面的推进，很多学者开始在生态学和体育学的交叉点寻找新的研究领域。在西方一些较发达的国家，由于政府和各类机构以及大众拥有较强的生态意识，生态体育的理念也就自然地融入到体育实践的各个方面。在学术研究方面出现了一批诸如德国 Regensburg 大学的哲学、艺术和体育学院院长 Heinz Lutter 教授、德汉娜·克雷、美国的恩戴尔戴·哥拉斯伯格和南非的布什拉·托拉克等知名学者，他们从环境因素影响体育运动正常开展的角度，分别论述了体育在实践中的生态理念，取得了一系列的成果。在国内，生态学和体育学的交叉衍生而折射出的一些社会问题也逐渐引起了体育界人士的重视，并逐渐有部分学者开始从生态平衡和环境保护的角度探讨体育开展的问题。例如学者翁锡全研究表明，体育运动在具体实践开展过程中所间接造成的空气污染、水环境及噪声污染都会在一定程度上影响区

---

域的生态环境平衡发展。罗艳蕊研究表明，体育实践中造成的环境问题不仅影响着生态的平衡，还在一定程度上制约着体育运动自身的可持续发展。陈莉研究认为，人类在实践发展中与资源和生态环境的和谐共存是一个不断长期探索的过程，而体育在改革与发展中只有遵循可持续发展的原则，才能更好地实现体育—自然—文化以及人类社会整体和谐发展的目标。可见，相关学者已经开始用明锐的眼光探讨体育与环境和谐发展的问题。但遗憾的是，学者们的研究大多将关注点集中在探讨体育与环境之间的关系或者是对生态体育的思考以及体育生态化等方面的研究，而较少有借鉴生态学的相关原理和方法，将生态学与体育学在某种程度上相互渗透，从构建体育生态学学科的角度，探寻体育实践与内、外部生态环境的相关规律性，从而科学地分析与指导体育运动发展的趋势和方向等。

2008 年北京奥运会提出的"绿色奥运"口号，对体育界人士的思想和行为产生了深刻的影响，也为寻找与构建体育新的学科体系奠定了思想和理论基础。在生态文明建设的时代背景和生态运动的有力呼唤下，有关体育生态学学科的创建也逐渐引起科研人员的高度关注，在体育科研生态化倾向的引导下，有部分学者提出创建体育生态学新学科必要性的建议，相关学者也开始尝试运用生态学的相关原理来探究体育实践中的规律，分析体育运动发展的趋势和方向，并就体育生态学的研究对象、概念以及研究方法等给予了初步的探讨。笔者通过中国知网等数据库搜索了所有给予体育生态学这一学科概念界定的研究论文，并对其界定的观点与内涵归纳如下：（1）刘学军、赵华等人认为，体育生态学是一门通过移植和借鉴生态学的相关原理与方法，将体育与环境看作一个系统来考察，并通过研究体育与环境之间的复杂联系来探讨体育的本质、作用以及规律等一系列问题的学科。（2）陈光华认为，体育生态学是一门研究体育运动的自身规律以及体育与外部环境系统之间相互关系的规律，从而实现体育—自然—经济与社会协调发展的学科。（3）邓跃宁认为，体育生态学是一门利用谨慎和合理的体育方法来获得人类需要的那种具备一定承载能力的自然生态系统，以实现体育—文化—经济的可持续发展。（4）徐传宝认为，体育生态学作为一门应用性和实践性很强的边缘学科，是体育学和生态学两门科学相互结合和渗透的结果。随后，又在后续研究中进一步表明，体育生态学是一门运用生态学的相关原理和方法，特别是生态学中的"生态平衡""可持续发展""多样性和主导性""边缘效应"以及"瓶颈原理"等，来分析体育生态环境因素与体育事业和人的运动之间复杂、动态、有机的联系与关系。（5）李宏斌认为，体育生态学是一门运用生态的思维方式将体育视为一个生态系统，并结合生态学的相关原理和方法，以人与自身、人与人、人与自然以及社会与社会的"和谐"为其核心价值观念，最终以实现人的全面自由发展和体育的可持续发展为宗旨的科学。

从以上观点可知，从 2001 年开始至今，先后有 5 位学者提出对构建体育生态学科重要性的认识，这些有益的探索为体育生态学学科的创建与发展提供了非常有价值的参考与建议。虽然 5 位学者对体育生态学的界定表述各异，各有所长，也各有所短，但是其本质上是一致的。研究脉络也都是由浅层生态体育逐渐过渡到深层生态体育，即将生态由最初局限于自然生态，强调体育实践中自然环境和体育的相互影响转变为突破自然生态认识的局限性，在注重自然环境的同时，也强调社会人文环境的影响。总之，都是期望能将体育系统和其他自然、社会等生态系统统一起来，在进行系统、整体研究的基础上，实现"体育—自然—社会—经济"等各系统的和谐统一，健康可持续发展[①]。

### （四）体育教育

在本研究中是依据生态学原理，研究体育教育与其周围生态环境之间相互作用的规律和机理的科学，它把体育教育与生态环境联系起来，并以其相互关系及其作用机理作为研究的对象，研究各种体育教育现象与成因，进而掌握并指导体育教育可持续发展的趋势和方向。

### （五）体育教育生态化

所谓体育教育生态化，是依据生态学原理，促使人类、体育以及环境三者之间相互工作、共同发展。简而言之，是指人与自然、社会和自身的整体动态和谐，是在自然环境和社会环境下进一步发展的体育教育活动。

## 六、研究方法

### （一）文献分析法

文献分析法是研究和分析过去的文献的一种方法，事实上，也是与理论和实践有联系的一种方法。体育教育是一种具有较强预测能力的社会实践，是体

---

① 夏成龙.体育生态学的研究述评.四川体育科学，2015（6）.

育教育的思想过程，需要理论的指导。通过对与体育教育生态化相关的文献进行系统分析，结合当前我国贫困地区的体育教育生态化的问题，获得有价值的研究信息，更好地解决对贫困地区体育教育生态化发展路径的预测。

### （二）访谈调查法

"没有调查，就没有发言权。"为了全面真实地了解我国贫困地区的体育教育生态化的现状，在研究过程中，采用问卷调查的形式和访谈的形式，对于贫困地区的体育教育生态化进行了广泛的调查和访谈，取得了比较客观的第一手资料。

### （三）比较分析法

比较分析法是教育科学研究众多方法中的一种，也是人们了解和认识客观事物的重要途径。所谓比较法，是在教育的不同表现形式下，根据一定的标准进行比较研究，找出教育的一般规律和它的特殊性质，并努力达到客观实际与结论的方法。本书采用的比较分析方法主要是在对调查的内容进行数据分析的过程中加以比较，以期能更加深入透彻地了解我国贫困地区的体育教育实施的现状，提出其实施的具体建议和策略。

### （四）过程分析法

所谓过程分析法，就是对于任何事物的存在、发展和结果，都必须从这一事物发生、发展的过程及其可能发生的根本趋势来加以认识，从而在发展的过程中揭示其事物内外存在的各种必然的或者偶然的联系，进而分析其发展动态与最终结果的方法。唯其如此，作为对于我国贫困地区的体育教育生态化发展问题与路径的研究，我们显然更有必要把这种实施进程理解为一个发展的、动态的过程，使用过程分析的方法来思考与解决其中的问题[1]。

## 七、研究目标

通过对我国贫困地区的体育生态教育状况进行调查分析，借鉴国内外有关成功经验，总结出生态学视域下适合我国贫困地区体育教育发展的建设路径。

---

[1]　黎玉浓.湘西特困区体育教育生态化发展路径研究［D］.湖南农业大学，2015.

# 第二章　体育教育生态化的文化内涵

## 第一节　体育教育生态化的含义

### 一、体育教育的含义

体育教育作为教育的重要组成部分之一，其产生与发展都受到教育的影响和制约。另外，体育教育还是教育基本理论在体育实践活动中的体现和具体应用的结果，是教育与体育相结合的产物。所以，对体育教育概念进行界定之前，必须以对"教育"和"体育"含义的理解为基础。

#### （一）"教育"的概念

"教育"一词在英语中译为"education"，它起源于拉丁文"educate"，意为引导、引出，指采用一定的手段和方法，把那些潜藏于人身上的东西引导和开发出来，对人的发展有着积极的作用。在我国的甲骨文中，"教育"并不是一开始就以词语的形式出现的，仅仅只是两个单字——"教"与"育"。孟子在其《孟子·尽心上》中将"教"与"育"合用，"得天下英才而教育之"。东汉年间许慎在《说文解字》中说道，"教，上所施，下所效也"；"育，养子使做善也"。总体而言，不管是英文还是汉语，教育是指通过一定的手段和方法，有意识、有目的、有计划地使学生身心获得全面、积极、有效的发展，并促进个体社会化和社会个体化的实践活动。可以看出，教育是要经过精心设计和组织的，它有其固定的内容、结构和程序，不能随意进行。作为一种教育方法。它必须对人类社会的发展产生一定的积极影响，既能满足人类自身发展的需要。同时也有利于促进社会的进步。

### （二）"体育"的概念

体育，作为一种社会现象或活动早在远古时期就已经产生，但那时的体育单纯指机体的基本活动，且与人们的生产和生活有较密切的联系，甚至可以与当时的劳动合为一体。我国使用"体育"一词还要追溯到清末时期，1896 年上海南洋公学师范学校附属小学的《蒙学读本》首次提出，"泰西之学，其旨万端，而以德育、智育、体育为大纲"，"体育者，卫生之事也"。但在之后的一段时间里，"体育"的含义被"体操"所取代，在清政府颁布的《奏定学堂事程》中规定各级各类学校必须开设"体操科"，直到 1923 年后才被改为"体育课"。发展至今，世界各国学术界对体育的概念仍不能形成比较统一的认识。由于不同时代社会发展的特征和要求不同，因而对体育的目的和功能的理解也大相径庭，但有一点是毋庸置疑的——体育必须是以人体运动为基本手段和表现形式。就如今的社会状况而言，许多国家对体育目的的基本认识都趋向于增进人的身心健康发展，这些观点都有利于对体育概念和本质研究的深入。此外，从"体育"这个词的简单含义来看，它是一种对身体发展有益的途径，因而具有一定的教育性。但如果从社会发展的角度进行研究，体育还应该是一种积极有效的社会行为，它不仅能提高全民的身体素质，也能为社会政治、经济、文化等方面的进步起到一定的作用，是推动社会进步和发展必不可少的因素之一。因此，体育具有双重属性，即教育性和社会性。

综上所述，体育是一种以身体练习为基本手段，以增进人们身心健康、发展运动能力、提高生活质量、促进社会生态发展为目的的一种教育形式和社会现象。

### （三）体育教育概念的由来

体育教育这个概念，早在 1922—1923 年，当时的南京中央大学体育系主任美国人麦克乐就提了出来。他认为"体育教育"这个名词"看重了教育的意义"。但由于体育理论界对这个词存有不同的意见，使得该词使用面不广。中华人民共和国成立后，1955 年，来华讲学的苏联专家凯里舍夫在《苏联体育教育理论》讲义中，明确地提出了：体育是社会主义文化不可分割的一部分。体育教育是共产主义教育的一个有机部分。

这两个基本概念，使得体育教育这个词在更广泛的范围内得到了使用。但国内体育理论界对此提法"见解极不一致，在使用时，也各行其'是'，亟须在研究的基础上加以统一。"1957 年人民体育出版社出版的《体育文丛》，开辟了"名词讨论会"，对"体育""体育教育"等概念展开了讨论。有的同志认为"'体育教育'还应保留，因为'体育'与'体育教育'这两个词是有着截然不同的含义的，是不能混淆的，从将来科学发展的需要上来看，也有清楚区分的必要。"有的同志不同意这种意见，认为"体育这个词从其结构来说，它的'育'字已包括了教育这个意义，没有必要再加上'教育'这两个字，而且不合逻辑。"袁敦礼教授认为"在苏联根本没有'体育教育'这个名词，而是翻译者给弄错了。这个词的俄文如果直译的话，应当是'身体的教育'，而不是'体育教育'。……'体育'这个词是'身体教育'的简称。'身体的教育'后边再加'教育'两个字，当然是不通了。"

人类的意识是随着社会存在的改变而转变的，这表明体育的概念也应是随着体育的发展、更新而不断发展变化的。体育的发生发展是一个历史过程，具有时间性或阶段性的特点。人们对体育认识，也同样是一个历史过程。由此产生的观念，也必然会呈现时间性或阶段性的特点[1]。

1957 年后，学术界仍存在两种用法：一种是采用"身体教育"或狭义体育的概念。如 1982 年出版的中国大百科全书《体育》卷指出："在中国，当体育活动在社会上发展起来以后，'体育'一词出现了广义和狭义的两种用法。用于狭义时是指身体教育，用于广义时，是'体育运动'的同义词，是包括身体教育、竞技运动和身体锻炼三个方面内容的总称。""身体教育与德育、智育、美育相配合，成为整个教育的组成部分。它是有目的、有组织、有计划地促进身体全面发展，增强体质，传授锻炼身体的知识技能，培养高尚的道德品质和坚强的意志的一个教育过程。"北京体育学院编写的《体育概论》也采用了狭义体育的概念。但有的教材仍采用体育教育的概念，如 1987 年出版的《体育理论》一书指出："体育（或称广义体育）的外延包括体育教育（也称身体教育或狭义体育）、竞技运动和体育锻炼三个基本方面。体育教育（亦称身体教育或狭义体育）是指全面发展身体，增强体质，传授锻炼身体的知识、技术和技能，培养道德意志品质的一个教育过程。它是教育的组成部分，是培养全面发展的人的一个重要方面。"1988 年原国家教委组织重新修订本科专业目录，其中也包括了体育专业目录。目录中涉及培养体育师资专业用什么名称。学者们认为，"体

---

① 安丽娜.竞技体育理论教程研究［M］.北京：中国纺织出版社，2016.

育教育"是"体育的教育"的简称,最后定名为"体育教育"专业。1994年出版的《学校体育大辞典》指出:"体育亦称'体育教育',学习掌握体育知识技能,发展身体,增强体质的教育活动,是对人体进行培养和塑造的过程,是教育的组成部分。"以上资料说明,"体育教育""身体教育""狭义体育"在概念的提法上虽有区别,但其内涵是一致的,是同一内涵的几个同义词[①]。

## 二、体育教育生态化的含义

### (一)生态体育

生态体育的发起缘于生态运动在世界范围的实践。20世纪中期以来,随着世界工业经济的发展、人口剧增、环境危机、能源危机的不断加剧,人们开始对传统的经济模式提出质疑,并逐渐演变成为一场全球范围内的环保运动。随着生态运动进程的不断深入和人们生态意识观的形成,以国际奥委会为代表的体育界人士率先开始从自然环境与社会人文环境两个层面对现代体育进行全面反思和多方实践,致力于化解现代体育所面临的环境危机和人文危机。这样,生态体育应运而生[②]。

关于生态体育,近年来不少国内学者对其内涵做了许多很有价值的探讨,现把几家有代表性的观点列举如下:

许传宝认为:"所谓生态体育,就是体育、文化和生态环境的相互协调、相互关怀、共生共融、共同发展所构建的关系或联系的体育活动,即通过在自然—社会生态环境中开展的体育运动,来展示人类的健康体格和人格,体现人类在体育运动中对自然—社会这一生态环境的关怀和人道主义精神,倡导健康、文明、和谐的生活方式,从而达到维护世界的和谐发展。"

郑晓阳认为:"所谓生态体育,就是指人类—体育—环境的相互协调、共生共融、共同发展所构建的关系或联系的活动,即通过在自然生态环境和社会生态环境中开展的体育运动。具体体现为人与自然、人与社会、人与自身三大和谐在内的整体动态和谐。"

翟寅飞等认为:"生态体育,即用生态学的理念和手段研究体育领域中的问

① 刘绍曾,周登嵩.新编体育教育学[M].北京:高等教育出版社,2004.

② 但艳芳.中国城市绿色体育发展中的政府角色研究[M].北京:北京体育大学出版社,2015.

题，它包括自然生态环境与社会生态环境对体育的共同作用及相互影响。生态学的实质是生物与环境之间的关系，生态体育则反映的是人、体育、生态三者之间和谐统一的关系。"

龚建林认为："生态体育是指在体育现象中，体育主体倾注生态意识和生态思维，以对生态环境破坏最小和资源的永续利用为导向，使体育与文化、生态环境相互协调、相互关怀、共生共融的体育理念。"[①]

综上可以发现生态体育就是人类—体育—环境的相互协调、共生共融、共同发展所构建的关系或联系的活动，即通过在自然生态环境和社会生态环境中开展体育运动。具体体现为人与自然、人与社会、人与自身三大和谐在内的整体动态和谐。

随着历届奥运会对环保的重视，"绿色奥运"渐渐得到落实。特别是2008年北京奥运会提出的"绿色奥运""科技奥运""人文奥运"三大理念，更好地诠释了体育与自然环境保护和社会人文环境保护的完美结合，从而标志着生态体育作为奥运核心理念的最终确立，也表明生态体育已经逐步趋向成熟[②]。

## （二）体育教育生态化

论及体育教育生态化问题，迈不过对生态学的论述，从体育教育生态化这一概念的字面意思看，即为生态学原理在体育领域的应用。关于生态学规律及原理，美国科学家米勒归纳的较为全面、合理。他将生态学的一般定律总结为三个方面。生态学第一定律多效应原理："我们的任何行动都不是孤立的，对自然界的任何侵犯都具有无数的效应，其中许多是不可预料的。"第二定律相互联系原理：任何事物无不与其他事物相互联系和相互交融。第三定律勿干扰原理：我们所生产的任何物质均不应对地球上自然的生物地球、化学循环有任何干扰。其实细究这三方面规律我们不难发现，它们就是我们今天常常提起的生态学三性：系统性、整体性、平衡性[③]。

生态学基本原理的应用思路，即为模仿自然生态系统的生物生产、能量流动、物质循环和信息传递，遵循生态学三个一般定律，进行社会生产、生活。体育教育生态化是基于教育生态学理论，研究体育教育的核心要素人（体育教

① 翟林.体育美育探微 体育美的理解与追求［M］.北京：北京体育大学出版社，2011.

② 但艳芳.中国城市绿色体育发展中的政府角色研究［M］.北京：北京体育大学出版社，2015.

③ 王忠宝.体育生态化探析［D］.东北大学，2011.

师、学生）、体育教育的社会环境（体育文化传统、体育教学价值观等）、自然环境（体育教育场所、器材设备、服装等）以及他们之间的互动关系，体育教育生成的教学效果更具有社会性，尤其在社会认知、社会情感、社会交往和社会适应四个维度上较其他学科教学有显著差异[①]。

## 三、体育教育生态化的特征

体育是在自然生态环境与人类生存方式的密切联系中产生和发展起来的。体育运动作为人类的社会活动之一，与环境存在着相互依存、共生共融的关系。体育的生态生成体现了在自然向人的生成过程中，体育运动是人类能量的开发和释放，也是人向自身、向自然、向社会的"复归过程"。显然，体育教育的生态化特点主要指以体育全面协调的思想和手段，达到人与自然、人与社会、人与人、人与自身永续的整体动态和谐。

### （一）自然性

从生物进化论的观点看，体育活动的生态本源是作为生命体的一种普遍的生态调试形式。体育运动可通过生理和心理的节律感应达到对生命节律的影响和调试，修复生命本质，保护人类的生命状态。体育通过人类自身的行为，改变自身的自然属性和社会属性，使主体朝着更美好的方向发展[②]。科技的进步极大地促进了人类文明的快速发展，对科技的崇拜导致高水平竞技运动正演变为经济实力与科技水平的竞争。与奥林匹克竞技运动所强调的"规则性""竞争性"相反，生态体育更加具有"弱规则性""弱竞争性"的特点。提倡身体运动的"简单化""自然化"，将更多的关注点投向儿童、女性、老人等更广泛的社会人群。根据大众体育的调查数据显示，步行、游泳、跑步、自行车等轻体育项目从来都是大众参与度最高的运动形式。生态体育推崇不借助动力性工具，主要利用自身肢体开展的运动形式。这种运动通常是具有强烈生态思想和生态意识的户外运动休闲。因此，我们可以将生态体育看作户外运动的后现代形态，是户外运动超越现代性的发展，进入生态文明时代的理想模式[③]。

无论讲究内心体验，还是表现身体的外在形式，都是为了达到愉悦身心，

---

① 李良萍，刘波，史强，等.安徽省高校体育教育生态化发展模式研究［J］.科技经济导刊，2016（32）.

② 尹雨嘉.当代体育发展诸元导论［M］.北京：光明日报出版社，2014.

③ 刘毅勃.体育生态化发展路径研究［J］.湖北体育科技，2017（02）.

健美长寿的生命追求，健康表示着人类可持续发展的伦理要求，娱乐体现完美的生命是体育的最终目的，也正是生态体育的内在表现。各种回归自然的户外体育活动，也显示出了体育对生命生态的追求。

### （二）文化性

体育教育生态化所具备的文化特征主要是指其所具备的人类的精神文化。而这部分的文化是人类发展过程中重要的核心内容，其主要内容涉及知识、信仰、艺术、道德、法律以及习俗等，是在长期的发展过程中，经过人类不断地摸索和创造最终形成的一种精神文明和社会发展的人生观、价值观。在这个意义上，体育教育生态化其实就是在"以人为本"的原则下通过人们对于体育文化的掌握与传播实现体育活动的有效开展[①]。

### （三）社会性

社会体育的发展要适应生态体育的发展与变化，生态环境促进或约束着社会体育的发展。面对经济转型和城市化进程推进，社会竞争激烈、精神紧张加剧、心理负担加重、饮食不科学、生活不规律、体力劳动减少等因素越来越影响人们的健康。体育不单要塑造人们健康的身体，体现生态本性，还要保证人们的精神生态。因此，优化体育的社会生态环境就尤为重要。这就要求社会体育要主动适应社会环境的新变化，满足社会环境对社会体育的新要求[②]。

首先要淡化政治生态环境。我国正处于社会转型时期，社会价值观的离散和迷失现象普遍存在。政治生态环境的变化对体育的自然性、影响力、凝聚力和控制力提出了巨大挑战。体育需要淡化政治色彩，体育远离政治。其次，要强化文化生态环境。要培育与现代竞技发展相适应的市场经济文化，从传统的等级观念转向平等竞争观念，从功利主义观念转向人文竞技观念。充分认识到法律、法规、文化的重要性，大力倡导公平竞争，努力维护社会信用。因此体育生态化的第二个特点是注重提高人的社会生态理念，完善人的全面适应能力[③]。

社会体育对社会环境的适应，根本是解决人对环境的适应。现代体育已成为人类社会规模最大、影响最深广的国际文化，国际奥委会由于"承认并尊重

① 黎玉浓.湘西特困区体育教育生态化发展路径研究［D］.湖南农业大学，2015.

② 尹雨嘉.当代体育发展诸元导论［M］.北京：光明日报出版社.2014.

③ 王忠宝.体育生态化探析［D］.东北大学，2011.

每个国家的特点及世界的多样性"，成为最大的国际非政府组织；体育是国际社会运转中的"润滑剂"，完成那些连国际政治、法律难以做到的事，为人类和谐起着独有的积极作用。

### （四）持续性

从"更高、更快、更强"到"更干净、更人性、更团结"理念的提升，将奥林匹克运动纳入整个人类社会发展的背景之中，使奥林匹克主义超越竞技运动，真正体现世界各民族平等以及全人类的和谐发展，从而为全球体育未来创造了广阔的发展空间。这种生态体育理念所倡导的"和谐与发展"主题，已不再局限于具体的环境治理和生态保护，不再局限于人与人的竞技，而正在形成一种共同的理念，一种全新的体育发展思维模式，因为全人类都有一个美好的愿望：拥有一个生态、和谐、永续的生存环境[①]。

## 第二节　体育生态化的相关研究

### 一、体育生态化的发展

#### （一）远古——体育生态思想的萌芽

体育是在原始社会条件下萌芽和产生的。原始人在生产之余进行一些对鸟、兽动作以及自身劳动动作的简单模仿、重复。经考证推断，种种原始的体育活动形式总是伴随着原始人类适应环境的种种要求而出现。体育作为人类有目的、有意识的一种社会活动，为了适应自然环境、社会环境以及人本身的生理和心理的需要而产生。这种主动适应自然环境、社会环境以及人本身的生理和心理的需要的思想，可以视为体育生态思想的萌芽。

#### （二）古代——体育生态学思想发轫

关于人与环境相互关系的观点，中国古代早有"天人合一"的思想，认为人类生产生活对自然的利用必须合理适度。最早的天人合一思想应数八挂演绎，

---

① 尹雨嘉.当代体育发展诸元导论［M］.北京：光明日报出版社，2014.

天乾地坤，天地配合，乾坤并一，万物生衍。中国传统文化宝典《周易》云："天地之大德曰生。"意谓繁育万物，使之生生不已，是天地的最高美德。又云：乾坤"能以美利利天下，不言所利，大矣哉"！《礼记》也云："天无私覆，地无私载，日月无私照"，"万物并育而不相害，道并行而不相悖"。儒家的"人副天数""天人合一"，道家的"道法自然""人道合一"，庄子的"道通为一""无以人灭天"等观念都表达了使自然生态系统处于良性循环的美好愿望。庄子说，"天地与我并生，万物与我为一"（《齐物论》），明白表示人的一切行为都应与天地自然保持和谐统一。后来汉儒董仲舒则强调"天人之际，合而为一"（《春秋繁露·深察名号》）①。

"天人合一"在人与环境关系的意义上包含了人与社会的协调统一、个人内外协调统一两个方面。在此基础上，形成了中国传统体育的健康观，强调"养气""养浩然之气"，通过养气达到个人生理和心理的阴阳平衡，从而保持身体健康。《黄帝内经》（公元前 1 世纪成书）认为：元气是生命的基础，元气在人体内运行并与外界不断交换物质与能量；元气分为阴、阳二气，二气交合生成人以及世间万物，因此人与自然具有共同本质，也有共同属性，表现为结构相似和相互影响，这就是"天人感应"。古代的导引术是武术和其他一些医疗健身方法的前身，它们多为模仿动物的形体动作，将呼吸方法与身体运动合为一体，创编出多种具有保健作用的体育项目，同时还强调在习练时要量力而行、依时而行。这已经明显出现了追求人与自然和谐统一的体育生态意识。在西方，古代希腊体育，包括古代奥运会、古代雅典体育、斯巴达体育以及相应的崇尚自然、追求身心和谐发展的体育及教育思想等，都可以说是体育生态学的发轫。

### （三）近代——体育生态学的吉光片羽

14 世纪到 18 世纪欧洲大陆出现了三次大规模的思想文化运动，即文艺复兴、宗教改革和启蒙运动。这三大思想文化运动迎来的是思想解放、人才辈出和科学繁荣的新时代。此期间一大批伟大人物积极提出自己先进的理论②，他们痛斥禁欲主义违反人性，指出人的欲望是正当的人生目的，认为必须在灵魂和肉体之间建立和谐，主张重视身体和精神的统一，注重身体的均衡与协调发展，

---

① 滕有正，刘钟龄.环境经济探索 机制与政策［M］.呼和浩特：内蒙古大学出版社，2001.
② 陈智勇.新编大学体育教程［M］.北京：北京航空航天大学出版社，2014.

重视身体的健康和健美，使人们重新发现了体育的价值，认识到只有身体健康才能享受到人生的快乐。人文主义者发掘和整理了古代希腊体育的丰富遗产，如古代奥运会、祭礼竞技、古代雅典体育和斯巴达体育、古希腊身心和谐发展的教育思想、古希腊体育的运动手段和方式等。人文主义者认为古希腊体育符合"人性"，重视个人幸福，因而大力宣传，并在近代体育思想和实践中，继承古希腊体育遗产，在很大程度上使近代体育在定期举办运动会、注重身体全面发展、运动项目的内容和形式等方面都受到古希腊体育生态思想的影响[1]。古奥林匹克运动是丰富的体育遗产，在近代体育思想中应继续发扬和继承它的优良传统，创造新时期的体育产物，这些都为奥林匹克运动的兴起奠定了思想基础。

资本主义工业革命给人类社会带来了一系列深刻的变革，它推动了近代自然科学的发展，使近代体育有了雄厚的经济基础，促使体育获得了更强的生命力。由于工业化社会中的生产和生活方式给人的生理、心理带来了一系列严峻的挑战，促使人们努力寻求新的、理想的生活方式，对身体活动有了新的认识。人们开始把注意力转向改善人的身体本身，体育成为一种新的社会需要，并且得到进一步发展[2]。一批资产阶级教育家如意大利人文主义教育家维托里诺、捷克教育家夸美纽斯等就把体育作为培养人才的重要手段加以大力提倡；法国启蒙思想家卢梭在其名著《爱弥尔》中阐述了他的自然主义教育理想，他要求教育与体育紧密结合，主张按自然法则进行体育教育，按儿童各个年龄阶段的不同特点，以及儿童的兴趣和爱好组织体育活动，以培养"身心两健"的人才。这些思想都在一定程度地打上了体育生态意识的烙印[3]。

### （四）现代——体育生态论（学）的诞生

面对经济、文化全球化这个现实，意味着传统体育在新的历史条件下，欲谋求更好的生存与发展。必须尽快走上现代化的生态道路。传统体育的生态化化不只是一种美好的愿望，更是一种现实的可能[4]。体育是人类以身体活动为手段、以发展身体潜能为目标的一种社会文化现象。这是一个内涵及外延都极其宽泛的定义。体育发展到今天，已是现代社会普遍存在的文化现象，其影响力

① 游海燕，肖进勇，等.体育生态论［M］.成都：四川科学技术出版社，2008.
② 吴寿枝.大学体育与健康教程［M］.北京：北京体育大学出版社，2011.
③ 游海燕，肖进勇，等.体育生态论［M］.成都：四川科学技术出版社，2008.
④ 王敬浩.中国运动养生理论与技术体系研究［M］.桂林：广西师范大学出版社，2015.

已渗透到了社会生活的各个层面。由于现代体育与社会生活各个层面关联度的日益加深，由于现代体育理论研究的不断深化和多样化，由于生态学的不断发展和生态观念的拓展，体育与生态环境的联系逐渐被人们认识和重视，以生态观念观照体育，把握体育规律，促进体育发展就成为一种必然[①]。总而言之，体育生态化，是一切体育现象和体育生活中展现出来的一种特殊的现象，它"在一个较高的层次上反映着体育人文精神的本质，在历史与时代不断演绎、相互反映的过程中，体育生态化逐渐成为"现代""文明"的代名词。体育生态化所具有的这种现代性精神是通过具体的文化形态展现出来的。当下，占据体育生态化主流地位的体育形式有奥林匹克运动、西方现代休闲体育、现代瑜伽等[②]。

"同一个世界，同一个梦想"，深刻反映了北京奥运会的核心理念，体现了作为"绿色奥运、科技奥运、人文奥运"三大理念的核心灵魂的人文奥运所蕴含的和谐的价值观。建设和谐社会、实现和谐发展是我们追求的梦想。"天人合一""以和为贵"是中国人民自古以来对人与自然，人与人和谐关系的理想与追求。我们相信：和平进步、和谐发展、和睦相处、合作共赢和美好生活是全世界的共同理想[③]。

## 二、体育的生态结构

### （一）体育的宏观生态

体育的宏观生态，必须以整体论的观点、系统分析的方法对体育在整个社会和自然大环境的结构状况进行研究。首先，体育最大的宏观生态范围应当是生物圈和智能圈，其次是整个地球上各个国家和地区，是整个人类的社会生活现实，后者是构成体育宏观生态的基本内容。过去人们对体育与社会以及人文环境的关系问题有所涉及，但从生态学的角度对此进行研究则显得不够。同时，从生态学的意义上说，自然环境和生活环境对体育运动的作用绝不能低估。在以往的研究中，关于人对环境的适应问题涉及较多，而环境与条件对人的体育运动的影响和作用则研究不够，这样不利于形成现代大社会观、大教育观和大体育观。

① 游海燕，肖进勇，等.体育生态论［M］.成都：四川科学技术出版社，2008.

② 王敬浩.中国运动养生理论与技术体系研究［M］.桂林：广西师范大学出版社，2015.

③ 吴寿枝.大学体育与健康教程［M］.北京：北京体育大学出版社，2011.

体育的宏观生态研究，涉及较多的应当是以体育为中心，研究影响体育持续发展的各种环境系统，分析其具体的自然生态环境、社会生态环境、人文环境及其功能，以及与体育、与人类的交互作用的关系，从而探寻体育未来发展的趋势和方向、现代体育现行的体制和体系，以及发展各项体育事业应采取的各种对策，创造有利于体育的生态环境，充分把握机遇，因势利导，促使体育稳步、健康地发展，力戒主观性和盲目性。

从体育产生和发展的历史来看，在相当长的历史时期内，体育主要限定在学校，是作为学校教育一部分而存在。这样，体育与教育的关系最为密切，教育的环境条件直接影响和制约着学校体育的发展。教育决策者对体育的态度直接关系到体育在社会中的位置，学校体育发展的力度受到学校教育的制约。显然，这种格局对于体育的发展来说，缺少了来自社会多方面的支持，体育的生态环境带不够辽阔。

对体育的宏观生态研究，近年来在国际和国内都十分盛行。我国近年来所进行的体育发展战略、体育可持续发展、体育科学发展观等研究，都属于此类研究的范畴，也必然成为体育研究的热点。各国推行的各种体育运动发展计划或工程，也属于体育宏观长远研究的范畴。20世纪90年代我国广泛实施的奥运争光计划和全民健身计划，是我国体育方面宏观研究的突出例子，对于促进我国体育事业的长远发展，其意义是十分深远的。

以上简单的回顾可以看出，体育正在随着社会的发展逐渐发展，具有与时俱进的特点。在今天的世界，体育与社会政治、经济、文化、教育的关系变得愈来愈密切且复杂多样。世界各国为了促进体育事业的长足进步，也在不断地调整和改善本国的体育政策，以促进体育的持续发展。这样，体育的宏观生态的研究就大有可为了。

### （二）体育的微观生态

体育的微观生态主要是从个体系统出发，通过观察和分析所得出的参加体育活动时个体所发生的各种变化。

生命在于运动，运动可以增进健康。在当今现实生活中，高科技产品更多地进入了人们的工作环境和家庭生活中，与上几代人相比，我们大约可少消耗三分之一的体力，加之休闲时光和娱乐方式已经被电子游戏机、电脑、电视

VCD、网上生活所占据，人们就更缺乏应有的体育锻炼[①]。体育运动以人体运动为核心，以人体基本活动技能为基础，以人体运动动作为基本表现形式，个人与环境的相互作用构成了体育的微观生态结构。在体育运动中，人们要依据外界环境的变化和体育运动本身的目标，不断地展示自身的走、跑、跳、投掷、攀登、游泳等基本技能，表现出相应的身体素质和能力，并依据运动规则以比较和评价人们之间在身体能力上的差异，或达到个人在身体、心理和社会上的某些基本目标[②]。运动心理学研究证明，各项体育活动都需要以较高的自我控制能力、坚定的信心、勇敢果断和坚忍刚毅的意志等心理品质为基础。因此，有针对性地进行体育锻炼，对培养健全性格有特殊的功效。假如你觉得自己不合群，不习惯与同伴交往，那你就选择足球、篮球、排球以及接力跑、拔河等集体项目进行锻炼，这些锻炼可帮助你逐步改变孤僻的性格，适应与同伴的交往。假如，你胆子小，做事怕风险，容易脸红，怕难为情，那就应多参加游泳、溜冰、滑雪、拳击、摔跤、单双杠、跳马、跳箱、平衡木等活动，这些运动要求人不断克服害羞、怕跌跤等各种胆怯心理，以勇敢无畏的精神去越过障碍，战胜困难，经过一个时期的锻炼，你的胆子定然会变大，处事也会老练起来[③]。

不同的体育运动领域，对各项运动技术的要求是各不相同的。学校体育教学，要求在全面发展学生的身体和心理健康的前提下，让学生在有限的时间内，掌握一定的运动技术，借以培养学生的体育文化素养，形成终身从事体育运动的能力和习惯。在群众体育领域，要求锻炼者掌握为活动所需要的较为实用的动作技术，这对提高锻炼效果，防止运动损伤有着重要的意义。而在竞技运动领域，运动技术则是构成运动员竞技运动能力的核心因素，只有掌握最为有效最先进的运动技术，才有可能在运动竞赛中处于优越的地位。运动员的技术训练，是运动员训练的基本内容之一。现代运动训练要求以运动竞赛为导向，对影响专项运动技术的各种因素进行综合分析，以整体的角度对其进行优化。要把运动技术的提高和运动员的人格培养等有机地结合起来，谋求运动员的赛场表现与社会环境的要求相一致。

人们在运用体育技能和技术的过程中，有一个基本前提，那就是个体身体

① 朱卫雄，郭晶，吴立新.大学生体质与健康［M］.武汉：武汉大学出版社，2015.
② 谢雪峰.体育生态论纲［M］.北京：北京体育大学出版社，2011.
③ 朱卫雄，郭晶，吴立新.大学生体质与健康［M］.武汉：武汉大学出版社，2015.

机能水平和身体素质水平也应达到相应的水平，这是人们发挥各种技能技术的内在因素。个人的身体素质水平，是人的先天遗传与后天环境两个基本方面相互作用的结果。首先它受到遗传的深刻影响，一个先天条件优越的个体与其他个体相比，在其他条件相同的情况下，其身体素质的发展会达到比后者更高的水平。这一现象，揭示了运动员选材对于运动训练的极端重要性。然而，后天因素对人的身体素质和运动能力的影响也是十分巨大的。理论研究与训练实践均已充分证实，科学良好的运动训练能够有效地提高人体的身体素质水平。当然，从生态学的角度来说，身体素质发展与运动技术具有一定的匹配关系。一定的运动技术，要与相应的身体素质相对应，运动技术发展到一定水平，相应的身体素质也要随之有所提高，否则运动技术的发挥也会受到限制。人的身体素质，由若干相互联系的因子构成，比如人的速度、力量、耐力、灵敏、柔韧，均为人体所十分必要的身体素质。对于普通人来说，要求身体素质和运动能力发展达到较为理想的程度即可，而只有参加高水平竞技运动的运动员才要求与专项有关的身体素质发展达到极致。因为只有身体素质与运动技术诸方面都十分优越的运动员，才有可能取得优异的运动成绩。

另一方面，良好的身体素质和运动技术，还需要营造良好的比赛环境和赛场氛围才能得以发挥。特别是现代竞技运动，专项运动技术已经达到很高的水平，加之现代科学技术手段在训练中的普遍运用，运动训练手段也无密可保，这样一来，参赛运动员之间的运动能力方面的差异也显著缩小。反之，心理因素对运动员在比赛中的表现和运动成绩的影响就越来越大。许多比赛前看好的优秀运动员，在比赛中由于期望值过高，导致过分紧张、焦虑，往往不能表现出应有的竞技水准，而一些看起来水平不高的运动员，却经常成为运动场上的"黑马"，这种情况在今天已经司空见惯了，这也是现代竞技运动的魅力所在。这就充分说明，对影响运动员赛场表现的内外环境的研究和合理应对，对竞技运动的成败有着重大影响。对体育的微观生态环境的研究，有助于人的机能水平和运动技术水平的提高，从而实现个体和社会的体育目标。

从以上对体育的宏观生态和微观生态所做的系统分析中不难看出，只有体育的宏观生态与微观生态结构的合理、协调，才能发挥其积极的有效的生态功能，否则，如果体育在整体上或局部上出现生态平衡失调，则会产生负面的效果[①]。

---

① 谢雪峰.体育生态论纲［M］.北京：北京体育大学出版社，2011.

# 第三章　体育生态系统

## 第一节　体育生态系统的含义

1935 年，英国植物群落学家坦斯利（A.G.Tansley）首次提出了生态系统（ecosystem）一词。生态系统（ecosystem）是指一定地域（或空间）中共同栖居着的所有生物（生物群落）与其环境之间由于不断地进行物质循环和能量流动过程而形成的统一整体[①]。

（1）我们可以形象地将生态系统比喻为一部机器，机器是由许多零件组成的，各零件之间通过能量的传递而互相联系。这一比喻的基本点在于，对于生态系统中各因子的相互联系和作用上的统一性进行了强调。生态系统是有边界、有范围、有层次的系统，无论研究的是哪个系统，它都能够和周围的环境组成一个更大的系统，进而成为较高一级系统的组成部分，与此同时，这一系统本身又可以由许多子系统或亚系统构成。一般意义上，生态系统指的是一个在最大空间尺度上能自我维持的实体。这个实体的大小可以从几厘米到几千千米。在自然系统中，一个池塘、一片森林、一块草地、一段河流、一个居民点都可以看作一个生态系统，多种多样、相互联系的小型生态系统构成中型、大型生态系统。在物质循环、能量流动和信息传递过程中具有因果或共生关系的多个生态系统组合在一起就形成了生态圈。一般情况下，生态问题与进化、发展等因素联系紧密，这就决定了它具有动态性，所以生态系统还应当具有时间上的规定性。从时空范围来看，生态系统内外有别，有确定的边界，有始有终，有确定的生命周期，是具有一定边界、有一定层次、有一定时间界限、有一定结构的功能体。这个功能体的边界、层次、时间界限及结构如何确定，取决于研

---

① 游海燕，肖进勇，等.体育生态论［M］.成都：四川出版集团，2008.

究对象及对象所涉及的环境[①]。

与自然生态系统不同，社会生态系统是由教育、政治、经济、文化、体育、人口等子系统共同构成的复合生态系统（compound ecosystem）。

（2）生态系统的边界、层次、时间界限及结构的确定，主要取决于研究对象及对象所涉的环境。作为社会生态系统中一个相对独立的子系统，体育具有自身的结构和功能。

体育生态系统是指一定地域（或空间）中体育与环境相互作用，通过能量流动、物质循环和信息传递构成的具有一定结构的功能整体。体育生态系统是有边界、有范围和有层次的系统，如可以将"中国体育""国际奥林匹克运动"等看成大的、宏观层次的体育生态系统；将诸如"学校体育生态系统""竞技体育生态系统"等作为中观层次的体育生态系统看待；任何一项运动项目都是一个小的体育生态系统。宏观、中观、微观的体育生态系统都将是我们所涉及的对象[②]。

# 第二节　学校体育生态系统的因子分析

## 一、学校体育生态系统

与一般的生态系统不同，学校体育生态系统有自己的结构和功能，它是环绕在自然环境、社会环境和规范环境三种生态环境的圈层内，以体育教育及其结构层次作为主体、以人才培养为中心而形成的多因素综合系统。作为一个多维复合网络，学校体育生态系统从自然的、社会的、规范的环境中获取物质、能量及信息，在此之后通过体育教育对生态环境做出反馈性影响。近年来，学校体育进行了一定程度的改革，对学校体育内外部环境之间的关系进行了调整，提高了体育在全面教育中的地位和作用，使得新的中小学体育教学大纲得到了修正和调整。如此一来，学校体育与生态环境之间的物质流、能量流、信息流便可以双向流动，学校体育生态系统也被搞活了，富有生机了。学校体育在建

①　游海燕，肖进勇，等.体育生态论［M］.成都：四川出版集团，2008.

②　游海燕，肖进勇，等.体育生态论［M］.成都：四川出版集团，2008.

设物质文明和精神文明以及保护利用和开发自然环境方面，就能发挥出更大的作用了①。

## （一）学校体育的自然生态环境

自古以来，自然环境都是人类赖以生存和发展的生态条件，它不仅是人们认识、利用和开发的载体，同时也为人类的生存和发展提供了适宜的空间和资源。例如，美国和加拿大构想了在充分运用自然或者半自然的生态环境的基础上，建立大生态教育系统，也即它们的学园计划。学园计划的构想是在远离冒烟的工厂和拥挤的城市的地方建立学校，其最终目的是想要构建生机盎然的、健康的环境，对学生进行有形和无形的教育。但是众所周知的是，学校体育非常容易受自然环境中各种生态因素的影响（如目的、功能、内容、形态和方法等）。学校体育的自然环境主要包括学校建筑、体育建筑及其采光、照明、运动能力、运动场馆、器材设备、地理因素等。学校体育的自然生态环境是学校体育得以生存并发展的物质基础，它对学校体育的影响是隐性的，起到"环境育人"的特殊作用。总之，学校体育的自然环境还应该设置卫生、安全、科学的活动环境，器材、服装和设施要符合学生的生理、心理特征②。

## （二）学校体育的社会生态环境

作为人类所特有的生活环境，社会环境由包括政治环境、经济环境、教育环境、家庭环境、人口环境、生活环境及校风、班风、人际关系、教学气氛等在内的各种要素组成。整个社会是一个大的生态系统，学校只是其中一个小的生态系，是人为的生态环境。美国著名教育家约翰·杜威曾指出："学校是一种特别的社会环境，它用专门的设备来教育孩子。"作为学校教育的重要组成部分，学校体育以学校为生态背景，受到社会中各种生态因素的影响和制约。例如，终身体育思想成为学校体育的重要指导思想就与终身教育思想密切相关③。

## （三）学校体育的规范生态环境

所谓规范环境，指的是人类在群体生活中所形成的态度、风气、气质以及

---

① 尹雨嘉.当代体育发展诸元导论［M］.北京：光明日报出版社，2014.

② 尹雨嘉.当代体育发展诸元导论［M］.北京：光明日报出版社，2014.

③ 尹雨嘉.当代体育发展诸元导论［M］.北京：光明日报出版社，2014.

观念等。规范环境的作用主要有：对个人的生活以及行为进行规范，使人们的精神得到寄托，升华人的精神生活使其更好地把握生活的目的和生命的意义，使人的需要得到满足。和心理文化类似，规范环境是唯有人类才具有的心理环境。在规范环境中，个人受到其他人态度、期望与要求的影响，这些对于自身建立价值观，实践道德和发展人格具有重要的作用。与此同时，随着个人经验的充足以及价值观念的成熟，也会对他人产生影响，这种相互作用使社会文化得到充实，进而促进了规范环境的发展，使其内涵更为丰富。规范环境主要包括文化、艺术、科学技术、哲学思想、道德观念、社会风气、民族的传统和习俗、法学、管理、民主、宗教等，这些因素都会直接或者间接地对学校体育产生影响。与自然生态环境、社会生态环境相比，人类规范生态环境与学校体育生态的关系更为密切[①]。

## 二、学校体育生态的投入因子分析

学校体育是教师与学生共同进行的体育活动，为了保证这项活动的顺利进行，一定的环境条件是必需的，这就要求我国在学校体育发展方面加大投入力度，主要包括在人力、财力和物力方面的投入。

在学校体育发展过程中，学校教育主体的作用是非常巨大的，尤其是体育师资的培养和使用。近年来，国家加强了体育师资的培养。早在新中国成立后初期，国家就把学校体育师资培养放在重要位置，那时国家创办了以培养体育师资为主要目标的 6 所体育学院，并在综合性师范院校里创办了近百个体育系科。在此之后的十几年中（除"文化大革命"以外），对于体育师资人才的培养工作基本上从未间断过，这在很大程度上使得学校体育师资的数量迅速增加，质量也得到明显提高。从 20 世纪 90 年代开始，为了进一步提高现有体育师资的质量，以适应新形势下素质教育的需要，国家加大了体育师资继续教育的力度，相当多的体育教师得到了各种类型的在职培训[②]。

对于学校体育的发展来说，学校体育的场地设施建设也是非常重要的因素。总体来说，近年来我国学校体育场馆器材设备建设得到了很大程度的加强。我国各级各类学校都不同程度地采取了积极的措施，对学校的物质设施条件进行

---

① 尹雨嘉.当代体育发展诸元导论［M］.北京：光明日报出版社，2014.

② 谢雪峰.体育生态论纲［M］.北京体育大学出版社，2011.

了改善，尤其是在经济发达地区，不少学校已经拥有了标准的田径场、体育馆、游泳池，并增添了大量体育器材。贫困地区也在勤俭节约的前提下，因陋就简、就地取材，自制简易器材设备，以缓解场地器材不足的矛盾[①]。

总体来说，为了与我国各级各类学校体育工作的需要相适应，在体育教师的培养上，要以提高质量为主要方向，着力改善在职体育教师的知识能力和综合素质。学校体育的场地设施的建设也是优化学校体育生态环境中永远必须面对的话题。

### 三、学校体育生态的实施因子

学校体育生态的实施因子，主要指的是学校生态系统中的实施过程部分。学校体育实施过程可以分为两部分：体育课教学和课外体育活动。由于应试教育的束缚，学校体育在很长一段时期内都没有得到应有的重视。鉴于我国的体育课教学在发展初期借鉴的是苏联教学模式，因此在学校体育生态系统内部采用的是全国统一的教学大纲，体育教材也是由国家组织有关专家统一编写的。这就使得我国的体育课无论是在教学内容、组织安排还是活动形式等方面都比较正统和规范，没有对学生个性发展以及教学过程的灵活性投入过多的重视。由于教学内容千篇一律，教学方法比较死板，学生参加体育活动的积极性遭受了极大的打击。面对这种形势，我国开展了新一轮的体育课程改革，目的就是为了改变这种局面[②]。

《中共中央国务院关于深化教育改革全面推进素质教育的决定》（1999）提出，要"调整和改革课程体系、结构、内容，建立新的基础教育课程体系施行国家课程、地方课程和学校课程"[③]。2001年6月颁布的《国务院关于基础教育改革与发展的决定》，进一步明确了"加快构建符合素质教育要求的基础教育课程体系"的任务。接着，2001年7月教育部提出《基础教育课程改革纲要（试行）》，对课程改革的目标、课程结构、课程标准、教学过程、教材开发与管理、课程评价、课程管理、教师的培养和培训、课程改革的组织与实施九个方面都做出了详尽的规定。在这一大环境下，我国的中小学开始制定基础教育课程标准，并在全国广泛征求意见和试行。到了2005年，基础教育各科课程标准已经

---

① 谢雪峰.体育生态论纲［M］.北京：北京体育大学出版社，2011.

② 谢雪峰.体育生态论纲［M］.北京：北京体育大学出版社，2011.

③ 汤立许.民族传统体育项目教材化与评价体系研究［M］.武汉：湖北人民出版社，2015.

正式投入使用，以取代沿用了几十年的各科教学大纲。基础教育体育课程标准的试行也从 2001 年开始，到 2005 年正式实施。与此同时，基础教育体育课程的教材也开始编写①。

国家课程标准是国家对学生接受一定教育阶段之后的结果所做的具体描述，是国家教育质量在特定教育阶段应达到的具体指标，具有法定的性质②。国家课程标准是教材编写、教学、评估和考试命题的依据，是国家管理和评价课程的基础。

《体育与健康课程标准》（以下简称《课程标准》）对体育与健康这门课程进行了详细的界定，它明确指出："体育与健康课程是一门以身体练习为主要手段、以增进中小学生健康为主要目的的必修课程，是学校课程体系的重要组成部分，是实施素质教育和培养德智体美全面发展人才所不可缺少的重要途径。实际上，体育与健康课程是对原有的体育课程进行深化改革，并突出健康目标的一门课程。"③

《课程标准》指出，体育与健康课程的价值是：增进身体健康，提高心理健康水平，增强社会适应能力，获得体育与健康的知识和技能。同时，《课程标准》还首次提出了四个重要的基本理念：其一，坚持"健康第一"的指导思想，促进学生健康成长（健康）；其二，激发运动兴趣，培养学生终身体育的意识（兴趣）；其三，以学生发展为中心，重视学生的主体地位（发展）；其四，关注个体差异与不同需求，确保每一个学生受益（人本）④。

依据三维健康观、体育的特点以及国外体育课程发展的趋势，《课程标准》根据学习内容的不同，将学习领域划分为五个部分：运动参与、运动技能、身体健康、心理健康和社会适应。组成这五个领域的主线有两条：一是身体活动，二是健康主线。在健康主线中，都有一些实体的教育内容和活动作支撑。以上所讲的五个学习领域在实现课程目标的过程中是一个相互联系的整体，每个领域都不能脱离其他领域而独立存在。根据学生的身心发展特点，《课程标准》将中小学的学习划分为六级水平，并按照不同领域的要求设置了不同的水平目标，其中水平一至水平五分别相当于一至二年级、三至四年级、五至六年级、七至九年级和高中学段学生预期达到的学习结果。鉴于学校和学生各方面的差异，

---

① 谢雪峰.体育生态论纲［M］.北京：北京体育大学出版社，2011.
② 袁克强.新理念下的课堂教学［M］.西安：西安地图出版社，2006.
③ 叶加宝，苏连勇，邵雪梅.体育概论［M］.北京：北京体育大学出版社，2013.
④ 谢雪峰.体育生态论纲［M］.北京：北京体育大学出版社，2011.

《课程标准》在各个领域设立水平六，作为高中学段学生学习体育与健康课程的发展性学习目标，其他学段的学生也可以将高一级水平目标作为本阶段学习的发展性学习目标。新的课程标准十分重视课程资源开发，并具体规定了课程评价方法[①]。

在教育改革以及素质教育的背景下，我国各类学校也针对课外体育活动采取了一些积极的措施，这无疑在营造整个学校体育氛围方面起到了举足轻重的作用。

### 四、学校体育生态的效果因子

所谓的学校体育效果，就是指在学校体育活动中得到的效益。作为目的性极强的一种社会教育活动，学校体育的效果直接作用于活动主体，以提高学生的体能和综合运动能力为重点，最终促进学生的全面发展，以适应学习生活和未来工作的需要。对学校体育效果进行评价的指标很多，其中最为重要和根本的是学生的体质和健康状况。这是因为学生的体质健康状况，不仅关系到学生学习生活的成败，更重要的是它会直接影响到学生的终身体育锻炼的意识和习惯，进而影响整个中华民族的体质水平，在根本上影响我国的综合国力[②]。

为了对我国青少年儿童的体质状况有一个良好的把握，从 1979 年开始，我国平均每五年对学生体质与健康进行一次调查研究。通过这种方式，对我国青少年儿童的体质状况、特点和规律有了初步的掌握，这一系列措施为制定和完善我国青少年儿童生长发育、机能、身体素质的评价标准奠定了基础，同时也为客观地评价我国青少年儿童的体质提供了科学的依据。近年来的调查研究表明，新中国成立以来，我国青少年儿童的体质和健康状况得到了很大程度的改善，尤其是身体形态产生了根本性变化，身体机能和某些身体素质的进步也很明显，这从一定程度上反映出我国人民的生活和营养水平提高得很大，之所以会出现这种可喜局面，相信学校体育活动的作用是不容低估的[③]。

虽然取得了如此明显的进步，但是调查研究也显示出了我国学生体质健康方面存在的不容忽视的问题。主要表现在：虽然学生在身高体重方面逐年增加，但身体的其他机能和素质却有一定程度的下降，其中与运动有关的身体能力下

---

① 谢雪峰.体育生态论纲［M］.北京：北京体育大学出版社，2011.

② 谢雪峰.体育生态论纲［M］.北京：北京体育大学出版社，2011.

③ 谢雪峰.体育生态论纲［M］.北京：北京体育大学出版社，2011.

降得极为明显。与此同时，随着居民生活水平的提高，学生的营养也出现了不平衡的情况，再加上学生参加体育活动的积极程度不高，导致他们的体质状况越来越差。以上正反两方面的情况表明，在现阶段，在积极营造良好的学校体育环境条件的同时，更应注重学生参与体育活动的积极性[①]。

除了以上所论述的问题，学校体育对于学生的运动技能和行为的养成、思想道德和意志的培养也十分重要，学校体育在这一方面的实施效果还有待进一步评估。

# 第三节　竞技体育生态系统的因子分析

## 一、竞技体育生态系统概述

由竞技体育的内涵便可看出，竞技体育生态系统的核心是"比赛"，所以它是围绕"比赛"运转的多维空间、多重因素、多层环境的复杂系统。所谓多维空间，就是指该生态大系统的构成至少存在三个维度，即上下、左右和内外三个维度。所谓多重因素，就是指三个维度中的各种因素都相互联系、相互牵拉、共同作用于该生态大系统；所谓多层环境，就是指围绕"比赛"这个"核心"，其生态环境有内环境、外环境、微观环境和宏观环境等多个层次[②]。

### （一）竞技体育生态系统内部结构（生命系统）

在竞技体育子系统内部，一切活动因素得以运转的核心都是"竞技比赛"。这些因素主要有：人力资源的投入及开发、经费的投入及经费来源渠道的开辟、科技投入和智力资源的发掘、文化投入与竞技文化建设，除此之外还包括人、财、物以及软环境的管理，以及投入和管理后的效果——社会效益及经济效益。这些因素概括起来可以分为投入、管理和产出三个方面，它们共同组成了竞技

---

① 谢雪峰.体育生态论纲［M］.北京：北京体育大学出版社，2011.
② 魏冰，李庶鸿，黄国龙，束景丹.竞技体育生态系统及可持续发展研究［J］.山东农业大学学报（自然科学版），2013（1）.

体育生态系统的内部结构或"生命系统"①。

### 1.竞技体育的投入

（1）人力资源的投入与开发

作为生产力要素中最活跃的因素，人才的作用是非常重要的，同时也是很难得的。竞技体育中所提到的人才主要指的是后备人才的选拔和人才队伍的数量及质量、优秀教练员的选择和培养（也包括裁判员队伍的状况）。其中，学校尤其是中小学体育竞赛活动对竞技体育后备人才数量的影响是非常巨大的。在后备人才选拔的过程中，开展群众性（特别是青少年）体育竞赛活动是一个必需的途径，但更为重要的是运动员选材方法和手段的科学性以及选拔机制的合理性。此外，教练员素质的高低、教练员聘用机制是否科学合理，也会对竞技体育的可持续发展产生影响。同时，裁判员的职业道德和业务水平也与竞技体育的发展有着密切的关系②。

（2）经费问题

任何事业的开展都需要经费投入，竞技体育也不例外。竞技体育的经费来源有划拨经费与社会、企业和个人赞助以及门票和广告收入等。这些在一定程度上又受到竞技体育市场机制运转状况的影响，因为竞技体育不仅是一项事业，还是一种产业，因此需要市场化的运作。当前，体育产业（主要是竞技体育）在发达国家已经成为国民经济的支柱产业。这些成功经验都值得我国借鉴③。

（3）发掘科技与智力资源

在一定程度上，竞技体育水平不仅代表着一国的经济水平，更代表着一国的科技实力。要想使本国的运动技术水平得到不断提高，不断刷新世界纪录，不进行一定的科技投入无异于缘木求鱼。科学技术对于竞技体育的贡献表现在很多方面，例如，发掘运动员的潜能，进行运动技术创新，开发先进训练仪器设备，场地设施装备的更新换代，以及纳米技术的运用等，无一不体现了科学

---

① 魏冰，李庶鸿，黄国龙，等.竞技体育生态系统及可持续发展研究［J］.山东农业大学学报（自然科学版），2013（1）.

② 魏冰，李庶鸿，黄国龙，等.竞技体育生态系统及可持续发展研究［J］.山东农业大学学报（自然科学版），2013（1）.

③ 魏冰，李庶鸿，黄国龙，等.竞技体育生态系统及可持续发展研究［J］.山东农业大学学报（自然科学版），2013（1）.

技术的力量[①]。

（4）文化投入及竞技文化的建设

竞技体育本身是一种文化现象。奥林匹克文化博大精深，是社会学家和体育学者不断探究的领域。竞技体育生态系统是一种耗散结构，不仅需要人员和物质以及能量在内外环境相互作用中不断交换，而且也需要信息的内外交换。其中，文化投入就是一种信息的输入。所谓文化投入，就是要宣传奥林匹克，宣传竞技体育，努力营造竞技比赛的文化氛围。奥运会举办国都极力把自己的地域文化向奥林匹克竞技运动中渗透。"更快、更高、更强""重在参与""更人性，更道德、更健康"等是奥林匹克竞技体育的文化精髓。加强竞技文化建设，就是要引导人们向往、追求并积极参与到竞技体育中来，把运动作为一种生活方式并从中享受乐趣，接受公平竞争的教育，追求自己的人生价值，不断完善自己的人格[②]。

**2.竞技体育的产出**

（1）社会效益

根据田麦久先生主编的《运动训练学》，竞技体育的社会效益（或者说现代社会价值）包括六个方面：第一，激励人类的自我奋斗精神；第二，满足社会生活的欣赏需要；第三，促进和吸引社会大众的体育参与；第四，促进社会和经济的发展；第五，排解社会成员的不良心绪；第六，凸显国家或社会团体的综合实力[③]。

（2）经济效益

前文已经说过，竞技体育不仅是一项事业，更是一个很大的产业，如果得到了良好的运作，其经济效益是非常可观的。这里的经济效益有直接和间接两类，其中，直接的经济效益主要包括各类竞赛的门票收入、广告收入以及彩票收入等；间接的经济效益则指的是竞技体育对经济发展的刺激、拉动了国家的内需、促进了相关产业的发展等，譬如体育场馆的建造会拉动建筑业、建材业

---

① 魏冰，李庶鸿，黄国龙，等.竞技体育生态系统及可持续发展研究［J］.山东农业大学学报（自然科学版），2013（1）.

② 魏冰，李庶鸿，黄国龙，等.竞技体育生态系统及可持续发展研究［J］.山东农业大学学报（自然科学版），2013（1）.

③ 魏冰，李庶鸿，黄国龙，等.竞技体育生态系统及可持续发展研究［J］.山东农业大学学报（自然科学版），2013（1）.

等，运动设施器材装备的制造与安装会拉动电子、通讯、服装以及车船业等相关产业的发展[①]。

### 3.竞技体育的管理

#### （1）人的管理

竞技体育中人的管理主要包括运动员队伍的管理、教练员队伍的管理、裁判员队伍的管理和观众（及赛场）的管理。这四个方面的人员，同在一个小的生态系统中（或叫生态链上），他们相互依存，协调共生[②]。

#### （2）财的管理

这也是竞技体育管理的一个重要方面。由于竞技体育是一个大的产业，因此必然地会有大量的资金流转，管理得好则会对竞技体育的可持续发展产生有利的影响，管理不好则会阻碍甚至破坏竞技体育的可持续发展，如出现腐败现象等。

#### （3）物的管理

从大的方面来分，物的管理主要包括场馆、设备和器材以及运动装备四个方面的管理。所有物的管理，都应以保证竞技体育朝着更人性、更绿色、更健康、更生态化、更吸引受众（包括观众和听众以及所有关注者）的方向发展。

#### （4）软环境的管理

以上所述的人、财、物的管理相比，竞赛的运行机制、竞赛的法规、条令、条例、规章、制度、规则等便属于软环境的管理，它们对竞技体育可持续发展的影响也是非常巨大的。良好的运行机制，完善的法规制度体系能保证竞技体育在大的生态环境中茁壮成长，竞赛规则及裁判法的不断修订完善能吸引更多的人参与到竞技体育中来，从而保证竞技体育的可持续发展[③]。

### （二）竞技体育生态系统外部结构（环境系统）

竞技体育生态系统的外部结构（或叫"环境系统"）包括两个层次，一个是平面交织网，由"大体育"概念下的学校体育和社会体育两个平行子系统互相

---

① 魏冰，李庶鸿，黄国龙，等.竞技体育生态系统及可持续发展研究［J］.山东农业大学学报（自然科学版），2013（1）.

② 魏冰，李庶鸿，黄国龙，等.竞技体育生态系统及可持续发展研究［J］.山东农业大学学报（自然科学版），2013（1）.

③ 魏冰，李庶鸿，黄国龙，等.竞技体育生态系统及可持续发展研究［J］.山东农业大学学报（自然科学版），2013（1）.

依存、共生共长而组成；另一个层次是纵向交织网，即竞技体育受社会的政治、经济、文化、科技等方面的制约。其中，纵向交织网是影响竞技体育可持续发展的更深层次的因素①。

1.第一层环境对竞技体育的影响

在大体育家庭中，竞技体育、学校体育和社会体育是既自成系统又互为环境，相互影响、相互制约的"三兄弟"。这三者只有协调发展才能共存共生共同进步。以下分别介绍学校体育和社会体育对竞技体育的影响。

（1）学校体育对竞技体育的影响

学校可以说是竞技体育后备人才的原产地，大量优秀的运动员正是从这里产生的。众所周知，少年兴则国家兴，少年强则国家强。而在我国，绝大多数的适龄青少年儿童都要经过中小学的教育，所以，在中小学进行体育教育，尤其是进行奥林匹克、竞技体育文化的传播，能够对竞技体育的可持续发展产生非常重要的作用。然而，由于人们认识上存在偏差，学校体育工作在一定程度上并未引起相关部门的重视；再加上人们认识上存在谬误，认为竞技体育就是蹦蹦跳跳玩玩而已，小学也玩、中学也学、大学还练，觉得没有必要，这些都导致他们不了解体育特别是竞技体育是一种文化，它需要传播、传承，需要连续、持续，需要不断发扬光大②。

（2）社会体育对竞技体育的影响

社会体育是竞技体育赖以生存的土壤。任何一种竞技运动，如果没有大众的参与，都会失去其存在的价值；任何一种竞技运动，如果没有群众性基础，都无法长久生存，持续发展就更谈不上了。这是因为，竞技体育是一种表演性的劳动形式，通过对力与美的肢体阐释，加上其表演或比赛结果的不确定性，就更加吸引了观众的眼球和听众的耳朵以及人们的多方关注；与此同时，运动员也就实现了自身的价值③。

---

① 魏冰，李庶鸿，黄国龙，等.竞技体育生态系统及可持续发展研究［J］.山东农业大学学报（自然科学版），2013（1）.

② 魏冰，李庶鸿，黄国龙，等.竞技体育生态系统及可持续发展研究［J］.山东农业大学学报（自然科学版），2013（1）.

③ 魏冰，李庶鸿，黄国龙，等.竞技体育生态系统及可持续发展研究［J］.山东农业大学学报（自然科学版），2013（1）.

2.第二层环境对竞技体育的影响

（1）社会政治对竞技体育的影响

虽然无论是竞技体育还是奥林匹克运动，初衷都是通过肢体语言将具有不同肤色和不同信仰的世界各国运动员乃至人民联系在一起，但是这些活动毕竟也是一种社会文化现象，因此就难以避免受到社会政治环境的影响。世界上任何一个国家和民族都会为自己的儿女在国际赛场上夺冠折魁而自豪；也有很多国家将竞技体育作为一种外交手段，以此来达到自己的政治目的；还有一些民族通过体育运动来强壮自己的民众。无论是出于何种目的，竞技体育受到政治的影响是毋庸置疑的，同时竞技体育本身确实也具有扬国威、促外交、强民族的功能。这里需要强调的是不应该过度强化政治对竞技体育的影响和制约，否则将会喧宾夺主[①]。

（2）经济对竞技体育的影响。

前文已经说过，竞技体育不仅是一种文化，也是一项事业，它属于上层建筑的范畴，因此，必然地要受到经济的制约。只有经济发展到一定程度，国家和政府才能够有余力对竞技体育的资源配置和发展问题进行考虑，也才有建造场馆设施的能力；也只有经济发展到一定程度，人们的物质生活水平得到了很大程度的提高，才有闲情逸致追求精神方面的享受，例如走进体育场、走进体育馆、走到比赛现场、走进大自然，去参与、去欣赏、去领略、去感受体育。因此，可以说，经济基础是竞技体育发展的基石。但这并不是说竞技体育就完全被动地受到经济的制约，反过来，竞技体育也会在很大程度上刺激经济的发展。竞技体育与经济是协调共生的关系，因此我们不能过度强调经济对竞技体育的影响，竞技体育的过度商业化也将会喧宾夺主[②]。

（3）文化、科技等其他因素对竞技体育的影响。

鉴于竞技体育本身就是一种文化，所以它的发展与科技有着密不可分的关系，它前进的每一步都需要科学技术的支撑。由此可以看出，文化、科技等对竞技体育的影响是非常大的。地域文化都是由一定的地理环境孕育的，多元的世界自然有多元的文化，多元的世界也需要多元的文化。不同国家以及民族对

---

[①] 魏冰，李庶鸿，黄国龙，等.竞技体育生态系统及可持续发展研究［J］.山东农业大学学报（自然科学版），2013（1）.

[②] 魏冰，李庶鸿，黄国龙，等.竞技体育生态系统及可持续发展研究［J］.山东农业大学学报（自然科学版），2013（1）.

于竞技体育的理解和参悟都是不同的，因此竞技体育的发展趋势必然是多种文化相互交织、相互渗透并相互融合。其中，文化对竞技体育的影响和制约主要表现在人生观、价值观、审美观的形成等方面，以及人的伦理和道德等。科技对竞技体育的影响更是不言而喻，训练技术手段的创新与应用、设施与装备的设计与革新，都直接影响着运动员的身体健康和运动成绩的提高；传媒设施的迅速更新换代使得竞技体育文化得到更迅速、更深入、更广泛的传播等，这些都是科技对竞技体育的贡献。当然，科技发达对竞技体育产生负面影响的例子也不少，如兴奋剂的研制与兜售[①]。

## 二、竞技体育生态的投入因子分析

从实质上来讲，竞技体育生态的投入是一个竞技体育体制的问题。在当前的国际环境下，对竞技体育的投入呈现出多元化的趋向。当前国际竞技体育体制大体上有三种类型：一是举国体制。这种体制运用国家政策手段来发展竞技体育，并将竞技体育作为国家体育发展的重要内容和手段。采取这种体制的有苏联、中国和东欧一些国家。二是社会体制。这种体制运用的是市场经济的杠杆作用，使社会上各种体育组织的积极作用得到充分发挥，以此来促进竞技体育的发展，如美国、西欧国家等。三是将国家和社会两方面的积极性结合起来，比如法国等。这三种体制都各有优点和不足，在国际竞技体育舞台上的表现也有所不同。当然，要想对竞技体育体制在生态上的利弊进行全面的了解，光看竞技运动成绩这一指标是不行的，更应该看是否能够从根本上促进竞技体育的发展，以及是否符合体育经济学中投入和产出的对应关系。过去若干年中，我国采取的都是举国体制，正是这种体制引导着我国竞技体育不断走向辉煌。然而，中国竞技体育过大的投入和对社会体育一定程度上的忽视，常常是引起社会困难与思索的直接原因。从长远来说，中国的竞技体育必须注意汲取国际竞技体育特别是欧美竞技体育的优势，走长远的可持续发展之路[②]。

## 三、竞技体育生态的实施因子分析

从实质上来说，竞技体育实施的主要目的就是培养适应专项比赛需要的优

---

① 魏冰，李庶鸿，黄国龙，等.竞技体育生态系统及可持续发展研究［J］.山东农业大学学报（自然科学版），2013（1）.

② 谢雪峰.体育生态论纲［M］.北京：北京体育大学出版社，2011.

秀运动员，参加世界和区域性的体育比赛并取得优异成绩，最终实现特定的社会性目标。从生态环境的角度来考虑，竞技体育生态的实施从运动员的选材开始，然后通过初期、中期以及终期的科学训练，取得相应的成绩。由此可以看出，竞技体育的整个实施过程，是围绕着运动员的培养训练来展开的。竞技体育实施过程主要包括运动员选材、运动训练和运动竞赛三个环节[①]。

首先，运动员选材。这是竞技体育实施的首要环节。具体是指，采用科学的方法，选取先天条件良好、体育兴趣浓厚、适合从事专项运动训练和比赛需要的青少年，对其进行科学的训练。经验选材和科学选材是运动员选材的两种基本形式。在很长时期内，由于科学技术水平的限制，我国采取的是经验选材的方式，虽然也培养出了一大批优秀的运动员，但是因为缺乏针对性，还是浪费了大量的物质投入。当前，强调在预测基础上的科学选材，是提高运动训练效益必须首先解决的前提条件[②]。

其次，运动训练。大量优秀运动员的成长经历告诉我们，优秀教练员是运动队或运动员成长的关键所在。科学训练在运动成绩的取得中具有决定性的作用，这从中国体操队、中国女子排球队、中国跳水队的成长经历便可以看出来。与此同时还应该注意，运动员的训练不仅是运动场上的训练，还应当包括整个运动员的培养过程，重要的是要把运动员培养成适应社会所需要的人，才是现代运动训练的根本目的所在[③]。

最后，运动竞赛。通过前两个步骤的准备，为运动员参加竞赛做了充足的准备，它们是运动员参加竞赛活动的基础。然而，是否能够将自身优异的体能和机能水平以及良好的运动技术水平表现出来，与运动员在具体运动竞赛的发挥也有着密切的关系。现代运动竞赛过程的规律证明，运动竞赛也是一个具有一定结构与功能的系统，运动员在比赛前的所有活动，都应当纳入这一系统。同时，也应该注意心理训练和赛前心理调整，因为这两项对于运动员取得优异运动成绩也十分必要[④]。

① 谢雪峰.体育生态论纲［M］.北京：北京体育大学出版社，2011.
② 谢雪峰.体育生态论纲［M］.北京：北京体育大学出版社，2011.
③ 谢雪峰.体育生态论纲［M］.北京：北京体育大学出版社，2011.
④ 谢雪峰.体育生态论纲［M］.北京：北京体育大学出版社，2011.

### 四、竞技体育生态的效果因子分析

竞技体育生态的效果指的就是竞技体育的社会效益和经济效益。

竞技体育的社会效益主要表现在，很多运动员已经将竞技体育当作改变自身社会和经济地位的重要途径。许多运动员参加竞技体育的初衷，就是通过竞技体育这种谋生手段，再加上自身的艰苦努力获得成功以及社会的认可，同时获取相应的社会经济报酬。这已经成为一种较为普遍的现象。而且，竞技体育的群体社会价值已经越来越多地为人们所接受。竞技体育被越来越多的团体、单位和学校当作提高知名度的工具，也成为许多地区和民族弘扬地域或民族文化的重要手段。竞技体育是展示国家形象和民族风貌的重要手段。最为重要的是，竞技体育的效果因子必须适应竞技体育生态环境的需要。与此同时，竞技体育发展的环境又受到多种因素的影响。如果所从事的竞技运动项目具有一定的文化性、竞争性和观赏性，那么其看点便会增多，这样一来社会受众也会增多。纵观各国，在一般情况下市场化较好的竞技运动项目，都是在社会上具有一定观赏价值的项目，因此应该对那些先天观赏性不强的竞技运动项目进行改造，以使其适应新的社会环境生态对其发展的要求。同时，竞技运动项目自身的水平也是必须考虑的因素，比如我国的乒乓球项目等，由于它本身具有较高的水平，因此在国际上也有一定的优势，也能够较好地解决好运动员的出路问题，从而形成竞技体育的良性循环[①]。

### 五、竞技体育生态的限制因子分析

所有与竞技体育生存和发展有关联的因素都是其限制因子，只不过有的是显性的，有些则是隐性的；有的效力是现实的，有的效力是延迟的。本文仅对竞技体育生态的显性限制因子进行分析[②]。

#### （一）违禁药物

鉴于经济利益的驱使，或者出于政治目的，在竞技赛场上，兴奋剂的使用事件此起彼伏。尽管打击力度不断加大，但却屡禁不止。众所周知，服用兴奋

---

① 谢雪峰.体育生态论纲［M］.北京：北京：北京体育大学出版社，2011.

② 魏冰，李庶鸿，黄国龙，等.竞技体育生态系统及可持续发展研究［J］.山东农业大学学报（自然科学版），2013（1）.

剂提高运动成绩的作用机理是干扰运动员机体对疲劳的识别能力，对运动员的机体伤害是非常大的，有些药物对女性的身体影响就更严重。因此，在竞技比赛中，竞赛的组织者想尽各种办法对这一情况进行检查，包括对一些国际知名运动员进行检查，也不断修改竞赛规则以加大判罚力度，力图解决服用违禁药物问题，但收效甚微[①]。

### （二）假黑赌

所谓"假黑赌"指的是打假球、吹黑哨、赌输赢。同时，在竞技比赛中，年龄造假从而以大打小等事件同样屡见不鲜。可以肯定的是，在这样乌七八糟、重度污染的环境中，无论哪一个项目都无法健康发展，长此以往甚至难以生存。徐向军先生的一项调查显示，我国足球后备人才数量 2002 年为 22615 人，到 2004 年减少到 19577 人，下降幅度为 13.4%。当然造成这种现象的因素很多，但很重要的是"假黑赌"欺骗了人们的情感，亵渎了人们的灵魂，因此，正义的人们心寒了[②]。

### （三）暴力和赛场骚乱

在当前的竞技体育赛场上，体育暴力和球迷骚乱事件时有发生。1988 年德国发生 6000 多名球迷参与斗殴事件，造成了巨大的经济损失和人员伤害；哥伦比亚的西莱科在第 15 届世界杯上误将皮球踢入自己的球门，回国后不久便被暗杀；……凡此种种，不胜枚举。这些都有悖于竞技体育的初衷，严重污染了竞技体育生态环境。[③]

### （四）腐败

腐败是个由来已久的问题，其中竞技体育领域的腐败现象更是尽人皆知。远的有盐湖城冬奥会受贿案，近的有中国足球的"假黑赌"。受贿案中有数百名

---

① 魏冰，李庶鸿，黄国龙，等.竞技体育生态系统及可持续发展研究［J］.山东农业大学学报（自然科学版），2013（1）.

② 魏冰，李庶鸿，黄国龙，等.竞技体育生态系统及可持续发展研究［J］.山东农业大学学报（自然科学版），2013（1）.

③ 魏冰，李庶鸿，黄国龙，等.竞技体育生态系统及可持续发展研究［J］.山东农业大学学报（自然科学版），2013（1）.

奥运会官员受到牵连，中国足球界的数条"大鱼"从"假黑赌"浑汤中陆续浮出水面，同样都是骇人听闻。腐朽思想的侵袭，巨大经济利益的诱惑，使得很多有关人士（包括运动员、教练员和裁判员）特别是体育官员陷入腐败的泥潭甚至落马[①]。

---

① 魏冰，李庶鸿，黄国龙，等.竞技体育生态系统及可持续发展研究［J］.山东农业大学学报（自然科学版），2013（1）.

# 第四章　体育教育的生态环境

## 第一节　体育教育的自然环境

### 一、体育教育自然环境的概述

#### （一）体育教育自然环境的含义

《辞海》对自然的定义是：天然；非人为的。对自然环境的定义是：环绕人类社会的自然界，包括作为生产资料和劳动对象的各种自然条件的总和，是人类生活、社会存在和发展的物质基础和必要条件，它可以加速或延缓社会发展的进程[①]。体育所依赖的自然环境就是相对于体育而存在的、对体育具有较大影响力的、并构成与体育发展具有相互作用关系的物质实体的总和。

#### （二）体育自然环境的范畴

在进行体育的过程中，人们需要从自然环境中直接或间接获得所需的物质资料，自然环境为体育活动的实现提供资源、场所，在这个意义上，自然环境成为了一切体育活动的载体。体育自然环境的优劣，对于体育运动发展的速度和质量具有至关重要的作用。然而体育自然环境的范畴较宽，它大体包括天然环境和体育人工环境。

1.天然环境

体育天然环境是指直接影响体育活动的具体空间、位置、地形、地貌、气候、水文、土壤、岩石、植物与动物等，是体育发展的物质基础和必要条件。

---

① 张媛.环境心理学［M］.西安：陕西师范大学出版总社有限公司，2015.

一定区域的天然环境决定了该区域开展体育活动的可能性和基本条件，也在一定程度上决定着体育开展的项目、内容和规模。人们利用天然环境逐步形成地域性体育，如西北地区游牧民族的骑马、射猎，北方的滑雪、溜冰；南方水乡的游泳、划船，等等。

人们在良好的自然环境下参与体育运动，享受着大自然美的恩赐，体验着体育运动带来的无穷乐趣，刺激着人们再次投身体育运动。使体育运动成为人们生活中的一种经常性的活动。如果天然环境遭到破坏，将影响人们参与体育活动的兴趣和情绪，影响体育活动的开展。

2.体育人工环境

人工环境是指人类在天然环境的基础上，经过劳动加工改造过的物质实体。人工环境是指基于人类聚落而形成的环境，是人类开发利用自然、发挥人类能动性的产物。由于人群的聚集并在其中从事活动的特征，这种环境通常是人工和自然的复合体，但人工的因素占优势。人工环境中的体育人工环境则是指各种经过人工建设或改造过的、用于体育活动开展的物质实体。现代体育人工环境包括三大类：一类是公园、社区、广场等适宜进行体育运动的场所；另一类是专门建设用于体育运动的体育场馆、体育中心和其他设施；第三类是体育器材、服装及用品[1]。

## 二、体育教育与自然生态环境

### （一）体育教育与自然环境相互依存

自古至今，人类一刻也没有离开过地球这个独特的圈层而独立存在。人类和自然生态环境有着密不可分的天然"血缘"关系。人类的生存发展，是以自然生态环境的存在和发展为前提的，同时，人类也在顺应环境的过程中不断地对自然生态环境进行着改造[2]。当然，人类生存与发展所依赖的自然环境，"是指构成人类生活和活动的自然条件的那一部分，而不是整个的无限的自然界"。

人类社会是自然界长期发展的产物，自然环境是人类社会赖以生存和发展的物质基础。自然环境提供了体育运动运行和发展的场所、资料。体育运动发

---

① 柳伯力.体育旅游概论［M］.北京：人民体育出版社，2013.
② 张媛.环境心理学［M］.西安：陕西师范大学出版总社有限公司，2015.

展过程中所需的物质资料都从自然环境中直接或间接获得；自然环境影响和制约着体育运动的运行和发展，对体育运动的发展起着加速或减缓的作用。同时，自然环境还影响体育运动需求的内容、体育社会活动开展的程度和体育交往规模。相反，体育社会活动改变着自然环境的面貌，譬如"奥运村""亚运村"的不断涌现[1]。体育人口的多少影响体育活动对体育场馆的需求和建设规模，从而影响自然环境的相对平衡。不同的民族、国家或地区，自然环境不尽相同，体育发展规模、速度也不同。受各地自然环境的影响，在不同地域，人们对体育活动内容的需求，不同的体育活动内容对社会的物质需求都会有所不同。将自然环境与民俗风情结合起来，就会逐渐形成多种体育项目与形式，从而满足人们的各种需要，陶冶情操，增添无限情趣。这是因所有的体育活动都是在自然（或半自然）的环境中进行的。创造优雅的自然生态环境，有助于体育活动的正常进行，提高体育活动自身的效益。

**（二）自然生态因素与体育发生作用的媒介**

自然生态因素与体育的关系常常是通过自然环境对人体活动的多方面影响而起作用的。

1. 自然环境是体育运动的"第一个推动力"

原始体育在劳动和生活过程中产生萌芽。人类的祖先古猿由于生活环境的变化和生活方式的影响，"完成了从猿到人的具有决定意义的一步直立行走"。恩格斯在科学地分析了从猿到人这个漫长的演变过程后指出："需要产生了自己的器官。"猿之所以能成为人，正是为了适应环境和生存的需要[2]。在"自食其力"的过程中，他们由爬行转为站立，使视野逐步扩大，并逐步发展了自身的各种技能和体力，培养了藉以进行劳动、生活和自卫的本领，如走、跑、跳、攀登、爬越、支撑等多方面的技能，然后经由若干世代的发展，才逐渐形成今天我们所看到的体育运动。

2. 各种自然环境是体育运动的支撑和发展平台

体育运动的发展，也必须以人们所依据的自然环境条件作为前提。许多体育运动正是模拟自然环境才得到人们的青睐。自然生态环境决定着发展体育运

---

① 王蒲.运动竞赛理论与方法研究［M］.北京：人民体育出版社，2007.

② 尹雨嘉.当代体育发展诸元导论［M］.北京：光明日报出版社，2014.

动的项目、内容和规模，这从古代体育逐步形成的地域文化特征可见一斑。在很多情况下，由于地域、气候等自然环境因素造成了体育行为的地域性差异。例如，游牧民族逐步形成的骑马、涉猎项目，农业民族中盛行的摔跤、舞蹈和球戏项目等，渔猎民族喜欢的投掷、划船项目等，都展现了自然环境为体育活动的开展提供了坚实的条件[①]。体育运动在人类社会文化中的兴起和发展，特别是以奥林匹克运动为代表的大型竞技赛会兴盛，激发了人们对自然环境的利用开发，如高山滑雪、高尔夫球场、水域项目、海滨冲浪和浴场等。从而使体育运动影响了地理面貌发生变化，以及人文地理面貌改变，如各种体育场馆的布置设计，建筑与装饰，既可供人们健身、娱乐、丰富精神文化生活，又具有美化装点城市建设的审美价值。生态环境为人们开展体育活动提供了良好的空间条件，人们的所有户外运动都必须在良好的生态环境条件下发展。如体育运动的草地、健身活动的绿色屏障等[②]。

到目前为止，几乎所有的体育运动都是在各种自然环境中进行的。尽管在现代社会里，许多"人为"的体育运动不断地出现，人们为了自身发展的需要，创造了许多体育运动的形式和内容，新的运动项目层出不穷。但是从本质上说，体育运动仍然是自然环境的产物，或在其构成因子中，包含着自然环境的因素[③]。

3.自然环境影响着人们对体育运动的参与程度

（1）人类在自然环境中不断适应自然环境的变化

人类要实现对新的生态环境的适应，不仅借助于生产技术的改进，而且取决于遗传变异的结果，这与人类机体的构造系统和功能系统有着密切的关系。人类的适应类型是对自然环境的综合反应，也是人类同环境维持平衡状态的保障。人类各种适应类型的一般特点是人体对环境内不利因素影响的抵抗力增加。其特殊适应反应则多种多样，造成特殊的生态适应专门化[④]。例如，在体育运动训练中广泛采用的高原训练，就是利用了这一优势，提高运动员的心脏和呼吸功能，以便在比赛中表现出优异的运动成绩。再如，沙漠地区面临高温、太阳紫外线辐射、空气极端干燥、大风沙等生态环境因子，人们产生对过热和脱水现象的适应性，人在炎热气候时血压下降是正常的生理反应，这是由于汗分泌

① 莫再美.广西城市老年休闲体育行为研究［M］.桂林：广西师范大学出版社，2015.
② 刘爱平.体育与和谐社会［M］.长沙：湖南文艺出版社，2007.
③ 谢雪峰.体育生态论纲［M］.北京：北京体育大学出版社，2011.
④ 吴鼎福，诸文蔚.教育生态学 新世纪版［M］.南京：江苏教育出版社，2000.

增强和皮肤血管舒张而产生的一种结果。体育锻炼所带来的血液循环加快，促进人体新陈代谢，增进健康、增强体质，充分反映了人类利用微观环境改善自身的本质特征。营造良好的自然生态环境，是维持人的健康和可持续发展的重要前提条件。

（2）良好的自然生态环境是人们达到预期的体育运动效果的根本保障

自然环境优劣对人的发展有着不同的影响，优越的自然环境一般能加速人身心发展，而恶劣的自然环境一般会滞缓人的发展，但这并不是绝对的。优越的自然环境在一定的情况下也能使人意志消沉，进取心减退，反而滞缓人的发展；而恶劣的自然环境在一定的情况下也会激发人的斗志、磨炼人的意志，转而成为实现人的发展的有利因素。两种相反作用的转化遵循着一定的转化机制[1]。但是生态环境的破坏，必然影响体育活动的开展，影响体育社会的变迁。恶劣的自然生态环境，或许是自然环境对人类的惩罚，或许是人类必须适应和克服的对象，但肯定对体育运动的发展会产生不利的影响。在当今的自然生态环境下，如何在建立环境友好机制的前提下发展体育运动，是人类必须面临的课题。也就是说，在发展体育的同时，又对保护环境做出应有的贡献；从根本上说，无疑是在保护人类赖以生存的地球，是对大自然的补偿，同时必然对优化地球物理环境和人的生理环境起到不可估量的积极作用。为此，体育运动的运行和发展要尽力与自然环境保持和谐一致，既充分发挥人的主观能动性，又要遵循自然规律。既要使体育设施及场馆的建设、体育旅游的开发、体育娱乐活动的开展与周围的生态环境相适应，又要杜绝急功近利思想破坏人们赖以生存的生态环境，如绿色植被、湖泊等，以促进人与环境的友好发展[2]。

# 第二节　体育教育的社会环境

## 一、体育教育社会环境的概述

与自然生态环境相对应的，是体育的社会环境；与人类的生物圈相对应的，

---

① 张媛.环境心理学［M］.西安：陕西师范大学出版总社有限公司，2015.

② 谢雪峰.体育生态论纲［M］.北京：北京体育大学出版社，2011.

是人类的智慧圈。智慧圈是苏联科学家维尔纳兹基于 1944 年提出的，他认为生物圈是历史上发展着的系统，人类在地球上出现后改变了生物圈，智慧圈是生物圈新的状态。智慧圈表明了人类与社会的关系，核心内容强调人在生物圈中的作用①。生物地球化学的奠基者在去世之前给他的学生写信说："我对前途抱有乐观的态度，我想，我们在经历着一个不只是历史的变化，也是一个星球的变化。我们生活在朝向'智慧圈'的过渡时期中。"今天，"智慧圈"已经形成，为教育生态增加了新的圈层。智慧圈是人类全部的知识和各种能力的总和，以及这些知识和能力在人们之间的传递而构成的圈层。如果说生物圈对人，对教育主要提供物质流、能量流的话，那么，智慧圈则是提供信息流和知能流②。如果就某种意义来说，人类对许多生物圈因子只能是被动地适应的话，那么，人类的智慧圈则是对所有生物圈因子，对人类本身和体育运动进行能动改造的最为重要的因素。

社会是一个涵盖面极广的概念，社会环境又有着多种结构。教育的社会环境，是人类特有的生活环境，它包括政治环境、经济环境以及学校环境、家庭环境、村落环境、聚落环境、城市环境等。事实上有很多人对社会环境做过研究，将其分为狭义的社会环境和广义的社会环境。研究社会环境对体育运动的影响，是体育生态研究区别于普通生态学的因素之一。体育一个非常重要的特点就是社会性，其表现出了越来越强的组织性和社会化，体育已经形成一整套涵盖内在机制和外在体制、管理的庞大结构和体系。长期以来，我国比较重视研究体育的社会性和社会环境，但是将两者综合考虑的比较少，没有进行多元分析，根据生态学原理研究社会环境对体育的影响更是甚少，基本没有。

## 二、体育教育与社会环境

### （一）政治环境对体育的作用

#### 1.体育与政治的关系

在人类历史发展过程中，体育发展始终受社会政治环境因素的影响，特别是主体社会政治环境对体育的发展起着决定性作用，这里所说的主体社会政治

---

① 姜振寰等.技术学辞典［M］.沈阳：辽宁科学技术出版社，1990.

② 吴鼎福，诸文蔚.教育生态学 新世纪版［M］.南京：江苏教育出版社.2000.

环境代表着统治阶级利益的社会环境，只有当统治阶级统治地位动摇时，主体社会政治环境才可能发生变化。一般来讲，不同时期统治阶级对体育的目标要求也是不同的，在战时或政治斗争尖锐的社会环境时期，体育的目的是直接地为军事或政治目的服务，促进达到夺取政权的目的；而在相对和平的社会政治环境时期，体育在社会环境的多个领域发展成为可能，有效利用体育可以达到稳定社会、巩固政权的目的。从体育发展史角度看，体育发展是受政治和军事背景制约的。体育产生于生产生活与政治军事斗争实践，并为生产生活与政治军事斗争实践服务。许多活动或领域，不管其政治性特征占有多大比例，也不管你是否愿意，统统和毫无例外地被人为地贴上"政治斗争工具"的标签。例如，1980 年美国和其他 59 个国家抵制莫斯科奥运会（抗议苏联入侵阿富汗），1984 年苏联等部分国家抵制洛杉矶奥运会（报复性抵制）；1972 年中美通过乒乓外交打破两国的对峙僵局等。因此，社会政治环境对体育发展的影响是巨大的。

2.从生态学角度分析政治环境对体育的作用

从生态学角度出发分析政治环境对体育的作用，主要是对体育运动作用的影响和对这些作用的影响深度。例如，封建社会时期，造成了我国的文弱之风，体育发展十分缓慢。后来经过整治的变革，中华民族的社会生态和体育生态发生了巨大的变化。特别是改革开放时期，形成了开明的政治环境和文明的社会氛围，对我国的体育事业和大众体育活动起了巨大的推动作用。事实证明，体育的进步都与政治环境有着密切关系。例如，2008 年北京奥运会的申办成功和顺利举办，与我国社会政治的进步，与广大人民群众的悉心支持有着内在的密切联系。

政治对体育的作用表现在诸多方面。

（1）政治制度决定着体育事业发展的方向。

从根本上说，一个国家的体育制度只不过是政治制度的一部分，自从阶级社会产生的那天起，就有人曾试图冲破政治的束缚，标榜什么"当你走进运动场的大门，你就将政治抛在脑后"，但这种努力只能说明其徒劳和无知。公元前21 世纪至公元前 475 年是我国历史上的奴隶制社会时期，这个时期的体育教育主要用于军事战争。社会主义社会的体育教育是建设社会主义和促进个人全面发展的强有力的工具；现代社会的体育教育，随着经济和科学技术的高度发展，提出"健康第一""体育教育终身化"。今天，我国正在实施的《全民健身计划纲要》，也是从政治的角度构建起良好的群众体育发展生态，推进我国物质文明、精神文明、政治文明、生态文明建设的协调发展。

（2）政治结构也会影响体育结构，进而影响到整个体育活动的内容和形式

一般情况下，体育的结构分为学校体育、竞技体育和群众体育。竞技运动从现代奥运会出现的那一天起，不断地成为提高国家威望和振奋民族精神的重要手段，成为国家政治交往和政治斗争的工具，一直受着国际政治的深刻影响。"冷战"时期举行的历届奥运会，几乎成了东西方政治斗争的舞台。学校体育历来是全面发展教育的组成部分，成为培养人的重要的内容和形式，是提高整个国家综合实力的重要方面。从20世纪中期开始，世界上群众体育得到了空前的发展，但同样服务于一个国家的政治制度。正如前文所说，我国实施的《全民健身计划纲要》，也从一个侧面反映了我国现阶段社会和政治的要求。

（3）政治制度对体育也有着重要的决策作用

现代的体育运动已经影响到全民的生活方式和生活内容，政治的决策方向直接影响到体育活动的方向。例如，国家大力推广的校园阳光运动，吸引广大青少年学生走向操场、走进大自然、走到阳光下，积极参加体育锻炼，掀起群众性体育锻炼热潮。事实已经证明，要对体育事业实行强有力的领导和决策，其政治的作用是不能低估的。比如，《中华人民共和国体育法》的制定、颁布和实施，充分明确了各个社会主体的体育权利和义务，确立了其在体育活动中的地位和作用，从这点可以充分地看出政治制度对体育的影响与作用。

### （二）经济环境对体育的作用

经济环境指的是一个国家或地区的经济制度和经济活动水平，包括经济制度的效率和生产率等，与之相联系的概念可以具体到人口分布、经济周期、通货膨胀、科学技术发展水平等。从企业经营决策的角度，经济环境是指构成企业生存和发展的社会经济状况以及国家的经济政策，包括社会经济结构、经济体制、发展状况、宏观经济、政策等要素。从国民经济运行的角度，经济环境被认为是一个国家的经济制度、经济结构、产业布局、资源状况、经济发展水平以及未来的经济走势等[①]。由于我国受计划经济的影响，把经济体制与社会制度对立起来，造成经济的迟缓发展。在体育领域更是不愿意从经济的角度考察

---

① 罗洪铁.现代人力资源开发论［M］.成都：四川人民出版社，2005.

体育问题，致使我国体育经济学的研究也显得较为落后，对体育运动的经济环境缺乏考察。在实践中，缺乏利用经济环境这一至关重要的因素对体育施加实质性影响，从而限制了体育运动的经济功能。

经济环境对体育的发展起着巨大的推动作用，没有经济的支撑，体育将陷入"无米之炊"的窘境。马克思主义的社会学理论是建立在雄厚的经济学基础上的，它十分强调经济基础对于上层建筑的巨大作用。经济活动作为人类基本生存领域，对人们的社会活动的影响十分巨大。例如，现代人大部分已经解决了温饱问题，有多余的精力和经济支持自己参加各种体育活动。这些都表明经济是体育运动的基础。体育在内的各种实践活动，无一例外都是经济发展达到一定阶段的反映，并对经济活动本身产生直接的影响。我们正是从这一角度来分析经济环境对体育的影响的。

（1）经济环境为体育提供物质基础，是体育运动的发展平台

经济作为社会生态环境中重要的生态因子，制约和引导着体育发展规划和方针，制约着体育的发展规模、结构、层次和类型，也在一定程度上制约着体育的内容和手段。以经济生态观点看体育，很明显，一切体育的体制和设施建设，必须纳入整个国家发展的宏观规划之中，才能得到经济方面的有力资助。

（2）经济和生产活动都是以人的劳动力为前提的，必然会促使体育运动的发展在经济活动中，生产力是一个十分活跃的要素，它的存在和发展直接影响人们的经济活动效果，进而影响人们的社会存在，推动着整个社会的进步。在生产过程中，人是最宝贵的，人是生产力诸要素中起决定作用的因素。人的劳动力是一种由多种因素组成的复合体，其中人的体力、机能水平、身体素质、耐力等诸种因素在劳动力构成中占有至关重要的位置，人们已经越来越充分地认识到，只有不断地提高个人和整个社会的体力水平，才能为社会创造更多的劳动价值。现在处于经济时代，体力劳动在社会劳动力构成中的比例在不断下降，这种趋向仍不可逆转，但是在将来任何时代，决不会因为科学技术的发展和智能化水平的提高而排斥体质和健康水平作为生产力决定因素的作用。

（3）体育促进了经济的生态化发展

由于现代社会活动的多维复合性，使得许多过去曾经较为清晰的概念和活动，在今天显得不那么明晰了。由此所及，在当今社会里，经济活动与其他活动的界限变得越来越模糊。用现代的观点来看，那些与经济丝毫不搭界，"纯而又纯"的体育是非常少的，体育与社会的联系千丝万缕。在当今市场经济条件

下，人们通过体育这个舞台促进了当地经济的发展，特别是贫困地区，利用大赛的举办时机获取正当的利益，如 2017 年岗什卡国际滑雪登山挑战赛在门源回族自治县岗什卡雪山举办，当地居民帮助运送赛事装备及物资，并取得了丰厚的利益。在我国，人们已经从最初的"体育搭台，经贸唱戏"，转而通过各种体育文化活动，全面营造良好的社会生态环境。由此所带来的，则是"你发财，我发展"的社会和体育生态效益。体育的可持续发展就是利用了经济这个核心因素，利用经济活动这一强大推动力才得以实现的。我国市场经济条件下进行的各项体育改革制度和措施，一个基本点，就是要尽可能发挥经济对体育发展的杠杆作用，促进经济和社会的生态发展。

### （三）社区环境对体育的作用

体育具有广义与狭义的含义，广义的体育泛指作为社会现象的各种体育活动，狭义的体育主要指学校体育。不管是狭义的体育还是广义的体育，社区环境都对其影响非常大。研究社区环境对体育的影响意义重大。

"社区"一词，1887 年由德国社会学家藤尼斯提出，近年来在我国运用很广泛。我国的社区体育兴起于 20 世纪 80 年代中期。社区体育的兴起主要是受社区服务的启发，1989 年最早由天津市河东区提出，当时是指街道社区体协开展的各种活动，后来扩展为对所有小区域体育活动的统称。1991 年 7 月，国家体委首次在天津召开了"全国部分城市社区体育调研会"，至此，社区体育概念逐渐被人们接受和运用[①]。每种体育活动都是在一定范围的社区里进行的，社区生态环境对体育发展的影响是不能被忽视的。从这个意义上说，奥运会的活动舞台就是全球范围内一个大型社区，各种洲际运动会也是以洲为范围，以国家和地区为基本单位进行的。

当然，在实际体育工作中，人们最为关注的，还是基层社区的体育运动，这就是在世界范围内所逐步发展起来的社区体育运动。在世界各国，社区是开展各种群众性体育活动的重要场所。在我国，发展社区体育，也是我国开展群众性体育活动的重要内容和方式之一，是城市群众体育活动的重点，因而是一项极有前景的朝阳事业。由于我国多年来计划经济的影响，造成了"大单位，小社会"的局面，使得贫困地区的社区建设相对滞后，没有形成小区的向心力。

---

① 李笑.社区建设与管理实务［M］.北京：经济管理出版社，2014.

长期以来，我们对社区体育发展没有给予足够的重视，社区体育活动的环境建设一直是贫困地区体育活动发展的"软肋"。目前，随着我国《全民健身计划纲要》的逐步实施，各级政府也有意识地把体育作为社区发展的基本措施之一，作为公民文化建设的重要内容。我国的城乡一体化也促进了贫困地区社区体育的发展。另外，社区体育的繁荣也逐步成为推动贫困地区社区建设发展和经济繁荣的有效手段。贫困地区体育活动生态环境正在逐步建立，并趋于良性运行。社会各级组织和部门单位对社区体育的投入也逐年增多。例如，2016 年，福建大力推进全民健身场地设施建设，共投入体彩公益金 7080 万元，完成全省 120个多功能运动场、50 个室内健身房、50 个笼式足球场和 10 个拼装式游泳池建设任务，为老百姓的健身提供了场地保障。目前，福建全省有各类体育场地共67455 个，人均体育场地面积 1.8 平方米。近年来体育彩票工程，也为社区体育场地器材建设创造了较好的条件，从 2017 年开始，福建每年将安排全省体育彩票销售总额的 1%（约 8000 万元），建设一批多功能运动场、笼式足球场、室内健身房和门球场等场地设施；加大对原中央苏区、革命老区县，以及贫困地区健身设施建设扶持力度[①]。这些都促进我国社区体育生态发展。

重视社区对体育发展的作用，从体育生态的角度来说，其实质就是重视体育的"局部生境效应"，这在生态学上具有十分重要的意义。这是因为，环境对人的体育活动的影响总是十分具体的，社会环境对人的作用，总是会具体地体现在某一领域、某一方面，并对某种具体活动产生影响。社区体育小环境的优化，会从根本上满足每一个个体对体育活动的需求，使得人人享有参与体育活动的权利，从而有效地改善整个体育活动发展的大环境。

### （四）学校环境对体育的作用

整个社会是一个大的生态系统，学校是其中的一个小生态系统。学校不是孤立存在的，它是由各种人工生态因子组成的一个生态环境，如思想观念、体育教师、学生、体育经费、体育场地设施等。学校体育的出现，反映了一定历史阶段体育教育发展对学生体育的需求。

学校教育生态的出现，滋养了学校体育生态。早在我国奴隶社会的春秋战国时期，在学校教育伊始，体育就开始在教育中占有一席之地。进入奴隶社会

---

① 福建每年投入 8 千万加强体育设施建设 带动全民健身发展 http://news.youth.cn/gn/201705/t20170525_9876018.htm

以后，为了镇压奴隶的反抗，维护奴隶主的统治，为了吞并弱小民族或防备邻国侵袭，统治阶段崇尚武力，因而重视对贵族子弟施行尚武教育和身体训练。这一时期在学校教育中，体育内容比重很大，地位很高，如古希腊的学校教育中把体育列为重要内容，奴隶主子弟从小学起就要受到严格的体操和军事训练，学习角力、竞走、跳高、掷标枪和游泳；中国周朝为奴隶主子弟设立的学校中，也很重视体育，"六艺"教育中的"射"和"御"都属于体育范畴[①]。这说明体育已经成为当时学校教育的重要组成部分，已经初步具备发展学校体育的条件，并服务于当时社会的人才培养。在长达几千年的封建社会里，受封建统治阶级思想观念的影响，体育由于与社会主导思想（统治阶级的思想）相背离而受到排斥，学校体育缺乏来自思想观念方面的支持，学校体育环境就显得力不从心，长期游离于学校教育之外，致使中国人的体质健康水平较低，民族体质虚弱。这一不良的学校体育生态，由于其必然存在的滞后影响，直到目前还在一定程度上影响学校体育的现实和长远发展。这一情况，也从反面证实教育环境和社会环境对体育活动的重要奠基作用，证实了体育与教育的依存作用。它充分证明，要达到理想的教育目的，培养适合社会需要的全面发展的人，体育必须位列其中。经过几千年的发展，德智体全面发展的教育思想已经逐步地为人们所接受，成为当代主流教育思想，优化学校体育生态才成为题中应有之义。

在此基础上，学校体育设施配备，已经成为学校硬件建设的重要内容之一，体育场地设施已经成为学校设施的重要组成部分，并成为学校整体办学水平的指标。

开展体育教学工作的必备条件就是学校的体育教学设施，它也是学校进行体育教学活动、课外体育活动、体育运动训练不可或缺的基础条件。对此，国家教育部门明确规定，为保证各级各类学校体育课的正常开展，体育教学设施的配置都必须满足体育教学的需求。体育场地作为体育设施的一部分，场地的完善与建设是体育教学的开展必备的物质条件。郭荣菊在《广西贫困地区农村体育教学现状调查及对策研究》论文中调查了 18 所农村中小学，只有 3 所农村中学有简易的田径场地，校均仅 0.2 块；标准的篮球训练场 26 块，校均为 1.4 块；乒乓球台标准 32 个、简易 45 个，校均拥有 1.8 个、2.5 个；排球训练场地

---

① 何斌.大学体育与健康教程［M］.成都：西南交通大学出版社，2014.

有 11 块，校均拥有 0.6 块①。运动场地的缺乏已经严重影响了体育活动的开展，远远不能满足学生的体育需求，学生的身体素质更是难以提高。

学校除了拥有良好的体育设施外还需要优美的环境，绿树成荫，足够的新鲜空气等，能有效地促进学生身心健康。

### （五）家庭环境对体育的作用

家庭是以婚姻关系、血缘关系为纽带所建立的社会生活基本单位，是社会的细胞，是维护个人生存发展的小生境。家庭又是个人生活与各种生活活动的中心，是个人实施体育活动的初期"苗圃"，它为个人进行各类体育活动奠定了初步的基础。但凡有家庭的人，即使不是与家庭成员一起参加体育活动，其体育活动也会对家庭其他成员或多或少产生影响。所以说，体育与家庭同在。只是过去人们没有从家庭视角去认识个体体育活动与家庭、与家庭其他成员关系而已。改革开放不久，学者们就开始关注家庭体育问题。1986 年，有学者探讨了"运动进入家庭"问题。提出了"运动—现代化生活的内容"，"没有运动，现代化生活是不完全的"，"运动是未来家庭现代化生活的重要标志"；提出了"运动将成为未来家庭生活的主要内容之一，成为家庭生活的中心"；提出了家庭运动"为了孩子"②。

许多优秀运动员的经历告诉我们，从小在家庭的运动经历对于他们日后成才的关系极大。对家庭体育的研究表明，家庭体育氛围对于形成终身体育也具有重要的作用。由于历史、地理等多方面的原因，我国是一个家庭观念相对较重的国家，在我国的家庭中，父母对儿童的身体和心理状况最为呵护，也最了解，最容易利用家庭环境的优势，根据其身体状况对孩子实施早期体育教育。父母及家人在体育方面的身体力行，最能形成孩子和亲人的终身体育观念和行为③。

人们对健康的追求，离不开良好的环境。因此家庭要优化家庭的体育环境。优化家庭体育环境应该以孩子为主体，家长为主导。首先，家长必须转变观念，应把健康的身体和良好的心理状态作为孩子一生发展中最重要的事情来抓。正确处理一些日常生活中体育与消费、体育与学习等看似矛盾的问题。其次，家

① 郭荣菊.广西贫困地区农村体育教学现状调查及对策研究［D］.广西师范学院，2014.

② 国家体育总局政策法规司.中国体育哲学社会科学研究 1978–2010［M］.北京：人民体育出版社，2013.

③ 谢雪峰.体育生态论纲［M］.北京：北京体育大学出版社，2011.

长要营造家庭的体育氛围。比如，家长每天定时收看体育新闻，与孩子到运动场进行锻炼。家长还应掌握一些科学教育孩子的方法，多尊重、理解孩子，重视影响孩子健康的诸因素，使孩子在和谐的家庭氛围中成长，并愉悦地形成终身体育观念，养成自觉锻炼的习惯，以适应时代的发展。再次，要进行必要的体育投资。家长应尽可能地为家庭体育活动进行必要的投资①。

# 第三节　体育教育的人文环境

## 一、文化环境与体育

文化是作为体育生态的主要人文环境，体育在文化环境中发展，它受到文化环境中多种生态因素的影响。同时，体育对文化又起到丰富、发扬与创造的作用，促进着社会总文化的积累。如果文化失调、价值冲突、行为偏差任其发展的话，就会造成社会问题，也会对体育造成重大的影响。

体育与文化的关系十分密切，体育本身就是文化的一部分，体育的观念文化、规范文化、物质文化等，均受到社会总文化的影响和制约。不同的国家、民族、地域等，均有各自的体育文化。近年来的研究表明，东西方体育的产生和发展历史确有本质的不同，这是由于它们各自的文化环境不同所造成的。虽然古代西方文明比古代东方文明要晚几千年。但是，它一问世，就以咄咄逼人的气势雄踞历史舞台②。

西方古代体育刚一出现，就显现其鲜明的个性，使世界体育呈现出两种不同类型的体育交相辉映、平等发展的新态势。不宜农耕、只宜发展商业的环境，养成古代希腊人力求开拓、勇于竞争的性格，公民敢于否定自我，对个人的目标有着执著的追求，西方文化的核心是不安分的，是开放的海洋性文化③。在这种文化的影响下，古代西方体育就以带有个人情感和争胜负为特点的竞技运动为主要内容，并最终酿成古代奥运会的勃兴。另一方面，古希腊的审美观在

---

① 蔡岳建.家庭教育理论与实践［M］.重庆：西南师范大学出版社，2013.
② 张先松.健身健美运动［M］.武汉：华中科技大学出版社，2009.
③ 张晓义，张世民，张少伟.大学体育教程［M］.长春：吉林科学技术出版社，2007.

重物理的思辨哲学基础上形成和发展起来，其审视的眼光又必然落到具体的自然物——人体上，其结果，使得人体的健美成为体育实施的主要目标之一。在古希腊，原始的体操得到了较大的发展，有一种原始的体操称为巴列斯特里卡（Palestrica），内容包括五项运动：赛跑、跳跃、投掷标枪、投掷铁饼和摔跤等。儿童也时常进行球戏、滚铁环、跑步、投掷标枪及其他一些增强身体素质的体育游戏[①]。

在当今世界，各地区各民族的文化交融和互动，已经成为人类文化发展的总趋势。各种文化都在不断吸纳世界先进文化的过程中，不断地将自身的文化特质传递给世界，今天，人们已经逐步认识到，一个民族的文化，同样也是世界的文化，是人类总文化的一部分。因此，人类文化的一体化和多样化，是人类文化发展的总趋势。作为人类总文化一部分的体育文化，也在走着同样的道路。当今世界体育文化的东渐和西渐，是当代体育文化的主流，并在新的交融中使各自得到发展。世界灿烂文化精品的奥林匹克文化，是镶嵌在体育文化这一宝贵财富中的王冠，正在成为人类共同的体育文化财产。

## 二、教育环境与体育

教育与体育的关系甚为密切，教育环境直接影响到体育的发展。如果说广义的体育是社会文化一部分的话，则狭义的体育则是教育的一部分。然而，教育也是一个历史性范畴。尽管在人类的早期教育活动中，体育占据着重要的位置，然而在几千年的封建社会里，由于各种各样的社会和教育原因，体育被排斥在教育之外。我们注意到，在欧洲中世纪，由于教会和僧侣对社会和教育的影响，体育也被排斥在当时的教育之外，从而出现与中国体育发展大体相似的情况。对体育在教育中本质作用和地位的认识，是在现代科学和社会进步的前提下产生的，并依赖于人们对此的科学化认识。今天，人们已经逐步认识到，人的培养教育全过程，归根结底是促进人的全面发展过程，体育在其中所占的位置是任何其他活动所不能代替的。在此基础上，营造良好的教育环境以适应体育活动的需要，已经成为各级各类学校整体发展的重要内容和手段。

---

① 秦钢，童立涛，刘景裕.现代大学体育教程［M］.北京：科学出版社，2008.

### 三、心理环境与体育

人们所处的心理环境（或氛围）对于维护人的心理健康亦有十分重要的意义。心理健康是指在身体、智能以及情感上与他人的心理健康不相矛盾的范围内，将个人心境发展成最佳状态。其具体表现为：身体、智力、情绪十分协调；在适应环境，处理人际关系中彼此谦让；有幸福感；在工作和学习中，能充分发挥自己的能力[①]。

从心理健康的定义和具体表现中可以得知，社会越是进步，文明程度越高，人的心理感受的内容也就越多、越复杂。社会的发展总是同社会的竞争联系在一起的。竞争对于促进人的智力和才能开发，对于实现人的价值均具有重要的意义，然而无序或消极的竞争，又会对人的心理产生消极的影响。人的情绪总是要对周围现实的各种事物做出反应，并对人的整个心理状态产生影响。所谓情绪，广义讲即情感，指人的喜、怒、哀、乐等心理表现，常常伴随个人的立场、观点和生活经历而转移。作为社会属性的人，每天都要与周围事物发生关系，都要接触无数的信息，也将产生不同的情绪变化，或愉快或不愉快，或处于平静状态。情绪是一种复杂的多层面的心理现象，包含了情感、认知评价、生理唤起、面部表情以及非理性的思维行为控制的转化等方面。一般来讲，愉快的情绪总会带来欢乐、高兴和喜悦，能舒畅胸怀、驱散疲劳和烦恼，活跃神经机能和促进血液循环，调节内分泌，增强消化系统的功能和免疫力，有利于防治和战胜各种疾病；不愉快的情绪，会带来烦闷、悲伤、胆怯、焦虑，使人抑郁忧愁、悲观、失望，生气发怒。愤怒暴躁、不能自我控制，等等[②]。心理疾患正在严重地威胁着现代人的体质健康甚至生命。实践证明，在小型社区或工作单位里，营造健康向上正常和睦的社会环境和心理氛围，对维护身心健康是十分必要的。

### 四、民族精神与体育

民族的因素（或称民族性、民族精神）属于文化生态范畴。民族的概念不完全等同于地域，它是该种群在世代的生存繁衍中不断形成共同的生活习惯、

---

① 刘星亮编著.体质健康概论［M］.武汉：中国地质大学出版社，2010.
② 吕晓华等.体育健康论［M］.成都：四川科学技术出版社，2008.

文化观念和道德信仰，并在此基础上具有某种向心力、亲和力和认同感。日本的坂井衡平说："民族性是各民族固有的特性、情操、信仰、习惯的总和。"民族性有良莠之别，它对体育可以产生积极作用，也能产生消极影响。古希腊进取向上的民族精神，是产生古代奥运会的肥沃土壤。

体育的产生发展与民族精神的关系甚为密切。一个民族生存繁衍的精髓，就在于它的不竭的创造精神，自强不息的进取意识。民族精神的营造，就是要不断挖掘其自身的潜力和优势，以在国际竞争中处于优势地位，这是一个生生不已的源泉。在现代社会里，体育由于其自身的特性，成为具有无限魅力的"礼仪化的战争"，使得世界上诸多民族均将它作为弘扬参与意识、增强竞争能力等的重要手段和内容。古希腊把竞争看成是民族的灵魂，是人们适应社会的通道，也是展示自我的重要手段，因而产生了至今堪称为世界奇观的奥林匹克运动会。

中华民族有着悠久的传统，有许多可贵的民族精神和作风，如吃苦耐劳、勤俭朴素等。中华民族自古就有喜爱体育运动的传统，并在此基础上形成中华民族独有的养生术，到目前为止，中华养生术是人类文化的瑰宝，仍然发挥着极其重要的作用。在中华民族大家庭的影响下，民族体育也得到了极大的发展。它已经成为中华民族精神的新的宝贵财富[1]。

# 第四节　体育教育的生活环境

## 一、食物营养环境与体育

人体的生长发育离不开食物。食物的质量、品种和多寡，反映人们所获取的营养水平的高低，并从根本上影响到人的健康、体质和寿命。从体育学和营养学的角度来看，改善人们的食物和营养状况，既是促进人类发展和社会稳定的需要，同时也是改善人体自身，促进身体发展的根本途径[2]。在人类历史上人的寿命是比较短，主要原因还是因为营养不充足。现代人的体质康强和寿命大幅度延长，其根本原因也在于生产力得到飞速发展，从根本上满足了人们对食

---

① 谢雪峰.体育生态论纲［M］.北京：北京体育大学出版社，2011.
② 姜丽，黄永良，白莉.大学体育教程［M］.北京：高等教育出版社，2010.

物营养的需求。近年来，日本人的健康、体质和寿命有了根本性的变化，已经成为长寿之国，学者们认为根本原因也在于此。从体育学和营养学的角度来看，人类所创造的物质财富，即使排除社会政治因素的不利影响，也不可能在短期内充分满足每一个体的食物营养需要。因此，改善人们的食物和营养状况，既是促进人类发展和社会稳定的需要，同时也是改善人体自身、促进身体发展的根本途径。

食物结构是否合理，直接关系到人体所获得的营养成分搭配是否恰当。食物中的营养成分主要有水、无机盐、维生素、脂肪、糖、蛋白质和食物纤维等7种。它们中每一种对于促进人的正常生长发育，维持人的健康、体质和长寿都是必要的。保证食物中的营养平衡，克服偏食和过分节食，是维持正常生命活动的需要。同时要防止不良烹调习惯造成食物中不必要的营养流失。

## 二、卫生环境与体育

卫生环境包括饮食卫生、生活习惯卫生、环境卫生、运动卫生等。广义的卫生还包括心理卫生。人类在漫长的生存繁衍的历程中，对卫生的认识经历了一个由无知到知、由自然到自由的过程。人类对卫生环境作用的认识和实践，直接促进了人类的生存发展。原始社会里人类的寿命极短，除了没有充足的营养，另外一个原因就是没有卫生的保障。当今世界上许多发展中国家的人均期望寿命较低，重要原因也在于这些国家的民众缺少应有的卫生意识和卫生条件。据1983年世界卫生统计年鉴公布的材料，在对世界各国人口死亡原因的分析中，发达国家中来自卫生原因的传染病、寄生虫病导致死亡率极低，而在发展中国家，传染病、寄生虫病等导致的死亡率，在人口死亡率中占到18%，成为仅次于呼吸系统疾病的第二大死因[1]。

生活习惯或生活方式的卫生，对人体的健康长寿也有极大的影响。今天，许多不良的生活方式，如吸烟、酗酒、吸毒、滥用药物、异常性行为等，已经成为威胁人类健康的大敌，许多国家和政府正在为消除这些社会公害进行不懈的努力。当然，运动员队伍中的服用兴奋剂现象，已经不止是个人不良习惯和个人卫生的问题，而是涉及人的体育道德和社会道德的重大问题[2]。

①　谢雪峰.体育生态论纲［M］.北京：北京体育大学出版社，2011.

②　黄华清.大学体育教程［M］.北京：中国水利水电出版社，2009.

# 第五章　贫困地区体育资源的生态开发

## 第一节　体育资源的构成要素

### 一、体育人力资源的供求主体

#### （一）体育人力资源的需求主体

由于体育人力资源基本上是由体育院校进行培养的，因此贫困地区体育人力资源的需求主体是教育部门。

#### （二）体育人力资源的供给主体

体育活动从业人员是人力资源市场的个人，体育工作人员也是如此，因此他们的劳动供给必须受到市场规律的制约。因此，按照市场发展规律来讲，只有在一定的经济收入条件下，他们才能提供工作时间；相反，人们提供一定量的工作时间，必须获得一定量的经济收入。任何工作的进行都不能违背这一基本规律，如果不顾人们工作时间的限定和经济收入的状况而提出体育开发方案，往往不能长久坚持而半途而废[①]。

#### （三）体育人力资源培养

与其他系统的人力资源一样，贫困地区体育人力资源有如下特性：

1.人力资源的质量重于数量。

2.投资是体育人力资源的主要构成成分。

---

① 陆晨.现代体育科学化管理［M］.北京：国防科技大学出版社，2009.

在当前市场经济充分发展的情况下，人力资源的流通受到市场规律的制约。这就决定了体育系统所需要的人力资源受到其他行业的竞争。当然，体育是一个较为特殊的行业，它具有公共事业的性质，教育事业是它最大的需求主体，也可说它是一个社会垄断的人力市场，只是由国家负责培养[①]。

### 4.体育人力资源配置

在体育的发展过程中，人力资源的需求是通过社会消费派生出来的，因此始终处于动态，同时还具有很强的专业性、职业性和地区性的结构特征。人力资源的供给又受到人口再生产和社会经济再生产规律的制约，当社会劳动成为财富的源泉时，人力资源的供给具有普遍性，供给的质量重于数量，所以说人力资源是一种再生产性资源[②]。

根据人力资源总需求和总供给的特点，分析以下几个方面的问题。

（1）人力资源市场构成要素与体育人力资源市场要素

劳动力、劳动雇用者、商品交换、市场、价格和劳动力供需关系等都是人力资源市场构成要素，体育人力资源市场要素也不外乎这几种。

其一，受过专门教育和培训的教练员、体育教师等体育工作人员，以及同等学力的教练员、体育教师等体育工作者构成体育人力资源市场。由于我国在这个领域的人力资源市场还不够成熟，如供求合同制、劳动保险、社会保险等还很不健全，体育人力资源市场化程度不高，大部分属于非市场化的劳动力。仅只有职业体育俱乐部的部分体育人力资源开始进入市场[③]。

其二，体育人力资源的生产，主要指的是教育事业单位、教育企业、体育研究和开发机构、体育本身的加工和流通等。在这里，公共教育事业单位一般情况下不作为市场要素，这是因为公共教育事业单位在某些方面的特点与市场运作有所不同。

其三，体育人力资源市场供需双方的交换表现为：需求方表示需要提供的服务内容和愿意给予的报酬，供给方表示自己能提供的服务内容和希望得到的工资报酬。

其四，劳务市场是人力资源供需双方见面洽谈、双向选择的地方。体育人

---

① 陆晨.现代体育科学化管理［M］.北京：国防科技大学出版社，2009.

② 陆晨.现代体育科学化管理［M］.北京：国防科技大学出版社，2009.

③ 陆晨.现代体育科学化管理［M］.北京：国防科技大学出版社，2009.

力资源交换的地方部分在校园内，也有人会自己寻求用人单位。当然，建立行业性的人力资源市场，会更加有利于供需双方互动选择，从而促进人力资源市场的发展。

其五，价格在人力资源市场起着十分重要的调节作用。当前，我国人力资源市场调节能力还有待加强，价格在市场调节中还缺乏科学性，随意性比较大，这都是因为缺乏科学测定人力资源价值的方法[1]。

其六，劳动力的供求是一个动态过程。总体而言，我国贫困地区体育人力资源是供不应求的，尤其是硕士学历以上的人力资源，由于体育的研究开发历来都是国家统一制定的，造成需求量不大，也制约了研究开发人力的产出、供给严重不足。

（2）人力资源市场配置的内在机制和体育人才市场资源配置机制

人力资源市场机制主要有价格机制、竞争机制以及供需平衡的调节机制。

价格用来体现人力资源的能力和质量，并且直接反映到人力资源的价格还不健全，他们的能力差异不能准确地反映到价格上来。

竞争主要是在人力资源供给主体之间进行的，需求主体之间也有一定程度的存在。近年来，随着改革的不断深入，我国的人才竞争已经越来越激烈。体育人力资源竞争的态势也已经出现，如有的部门不惜重金聘用著名专家教授[2]。

供需平衡调节指价值规律使人力资源在部门、地区、企业与岗位之间的配置尽量平衡。失业和下岗是价值规律调节人力资源市场的必然结果，社会可以借助经济、法律和行政等手段使失业和下岗人员的数量尽量减少。随着教育事业的不断发展，我国体育人力资源可能会出现供大于求的现象。其中结构失衡的问题将会更加突出[3]。

## 二、体育人力资源开发

由于我国人口众多，人力资源的绝对数量大，但是整体质量不高，所以开发能力明显不足，尤其是贫困地区的体育资源开发，更是很不完善，这就导致贫困地区的体育发展受到严重的阻碍。

随着我国经济的不断发展，社会主义市场经济的不断完善，以及信息化时

---

① 陆晨.现代体育科学化管理［M］.北京：国防科技大学出版社，2009.
② 陆晨.现代体育科学化管理［M］.北京：国防科技大学出版社，2009.
③ 陆晨.现代体育科学化管理［M］.北京：国防科技大学出版社，2009.

代的来临，我国人力资源的发展面临着一个良好的机遇。在这良好的环境下，我国体育系统的工作人员应该紧紧抓住这一机遇，从以下两个方面做起：其一，体育人力资源市场的开发，要认清体育的服务方向，也就是说体育发展必须考虑如何服务于社会主义经济主战略，如何利用体育开发统一的人力资源市场；其二，体育事业与其他事业一样，在发展过程中，人力资源市场不但要积极培养人力，增加人力资源的总量，提高他们的业务水平，同时还要健全人力资源市场的运行机制。所以必须积极创造条件与国际体育人力资源市场接轨，并积极进行人力资源的交流，当代社会经济全球化、教育国际化将对体育人力资源进行国际交流和跨国开发产生强有力的推动作用[①]。

## 三、体育人力资源管理

### （一）含义

体育人力资源管理是对体育人力资源的选拔、培养、使用等方面进行有效整合，以发挥人才价值，促进组织目标实现的过程。

作为体育管理之核心的体育人力资源管理，没有固定的模式，具有很强的政策性和灵活性。体育人力资源管理需要兼顾的方面比较多，不仅要考虑组织目标的实现，还要考虑员工个人的发展，强调在实现组织目标的同时实现个人的全面发展。体育人力资源管理目标包括两个方面：全体管理人员在人力资源管理方面的目标与专门人力资源部门的目标。显然两者有所不同，但无论是专门的人力资源管理部门还是其他非人力资源管理部门，进行人力资源管理的目标包括以下方面：第一，保证组织对人力资源的需求得到最大限度的满足；第二，最大限度地开发与管理组织内外的人力资源，促进组织的持续发展；第三，维护与激励组织内部人力资源，使其潜能得到最大限度的发挥，使其人力资本得到应有的提升与扩充[②]。

---

① 陆晨.现代体育科学化管理［M］.北京：国防科技大学出版社，2009.
② 肖林鹏.体育管理学［M］.北京：北京师范大学出版社，2011.

### （二）基本内容

1.职务分析与设计

对体育组织各个职位的性质、结构、责任、流程，以及胜任该职位工作人员的素质，知识、技能等，在调查分析所获取相关信息的基础上，编写出职务说明书和岗位规范等人事管理文件[①]。

2.体育人力资源规划

在这里主要是把体育人力资源战略转化为中长期目标、计划和政策措施，例如，分析人力资源现状，对未来人员供需进行预测与平衡，确保体育组织在需要时能获得所需要的人力资源。

3.人员招聘与选拔

按照人力资源规划和工作分析的要求，招聘、选拔体育组织所需人力资源并录用安排到一定岗位上。

4.绩效考评

考核和评价员工在一定时间内对体育组织的贡献和工作绩效，并做出积极的反馈，以此来提高和改善员工的工作绩效，并为员工培训、晋升、计酬等人事决策提供依据。

5.薪酬管理

薪酬管理包括对基本薪酬、绩效薪酬、奖金、津贴以及福利等薪酬结构的设计与管理，以激发员工工作的积极性。

6.人员激励

采用激励的方式，不同程度地满足或者限制员工的各种需求，引起员工心理状况的变化，以激发员工向体育组织所期望的目标努力的积极性。

7.培训与开发

通过培训提高员工个人、群体和整个企业的知识、能力、工作态度和工作绩效，进一步开发员工的智力潜能，以增强人力资源的贡献率[②]。

8.职业生涯规划

鼓励和关心员工的个人发展，协助员工制订个人发展规划，以进一步激发

---

① 肖林鹏.体育管理学［M］.北京：北京师范大学出版社，2011.

② 肖林鹏.体育管理学［M］.北京：北京师范大学出版社，2011.

员工的积极性、创造性。

9.人力资源会计

与财务部门通力合作，建立人力资源会计体系，对人力资源投资成本与产出效益进行核算，为人力资源管理与决策提供依据。

10.劳动关系管理

协调和改善体育组织与员工之间的劳动关系，组织进行文化建设，营造和谐的劳动关系和良好的工作氛围，保障体育组织经营活动的正常开展[1]。

### （三）管理原则

1.目标原则

对于人才的管理必须有明确的目标，在体育人力资源管理中不仅要考虑组织目标的实现，还要考虑员工个人的发展，强调在实现组织目标的同时实现个人的全面发展。

2.系统原则

系统原则是指从整体观点出发，统观全局，把握人力资源管理结构，分析人力资源管理能级，跟踪人力资源管理变化，并不断地加以调节、反馈，控制方向，以实现人力资源管理的目标。

3.能级原则

能级原则是指按人的才能安排其工作，明确其责任，授予其职权，使人的才能与其工作岗位相适应。根据人的职称、学位等安排与之相适应的岗位，对各个岗位人员的能级水平要力争做到规范化、标准化，切实做到人尽其才，物尽其用[2]。

4.互补原则

在体育人力资源管理上坚持互补原则，能够最大限度地发挥人力资源的整体效应。人员的互补包括知识互补、能力互补、年龄互补及气质互补等。

5.激励原则

激励原则就是在体育人力资源管理中，通过一定的政策手段，激励体育人才的创造热情和工作积极性，并以适当的手段奖励他们做出的成绩与贡献。激

---

① 肖林鹏.体育管理学［M］.北京：北京师范大学出版社，2011.

② 肖林鹏.体育管理学［M］.北京：北京师范大学出版社，2011.

励人才积极性的方法很多，一般有目标激励、竞赛激励、领导行为激励、关怀激励、支持激励、榜样激励和奖励激励等[①]。

### （四）基本要求

**1. 为职择人**

为职择人是指在体育管理中，根据体育事业的需要设置体育管理机构，制定各岗位职责规范，然后按岗位选配合适的人才。然而，在很长一段时间内，一些体育部门和单位没有把工作需要放在首位，而是以人画线，因人设岗，按人设事，为人择职，从而导致体育管理部门人浮于事、机构臃肿、职责不明、效率低下。因此，体育部门应该通过人事制度的改革，消除为人择职的现象[②]。

**2. 任人唯贤**

任人唯贤与任人唯亲是相对的一个概念，是指在选拔和使用体育人才时必须按人的水平、技能水平、能力大小来择优选拔和使用。只有如此，才能使人的才能得到最大限度的发挥，不至于埋没人才。

**3. 用人不疑**

用人不疑是指在使用体育人才时，要予以充分信任，听取其意见，尊重其劳动，尊重其成果，创造尊重人才、信任人才的良好环境，使他们的工作积极性能够充分地发挥出来。

**4. 用当其人**

人都是有差别的，体育人力资源在个性特长、知识、智力、技术、能力等方面也存在很大的差别，因此在使用各种人时须用人之长，避人之短。同时，每一个人他的一生中，都有其能力的最佳时期。一个人的才能不能长期储存，应该及时发挥。在体育管理中必须抓住人的最佳时期，及时充分地发挥人的最大作用[③]。

---

① 肖林鹏.体育管理学［M］.北京：北京师范大学出版社，2011.
② 肖林鹏.体育管理学［M］.北京：北京师范大学出版社，2011.
③ 肖林鹏.体育管理学［M］.北京：北京师范大学出版社，2011.

# 第二节　体育资源开发的原则

## 一、效益性原则

对贫困地区体育资源进行开发的目的是要充分发挥各种资源在体育中的功能和效用，以促进学生的全面发展和社会文明进步。也就是说开发的目的是为了产生效益，如果体育资源开发的结果产生的效用不大、效益不佳，那也就没有了开发的意义和价值，因此通过最小的成本去获取最大化的效益是体育资源开发应遵循的基本原则。如贫困地区体育资源开发要尽量做到就地取材，顺势而为。靠山吃山靠水吃水，本地有的不求诸外地。尽量把与生活相关、联系紧密的体育内容和体育文化引入体育活动中，使学生学得轻松而有乐趣，这样才能达到开发体育资源的目的，也更容易培养学生终身体育的习惯。体育资源开发的效益性包括社会效益与经济效益，两者缺一不可，因此要坚持把社会效益放在首位，力求实现社会效益和经济效益的最佳结合。由于人们对体育资源需求更倾向于劳务产品的消费，倾向于直接参与与体育运动有关的消费，因此，为了满足人们对体育的需求而生成的体育服务业就容易产生经济效益，这也使得体育资源形成良好的开发优势[1]。

## 二、综合性原则

在体育资源开发过程中，如果只重视单一体育资源的开发而忽视对所有体育资源的综合开发，既不利于提高某一类体育资源本身的开发速度和效益，又不利于体育资源的整体性开发，以及体育事业与经济社会的协调发展。比较明显的例子就是，目前，我国贫困地区大量的运动员资源未得到充分的开发，运动员的成才率比较低，部分科学研究成果应用到竞技体育领域的转化率比较低，为数不多的国家级训练基地也是长时间处于闲置状态，运动训练领域的经验训练依然占据很大的市场。造成这种局面的原因绝对不会是单一因素的作用，对资源综合性开发不足确是一个主要问题。要改变这样的局面，必须综合利用各

---

[1]　郑霞.中国体育产业探究［M］.北京：北京体育大学出版社，2012.

种资源，必须将体育资源作为一个系统进行规划设计，实施综合开发[①]。

## 三、共享性原则

现代社会是一个信息共享的社会，单枪匹马是难以取得成功的，团队合作才是成功之道。体育资源开发也是如此。只有善于在优势互补中加强合作，才能在携手发展中共享双赢。贫困地区体育资源的开发要抱着共享的心态，只要是有益于体育活动的一切社会资源，都应坚持互利互助、持续发展的原则去开发。贫困地区体育资源的开发不但要面向社会，面向市场，还应该利用自己在人才、场地、设施、科研等方面的优势去服务社会，如为群众进行技能培训、辅导咨询、健康评估、体质康复等。通过这一系列的方式，不仅能够满足群众的健康需求，同时还可以获取一定的服务酬劳，使自己获得良性可持续发展。贫困地区体育教育资源得开发要在各学校以及区域间进行互动与共享，如此才能使本地区的体育资源得到良好的开发，同时借鉴相对发达地区的优势为我所用，丰富自身体育资源开发的途径[②]。

## 四、针对性原则

贫困地区体育资源要针对不同的教育目标进行开发。毕竟开发体育资源的目的是为了更有效地保证体育目标的有效达成。首先，应该通过课堂教学让学生学会运动动作与发展技能；其次，体育的社会性决定了学生不会成为"孤独的个体"，即体育课堂具有"社会场力"，能训练学生的社会适应能力。最后，体育教学组织中的"竞赛性事件"，能让学生在竞争与合作中，体验理想的道德生活——分享与共承，完成人格与道德品性的提升。也就是说，体育不仅健身，还要涵养心性，塑造性格，培养能力。"以追求人的和谐发展为目标，希望人的本性、人的尊严、人的潜能在教育过程中得到实现和发展。"鉴于此，贫困地区应认真分析自身的实际情况，从体育教育目的出发，针对与学生发展需要及学习生活有关联的资源进行开发[③]。

---

① 肖林鹏.体育管理学［M］.北京：北京师范大学出版社，2011.

② 郑霞.中国体育产业探究［M］.北京：北京体育大学出版社，2012.

③ 郑霞.中国体育产业探究［M］.北京：北京体育大学出版社，2012.

## 五、可行性原则

可行性原则包括以下两个方面的含义：首先，从经济角度考虑的可行性。体育资源开发活动从一定程度上来说也是一项经济活动，因此在开发过程中，既要规划开发的投资和资金的来源，更要考虑到开发投入的经济效益如何——对于经济发展相对落后的贫困地区尤其如此，在各种经济指标的比较中来确定某项体育资源的开发在经济上是否合理与可行。总之，经济上的可行原则就是要贯彻开发投资上的量力而行以及开发投入经济效益显著原则。其次，是从开发方案角度考虑的可行性。这方面主要指的是体育资源开发的组织、实施计划是否可行，开发的目标是否符合实际需要，开发的产品是否具有广泛的适用性和需求对象，开发的结果将会产生哪些社会效应，对满足人们的体育生活需要将起到什么作用，等等。总而言之，开发方案的可行性原则就是要求对体育资源开发过程中的各个方面都做到切实可行[①]。

## 六、协调性原则

体育资源开发的协调性是指，体育资源的开发必须与当时当地的社会、政治、经济、科技以及人们的体育素质水平相协调。例如，在城市和农村，由于经济、体育等各个方面都有着明显的差异，因此，体育资源的开发不能是单一模式的，要充分考虑周围环境的因素，使体育资源的开发符合各地区的特点[②]。

## 七、健康性原则

体育资源开发的主要目的是为了满足人们的体育生活需求。在一定时期，体育生产受到当时所处社会、政治、经济以及体育环境的制约。对于贫困地区这一点表现得尤为明显。另外，随着我国对外开放政策的实施，中外的体育交流有了很大的发展，一方面有利于我们更好地吸收世界体育的精华，丰富和提高人们的体育生活；另一方面，在引入或参与国际体育活动或赛事的过程中，又不可避免地会带来一些腐朽的东西。因此，我们在体育资源的开发过程中，必须注意充分发挥其有益的积极作用，同时又必须注意抑制其消极的东西[③]。

---

① 郑霞.中国体育产业探究［M］.北京：北京体育大学出版社，2012.

② 郑霞.中国体育产业探究［M］.北京：北京体育大学出版社，2012.

③ 郑霞.中国体育产业探究［M］.北京：北京体育大学出版社，2012.

# 第三节　体育旅游资源的开发

## 一、体育旅游资源开发的含义

不管是自然旅游资源还是人文旅游资源，都可以分为现实和潜在两种状态。现实的旅游资源，通常指的是那些不仅其本身对旅游者具有吸引力，而且客观上已经具备必要的接待条件，并且正在接待大批游客前来访问的旅游资源。有些旅游资源，未必经过人为开发，也能为旅游业所利用，这就是所谓潜在的旅游资源。这些资源本身可能具有某种能够令人感兴趣的特色，但由于不具备交通条件和其他接待条件，加之可能尚不大为外人所知，目前还无法吸引大量游客前来观赏。它们必须经过有意识的人为开发，才能造就出能够吸引旅游者源源前来的旅游环境，才能成为可供游客观赏并且可供旅游业利用的现实旅游资源[①]。

## 二、体育旅游资源开发的重要性

旅游资源开发，是指以发展旅游业为前提，以市场需求为导向，发挥、改善和提高旅游资源对游客的吸引力，有组织、有计划地把旅游资源改造成能成为旅游业所利用的旅游吸引物的经济技术系统活动。体育旅游资源的开发是指人们为了发挥、改善和提高体育旅游资源的吸引力而从事的开拓和建设活动[②]。这个概念具有两层含义：其一，改变体育旅游资源的可进入性，将那些尚未被利用的资源进行开发，使其能够为体育旅游者所用；其二，加强已经利用的资源的广度和深度。开发体育旅游资源的目的就是利用旅游资源为人类服务，因此应该将资源优势转化为产品优势，将有效保护与合理开发利用结合起来，其中最关键的是要提高规划的科学性和前瞻性。对旅游资源进行严格保护和合理开发，可以发挥资源的最大效能，延长旅游资源的生命周期，达到永续利用的目的。

---

① 陶宇平.体育旅游学概论［M］.北京：人民体育出版社，2012.
② 柳伯力，夏敏慧，石岩.体育旅游概论［M］.北京：人民体育出版社，2013.

## 三、体育旅游资源开发的内容

### （一）市场针对性

在对贫困地区的体育旅游资源进行开发时，应根据自然资源与人文资源的条件，选择所能利用的体育旅游项目。开发利用的项目与当地的客源市场需求相适应。与一般旅游不同，体育旅游活动具有参与性特征。因此，大众化体育旅游资源就需考虑一般体育旅游者的能力，难度太大、危险太高往往会使他们望而生畏。而这部分游客对旅游的基础设施也有较高的要求。极限探险、猎奇型体育旅游活动的参与者，他们也是旅游的先行者，他们对体育旅游资源的要求是新、奇、险，要有挑战性、刺激性，这样才能满足他们对体育旅游的需求；这部分旅游者对交通道路、旅游基础设施要求不高，但对野外生存、救护、通信联络要求较高[①]。

### （二）可进入性

由于体育旅游资源具有不可移动性，这就导致体育旅游资源与潜在旅游市场之间存在着空间距离，这是影响资源可进入性的重要因素。所谓可进入性是指旅游资源所在地同外界（特别是同主要客源市场地区）的交通联系及其内部交通条件的通畅和便利程度。便利的交通条件对于目的地旅游开发的成功无疑是至关重要的。即使旅游资源自身的质量再好、品位再高，如果该地的交通运输问题得不到解决，其作为旅游吸引物和旅游对象物的应有价值也是难以实现的。对于贫困地区来说，这方面需要加强建设，应解决和提高可进入性的工作，不仅包括必要的交通基础设施的建设（如道路、车站、机场、码头等），而且还应包括有关交通手段运营的合理安排。以陆路交通为例，光是修通了道路是不够的，还必须有交通运输公司以合理的客运班次开展运营，从而使旅游者能够方便地进出该地。这样才能缩短旅游时间上的距离，加强和外界的联系与交往，只有当旅游者能够进得去，留得住，游得开，出得去，才能吸引旅游者前去旅游[②]。

---

①　陶宇平.体育旅游学概论［M］.北京：人民体育出版社，2012.

②　陶宇平.体育旅游学概论［M］.北京：人民体育出版社，2012.

### （三）建设并完善体育旅游设施

**1.体育设施的建设**

（1）购置和自制开展体育旅游活动所需的设备与器材，如漂流所需的船只、皮艇、皮筏、竹筏，滑雪运动所需的滑雪板器材与工具等。

（2）运动场所以及配套设施的建设，如滑雪场不同坡度与长度的滑道，以及配套上山缆车或牵引车等。

（3）进行体育旅游活动的安全与保障建设，对线路的安全程度，如漂流的河段水流变化情况与河床情况，水上救生衣及救护人员的配备，攀岩的岩石松动情况、安全保险设备[①]。

**2.旅游接待设施的完善**

（1）旅游基础设施

基础设施是指，其主要使用者为当地居民，但也必须向旅游者提供或者旅游者必须依赖的有关设施。这类设施包括：

①一般公用事业设施。例如，供水系统、排污系统、供电系统、通信系统、道路系统等，以及与此有关的其他配套设施，如机场、车站、港口码头、停车场等。

②满足现代社会生活所需要的基本设施或条件。例如，银行、商店、医院、治安管理机构等。

（2）旅游服务设施

那些虽然也可供当地居民使用，但主要是供外来旅游者使用的服务设施。换言之，如果没有旅游者，这些设施便失去了存在的必要。这类设施主要包括饭店、旅游问讯中心、旅游商店、某些娱乐场所等。由于这类设施主要供旅游者使用，因此需根据旅游者的需要、生活标准和价值观念来设计建造，并据此提供相应的服务[②]。

### （四）培养专业的服务人员

旅游服务的质量在很大程度上影响着旅游资源对于游客的吸引力。因此，

---

① 陶宇平.体育旅游学概论［M］.北京：人民体育出版社，2012.

② 陶宇平.体育旅游学概论［M］.北京：人民体育出版社，2012.

培养具有专业水平的服务人员是非常重要的。体育旅游在于参与性、刺激性、挑战性，体育旅游者在参与体育旅游活动过程中存在着或多或少的心理障碍，他们需要有人帮助自己解疑，克服这些障碍，这就需要体育旅游服务人员的专业技术指导、安全保护服务、体育旅游景区讲解等[①]。

## 四、体育旅游资源的保护

根据体育旅游资源破坏的因素，应从可持续发展和自然与人类共存的观念出发，对资源的保护采取以"防"为主，以"治"为辅，防治结合的原则。运用法律、行政、经济和技术等手段，加强对体育旅游资源的管理和保护。

### （一）加强区域旅游规划

贫困地区在对当地的体育旅游资源进行开发之前，首先，要做好细致的可行性研究，深入调查当地的情况。例如，体育旅游活动直接作用于自然资源的破坏性程度大小；如何管理和保护并且避免或减少破坏程度；体育旅游活动项目与整个景区的景观是否协调一致。其次，对当地现有的水陆交通工具、运输量、宾馆、饭店、水电供应、通信、周边游览网点、可进入性和项目吸引力等方面进行分析和预测，考虑制定各种相应的措施。同时科学地制定体育旅游容量，尽可能把体育旅游对资源的影响降到最低程度[②]。

### （二）杜绝人为破坏

加强体育旅游资源保护意识与知识的宣传教育，提高全民素质。这对于开发和建设的决策者，旅游业的经营者，或是普通的旅游者与当地居民都非常重要，只有当大众认识到体育旅游资源的重要性，意识到这是千百万年自然造化与人类文化遗产的精髓，了解人类生存与自然的关系，才能从根本上起到对体育旅游资源的保护。

### （三）研究旅游资源保护措施并进行人才培养

如何保护好旅游资源不能局限于口头上，而是要落实到具体的行动中。怎

---

① 柳伯力，夏敏慧，石岩.体育旅游概论［M］.北京：人民体育出版社，2013.

② 柳伯力，夏敏慧，石岩.体育旅游概论［M］.北京：人民体育出版社，2013.

样保护，采取什么方法与措施，也应该建立在科学管理的基础之上。由于体育旅游资源类型多、分布广、引起破坏的因素多，涉及的技术复杂，因而对保护的研究任务也就非常重要，特别是体育旅游活动直接作用于资源的破坏性研究，是一项重要的科研课题[①]。

### （四）健全相应的法规

对旅游资源保护的问题已引起世界各国决策者的重视，1972 年联合国教科文组织通过了《世界文化和自然遗产保护公约》。我国由全国人民代表大会和国务院先后颁布了《文物保护法》《风景名胜区管理暂行条例》《森林法》《环境保护法》等相关法律和法规。以加强对人们的约束，以法制人，同时加大执法力度，对损害和破坏旅游资源的单位和个人给予行政处罚和经济处罚，对造成严重破坏者，追究有关人员的法律责任。只有在市场化的过程中不断完善法规体系，才能确保合理开发，永续利用[②]。

# 第四节　竞技体育资源的开发

## 一、竞技体育资源开发的内涵

竞技体育资源开发是指运用一定的方法手段，发现、规划竞技体育资源并使之为竞技体育发展所利用的过程。竞技体育资源开发是在竞技体育资源培育基础上的规划及行为，同时它又是竞技体育资源高效利用的必要前提，通过对竞技体育资源的开发，不仅可以使现存的潜在资源转化为可以直接利用的现实资源，并且可以使目前能够利用的竞技体育资源的横向使用范围扩大，纵向使用范围加深，因而竞技体育资源开发在竞技体育调控资源体系中处于"承上启下"的重要环节[③]。

随着经济的迅速发展以及科学技术的不断进步，竞技体育资源的开发也呈现出了新的趋势，主要表现为：在开发种类上，由单一资源开发向综合开发方

---

① 柳伯力，夏敏慧，石岩.体育旅游概论［M］.北京：人民体育出版社，2013.

② 柳伯力，夏敏慧，石岩.体育旅游概论［M］.北京：人民体育出版社，2013.

③ 李同彦，赵云宏.试论竞技体育资源开发［J］.成都体育学院学报，2009（06）.

向发展，由传统资源开发向新型资源开发方向转变；在开发规模上，由局部、小规模向整体、大规模方向发展；在开发程度上，由初始开发向深度开发转变。不断发现新的资源增长点并进行科学的开发已融入当今竞技体育竞争与发展的范畴。例如，在备战奥运会的科学训练中，各国都重视以高科技手段辅助高水平运动员的训练，最大限度地开发出人体生理和心理的极限潜能。因此说，未来奥运赛场的竞争，除超强度的刻苦训练之外，也是国家与国家体育科学技术水平与人心凝聚的综合大比拼。这种比拼主要体现在：高科技对体育的介入程度，科技与训练的结合方式，教练员的科技意识和科学训练水平，训练基地等的科技保障条件，对于先进器材设备的研制开发，多学科、多手段的综合科技支持力度和规模等。国家体育科技水平的高低和应用程度将是决定该国在未来国际体育竞争和世界体育总格局中地位的重要因素。总而言之，竞技体育资源开发的程度直接关系到各国或地区竞技体育资源的利用程度，并最终对竞技体育的可持续发展产生直接影响[1]。

## 二、竞技体育资源开发的特点

### （一）可选择性

依据竞技体育资源的开发程度，可以将竞技体育资源开发划分为两大类：单项开发和综合开发。单项开发是指对某种类型的竞技体育资源的一种功能或一种有效成分进行开发，一个国家或地区如果仅注重对某一种类型的竞技体育资源进行开发，往往会造成竞技体育可资利用的资源面比较局限，竞技体育的全面、持续发展会受到影响；综合开发具有两种含义，一种是对一种资源的多种功能进行开发，另一种可以是同时对多种竞技体育资源进行综合开发。无论是对竞技体育资源的单项开发还是综合性开发，都是一个国家和地区开发竞技体育中有选择性的行为[2]。

### （二）成本性

在对贫困地区的竞技体育资源进行开发的过程中，要想达到一定的目标就

① 李同彦，赵云宏.试论竞技体育资源开发［J］.成都体育学院学报，2009（06）.
② 肖林鹏.中国竞技体育资源调控与可持续发展［M］.北京：北京体育大学出版社，2006.

必然要有相应的投入，这些投入要素就形成了资源开发的成本代价。人们需要投入必要的人力、物力、财力等资源去换取另一种资源的获得。由于资源开发成本的客观存在，就迫使我们不得不考虑对竞技体育资源开发的规划及运行过程，在获取一种资源时，尽可能地以较小的代价获取最大的收益①。

### （三）效益性

竞技体育资源的开发效益是反映因某种资源开发而给开发单位或社会带来的整体效益。对竞技体育资源的开发所产生的效益可以分为经济效益与社会效益两大类。为提高竞技体育水平、增强竞技体育竞争实力所进行的资源开发，不仅带来竞技体育可持续发展的效益，还可促使竞技体育市场的形成及竞技体育产业的发展。发展竞技体育产业、开发竞技体育市场等本身又能带来经济与社会效益的双丰收②。

## 三、竞技体育资源开发的目的

竞技体育资源开发的程度直接关系到一个国家或地区竞技体育资源的利用程度，并最终对竞技体育的可持续发展产生直接影响。随着科学技术的发展，竞技体育资源的开发无论从种类和规模上都呈现新的趋势：在开发种类上由单一资源开发向综合开发方向发展，由传统资源开发向新型资源开发方向转变；在开发规模上由局部、小规模向整体、大规模方向发展；在开发程度上由初始开发向深度开发转变。不断发现新的资源增长点并进行科学的开发已融入当今竞技体育竞争与发展的范畴。例如，在备战奥运会的科学训练中，各国都重视以高科技手段辅助高水平运动员的训练，最大限度地开发出人体生理和心理的极限潜能。未来奥运赛场的竞争，除超强度的刻苦训练之外，也是国家与国家体育科学技术水平与人心凝聚的综合大比拼，这一过程主要体现在高科技手段对体育的介入程度，科技与训练的结合方式，教练员的科技意识和科学训练水平，训练基地等的科技保障条件，先进器材设备的研制开发能力，多学科、多手段的综合科技支持力度和规模等方面。决定一个国家或地区在未来的国际体育竞争总格局中地位的最主要因素是体育科技水平的高低和应用程度，鉴于这

---

① 肖林鹏.中国竞技体育资源调控与可持续发展［M］.北京：北京体育大学出版社，2006.

② 肖林鹏.中国竞技体育资源调控与可持续发展［M］.北京：北京体育大学出版社，2006.

一点，挖掘竞技体育资源潜在功能，促进竞技体育可持续发展便成为了竞技体育资源开发的目标。同时，竞技体育资源开发还必须兼顾一定的经济目标及社会目标，这也是竞技体育实现可持续发展的应有之意[1]。

## 四、竞技体育资源开发的原则

### （一）效益原则

要想实现贫困地区竞技体育的可持续发展，就要使得竞技体育系统内部及其与外部经济社会环境系统的协调发展。在资源开发过程中，要在考虑成本的前提下，以追求最大的社会与经济效益为原则，否则就会对竞技体育资源造成极大的浪费，对竞技体育资源的可持续利用产生严重的影响。从长远来看，社会效益与经济效益具有一致性，但在一定时段内二者之间又有一定程度的不相容性，如计划经济时期，我国竞技体育以社会效益作为根本追求，忽视了竞技体育经济效益的开发。随着中国竞技体育体制改革的深化与发展，这种局面逐步得到改善，竞技体育的利益主体在实现社会效益的同时也会得到一定的经济效益[2]。

### （二）初始开发与"二次"开发相结合原则

从竞技体育资源开发时间及开发程度而言，竞技体育资源开发包括初始开发及"二次"开发的过程，忽视竞技体育资源的"二次"开发，一方面会使原有竞技体育资源的潜力未能完全挖掘出来，浪费了资源；另一方面将不能跟上世界竞技体育的发展趋势，造成发展上的被动。应该看到，当今世界高水平竞技体育人才的"二次"开发已经为各国所普遍重视。

### （三）时空协调开发原则

竞技体育要想实现可持续发展，就必须具有在较长时间内持续发展的能力，同时还要做到兼顾不同区域的整体协调发展。无论是贫困地区还是发达地区，竞技体育资源都具有不同的优劣势，在数量上也都是短缺而有限的。因此不能

---

① 　肖林鹏.中国竞技体育资源调控与可持续发展［M］.北京：北京体育大学出版社，2006.

② 　肖林鹏.中国竞技体育资源调控与可持续发展［M］.北京：北京体育大学出版社，2006.

局限于小区域开发和封闭式发展。竞技体育资源具有"互补效应"。因此，开发竞技体育资源，要从整体利益出发，兼顾局部利益，打破区域格局，发挥各地竞技体育资源比较优势，从长远利益出发，合理开发竞技体育资源[1]。

# 第五节　体育课程资源的开发

## 一、体育课程资源概述

### （一）体育课程资源的概念

课程资源（也可以称为教学资源），是指课程与教学信息的来源，或者指一切对课程和教学有用的物质和人力，也即在进行课程设计时能够利用的人力、物力以及资源的总和[2]。

广义的课程资源指有利于实现课程和教学目标的各种因素，即课程实施所需要的资源；狭义的课程资源仅指形成课程与教学的直接因素来源。我们通常所说的课程资源是针对广义课程资源而言。同理而推，体育课程资源是体育课程设计过程中可以利用的人力、物力以及资源的总和。包括教师、学生、教学方法、教学手段、场地器材、时间空间等一切有助于体育课程设计的因素[3]。

### （二）体育课程资源的种类

#### 1.人力资源

体育课程人力资源主要包括体育教师、学生、班主任，有体育特长的教师、校医、社会体育指导员、家长等。我们应调动各方面的人员关心和参与体育与健康课程的建设，这有助于提高体育教学效益，促进学生积极参与体育活动，使学生更好地达成学习目标[4]。

---

① 肖林鹏.中国竞技体育资源调控与可持续发展［M］.北京：北京体育大学出版社，2006.
② 郭太玮.体育课程导论［M］.南京：南京大学出版社，2012.
③ 郭太玮.体育课程导论［M］.南京：南京大学出版社，2012.
④ 郭太玮.体育课程导论［M］.南京：南京大学出版社，2012.

### 2.体育设施资源

不同地区和学校的经济状况不同，教学条件也存在很大的差异，因此现有的体育设施资源也大不相同。边远贫穷地区的体育设施远远落后于沿海发达地区，但是即使是非常发达的地区，也无法配齐所有的体育器材和设备。因此，无论是哪个地区的哪类学校，都应该一方面根据国家制定的各级学校体育器材设施配备目录，尽量配齐所规定的学校体育器材设施；另一方面努力利用和开发现有的体育设施资源。如发挥体育器材的多功能作用，制作简易的体育器材，改造场地和器材等[①]。

### 3.课程内容资源

课程内容资源开发和利用有助于学校课堂教学内容的丰富多彩，有助于激发学生进行体育学习和活动的兴趣，有助于形成学校的体育特色。然而，由于受竞技体育思想的影响，过去的学校体育课程内容一直是一些老面孔的竞技运动项目。这大大影响了学生对体育学习的兴趣和积极性。新的体育课程除继续重视一些传统的运动项目内容外，鼓励各地、各校对现有的运动项目进行改造，并大力开发新兴运动项目（如野外生存训练、轮滑、现代舞等）、民族民间传统体育项目（如蒙古族的摔跤、朝鲜族的荡秋千等）[②]。

### 4.课外和校外体育资源

课外和校外体育资源的种类是非常丰富的。其中，课外体育资源主要包括早晨上课前的体育活动、课间体育活动和课外体育活动等；校外体育资源则主要包括家庭体育活动、社区体育活动和竞赛、区县镇的体育活动和竞赛、少年宫体育活动、业余体校训练、体育俱乐部活动、节假日体育活动和竞赛等。对课外和校外体育资源进行大力开发，对于增加学生的活动时间，培养学生坚持体育锻炼的习惯，增进学生的身心健康具有非常有利的影响。单纯依赖体育课的学习，是很难使学生达成体育课程目标的。所以，要多鼓励学生积极参加课外和校外的各种体育活动[③]。

### 5.自然地理资源

空气、阳光、水、季节、气候、地理条件（如江、河、湖、海、荒原、雪

---

[①]　郭太玮.体育课程导论［M］.南京：南京大学出版社，2012.

[②]　郭太玮.体育课程导论［M］.南京：南京大学出版社，2012.

[③]　郭太玮.体育课程导论［M］.南京：南京大学出版社，2012.

原、草原、森林、山地、丘陵、沟渠、田野、海滩、沙地、沙丘等）都属于自然地理资源的范畴。贫困地区的学校可以充分发挥自身地理资源的作用，积极发展体育活动，即使是体育课也可以在大自然中进行。

6.体育信息资源

贫困地区的学生要想在短暂的体育课堂上获得大量的体育信息，几乎是不可能的，所以，要鼓励他们充分利用广播、电视、体育书报杂志等资源获取体育与健康信息，有条件的话还可以让学生通过网络获得体育与健康信息[①]。

总之，充分利用体育课程资源，可以充实和更新体育课程内容，提高体育教学效果，使学生获得更多的体育与健康知识和技能。

### （三）体育课程资源的特点

1.运动性

与其他课程内容存在的最大不同是，体育课程内容主要是由体育运动的身体练习构成，都与身体实践活动紧密相关。毛振明指出，体育课程内容"是以有关身体运动的学习和身体运动的技能形成为主要培养目标的内容；是以运动为媒介，以大肌肉群的活动状态进行教育的内容"。体育课程的学习不仅通过学生的思维活动，解决学生知与不知、懂与不懂的问题，而且通过学生实际从事的运动学习与身体练习，运动中的肌肉本体感觉的形成与动作记忆，解决学生会与不会的问题[②]。

2.健身性

体育的健身功能众所周知，而体育课内容的学习过程也是学生从事身体练习的过程。因此，在这个过程中，学生的身体要承受一定的运动负荷。所以，要想达到很好的增强体质、促进健康的作用，就必须合理地安排身体练习的负荷大小与负荷过程。

3.娱乐性

由于体育运动大部分来源于多种多样具有趣味性、娱乐性和竞技性的游戏，这就决定了体育运动的娱乐性。在运动学习与运动竞赛过程中，体育运动的参与者会经历竞争与合作、成功与失败的体验，给人的情感、情绪以深刻而丰富

---

① 郭太玮.体育课程导论［M］.南京：南京大学出版社，2012.

② 郭太玮.体育课程导论［M］.南京：南京大学出版社，2012.

的影响。

4.非阶梯性

体育课程内容与一般学科知识课程内容不一样，它没有学科内容之间比较清晰的由易到难、由简到繁的阶梯形结构，以及明显的从基础到提高的逻辑结构体系。它是由众多的相互平行的竞技运动项目和身体练习组成，而且理论知识的素材也很多，这就为体育课程内容的选择增加了难度[①]。

## 二、体育课程资源开发的意义

体育课程资源和体育课程之间具有非常密切的关系。如果没有体育课程资源的大力支持，体育课程便无法实施，即使做再好的设计也无法产生实际效果。体育课程资源开发和利用的意义主要表现在以下几个方面。

### （一）促进了体育校本课程的开发

校本课程，是指由学校根据国家的教育方针、课程管理政策和课程计划，针对学生的兴趣和需要，结合学校的传统和优势，充分利用学校和社区的课程资源，自主开发或选用的课程。校本课程的着眼点在于发展学生的兴趣、需要和特长，关注学生的个性发展，充分体现师生的自主性和创造性，具有鲜明的学校特色。

目前世界上存在着集权化和分权化两种课程行政管理体制。采取集权化的国家有苏联、中国、日本、韩国、泰国、菲律宾等，它们强调国家对课程开发的控制；采取分权化的国家有美国、英国、澳大利亚等，这些国家强调地方开发课程的自主权。集权化和分权化这两种课程行政管理体制各有利弊。

从目前的发展趋势看，以上两种课程体制都有一定程度的转变：集权化的课程行政体制开始注重地方和学校课程开发的自主权；分权化的课程行政体制则开始加强国家对课程开发的干预力度，这就预示着课程政策权利逐渐走向了均权化。课程政策均权化意味着课程变革的过程是一个多方参与的过程，行政官员、学者、专家、教师、学生、家长、社区代表等，都是课程开发过程的参与者。课程决策权利走向均衡化[②]。

---

① 郭太玮.体育课程导论［M］.南京：南京大学出版社，2012.

② 郭太玮.体育课程导论［M］.南京：南京大学出版社，2012.

一直以来，我国都比较重视中央对课程的统一决策，虽然也进行了课程多样化的改革尝试，但并没有取得预期的效果。随着我国新一轮基础教育课程改革正式启动，体育课程的管理和教学模式将发生较大的变化，原来由国家教育行政主管部门制定的《体育教学大纲》已被《体育课程标准》所代替，这种变化的最大特点之一就是国家将放宽对体育课程的统一管理的硬性规定，为保障和促进体育课程对不同地区、学校、学生的要求，实行国家、地方和学校课程三级管理[①]。

总而言之，对体育校本课程进行开发，不仅符合当今课程决策权利走向均衡化的趋势和我国课程管理政策正在发生变化的要求，而且符合多元教育、个性教育的课程改革理念。而体育课程资源的开发和利用为体育校本课程的开发提供广泛的内容来源。

### （二）有利于体育课程内容体系的重构

新中国成立后，我国各级学校的各类课程在很大程度上受学科中心课程论的影响，体育课程也是如此。学科中心课程是指以专门的学术领域为核心开发的课程，强调课程设计要反映出某一知识领域的基本结构，追求学校学科的科学化、现代化。学科中心课程主要具有以下三个方面的特征。

其一，学术性。学科中心课程强调可教性、教授性（认为"作为教材的逻辑组织体的学科，必须由这个以教授性为基本性质的学问构成"）、兴趣、经验等心理因素。当代社会生活问题等社会因素，只是对课程中学术知识的组织起作用，其本身并不能作为课程内容的来源。学术逻辑与教学的心理逻辑的同一性，是学科课程的基本观点[②]。

其二，专门性。学科中心课程主张课程的专门化，不主张课程的相关化、融合化、广域化，这一特征与学科中心课程的学术性有关，只有课程更加专门化，才能更好地体现各个学术领域的内在逻辑。

其三，结构性。学科中心课程着眼于学科结构的把握，主要具有两层基本含义：一是由一门学科特定的一般概念、一般原理构成的体系；二是一门学科特定的研究方法和研究态度。学科结构正是这两个含义的有机统一[③]。

① 　郭太玮.体育课程导论［M］.南京：南京大学出版社，2012.

② 　郭太玮.体育课程导论［M］.南京：南京大学出版社，2012.

③ 　郭太玮.体育课程导论［M］.南京：南京大学出版社，2012.

学科中心课程的基本观点是追求学术逻辑与教学的心理逻辑的同一性、着眼于学科结构的把握。受学科中心课程论强调学科自身的逻辑与形成规律的学科结构的影响，一直以来，我国体育课程教学以运动技术为主，技术教育思想占主流地位，并产生了根深蒂固的影响。在课程内容方面：以竞技运动为主，忽视了学生心理和社会发展的需求；在组织教法方面：过多地强调教师的中心地位，主要采用竞技运动的训练方法，强调统一划一，忽视学生个体差异和兴趣培养；在学习评价方面，评价目标、方法和主体比较单一，过分重视技术和体能的评价，而忽视了其他方面的评价，重视学习结果评价忽视学习过程评价[1]。

体育课程资源开发和利用拓宽了我们的视野，极大地丰富了课程教学内容，为重构体现"健康第一""以人为本""个性发展"等现代教育思想的体育课程体系奠定了良好的基础。

### （三）提高了教师的业务水平

在体育教学活动中，体育教师发挥着举足轻重的作用。体育教师不仅是体育课程资源开发的主角，同时还是最为重要的体育课程资源。从某种程度上来说，课程开发就是教师专业的发展，也就是说，没有体育教师的专业的发展，就没有体育课程的开发。任何课程改革都需要教师发展新的技能、知识、动机、热情和信念，只靠命令是不行的。也就是说，每一位教师都需要具有课程开发的能力和愿望。

我国以前的课程开发工作，主要集中在国家行政部门官员以及少数专家手中，随着课程改革的逐渐推进以及体育教学地不断发展，国家课程管理权利重心开始下移，实行国家、地方和学校三级管理，在这种体制下，一线教师参与课程开发的价值越来越重要。校本课程资源的开发和利用需要每位教师的参与，也是每位教师的职责。因此，各级各类学校的体育教师，必须具备体育课程资源开发和利用的能力，这就需要不断地钻研和学习，提高自己的业务能力[2]。

---

[1]　郭太玮.体育课程导论［M］.南京：南京大学出版社，2012.

[2]　郭太玮.体育课程导论［M］.南京：南京大学出版社，2012.

## 三、体育课程资源开发原则

### （一）健身性原则

体育课程资源的内容是非常丰富的，学生需要学习的东西非常多，这就决定了体育课程无法完全包揽所有的项目，因而必须在可能的课程资源范围内和在充分考虑课程成本的前提下突出重点，并使之优先得到运用。比如，"健康第一"是学校体育教育的指导思想。培养学生健康的体魄是体育课程的主要目标，换句话说，体育教育的目的是以身体练习为主要手段，通过合理的体育教育和科学的体育锻炼过程，增强学生体质，增进学生健康，提高学生的体育素养，为他们将来建设性地参与社会生活打好身体基础。鉴于这一点，要想与体育教育的目标保持一致，所开发的体育资源就必须具有健康价值（或者说具有健身性），这是第一位的，把最具有健康价值，或健身性的体育课程资源筛选出并优先运用于课程，同时还要重视课程内容的体育文化含量[①]。

### （二）科学性原则

贫困地区在对体育课程资源进行开发和利用时坚持科学性原则，主要表现在以下三个方面：首先，所开发的资源要能够有效地为学生的健康服务，有利于培养学生的体育能力；其次，所开发的课程资源是否安全；最后，要重视课程内容的体育文化含量。

### （三）可行性原则

在课程资源的开发与利用中，贫困地区需要考虑本地区、本学校的实际条件，注意时间、空间、人力、物力上的现实可行性。再好、再科学的课程资源，如果本学校难以开展都不应进行选择。

### （四）趣味性原则

体验运动乐趣是体育学习的动机和目的之一，枯燥无味、缺乏趣味性的内容不应选择。

---

① 郭太玮.体育课程导论［M］.南京：南京大学出版社，2012.

### （五）本土化原则

在进行体育资源开发时，贫困地区应在坚持以上几个原则的基础上，体现本地区的体育特色。学习体育最终是为学生的终身体育锻炼服务的，因此，在开发体育课程资源时，应尽量与本地区和社会上流行的体育项目相结合[1]。

## 四、体育课程资源开发的内容

### （一）人力资源的开发

体育课程人力资源是非常多样的，主要包括体育教师、班主任，有体育特长的教师、校医，有体育特长的学生、社会体育指导员、家长等。在对体育人力资源进行开发的过程中，我们应挖掘这些人力资源的潜能，充分发挥他们的作用，鼓励他们关心和参与体育课程和教学的改革，以提高体育教学的效果。具体说来，可以采取通过以下方面的措施，对体育人力资源进行开发。

首先，坚持学生的主体地位，充分体现"以学生发展为本"的课程理念，充分利用学生的生活经验。在进行体育教学的过程中，大力鼓励学生积极参与体育课程资源的开发，使学生的主体作用得到最大限度的发挥，尽可能多地让学生自己创造新的、安全的、健康的、有趣的游戏，并对竞技化、成人化的运动项目进行改造，使学生将自己的生活经验融进体育课程教学活动之中。

其次，作为重要的体育人力资源主体，体育教师应加强学习，对自己的知识结构进行改善，不断提高自己的专业素质和能力，以创新的意识积极参与体育课程的改革。

再次，应创造条件充分发挥学生体育社团的作用、应创造条件使有体育特长的教师和学生能充分发挥自己的特长。如让学生体育社团组织多种多样的体育活动；让有体育特长的学生当"辅导员"，交给他们带操、辅导、组织体育活动的任务[2]。

最后，应充分调动辅导员的积极性，使其帮助、配合、支持体育教师的工作，共同促进学生坚持体育锻炼。

---

① 郭太玮.体育课程导论［M］.南京：南京大学出版社，2012.
② 郭太玮.体育课程导论［M］.南京：南京大学出版社，2012.

### （二）体育设施资源的开发

鉴于我国各个地区的经济和文化发展不平衡，因此在配置体育器材以及场馆设施方面也存在很大的差别，对于贫困地区来说，学校的体育场地器材配置存在很大的不足。在这种情况下，就应该充分发挥现有体育器材设施的作用，开发其多种功能。

（1）根据体育器材的特点，开发其多种功能，一物多用。例如，栏架可以用来跨栏，也可以用作投射门，还可以用作钻越障碍等；标枪可以用来投掷，还可以在两根标枪之间拉上橡皮筋当作跳高架，并可用作蛇形跑、钻"洞"跑、图形移动、跳跃等练习的道具等；实心球可以用来投掷，也可以用作负重物、障碍物、标志物，还可以用来打保龄球。

（2）制作一些简易的器材。贫困地区可以利用废旧物、生活物品、生活设施和生产工具等解决本地区器材短缺的问题，以此方式对教学条件进行改善。对于贫困地区来说，这也是一个"量材录用"、因陋就简的积极办法。例如，利用废弃的乒乓球，穿上线绳，做推挡、攻球等练习，效果很好；在进行接力跑活动时，可以用上衣、手绢等做传接物；校园里的水泥道沿可以替代平衡木，让学生在上面做平衡走的练习[1]。

（3）使场地和器材得到合理的使用。要做到这一点，就应最大限度地挖掘场地和器材的使用空间和时间，同时注意安全问题和场地器材的保养工作。主要应注意以下几个方面的问题：首先，要想最大限度地对场地和器材的使用空间进行挖掘，就要使学校的空地和学校周边环境得到充分的利用，处理好"利用"与"安全"、"使用"与"保养"的关系，对这些空间进行认真的考察，并合理地统筹与规划。其次，校方在制定课表时，应考虑学校体育教学条件的现状，最大限度地挖掘和利用场地器材的使用时间。最后，为了最大限度地挖掘场地器材的使用空间和时间，应当制定体育教学和课外体育活动场地器材的分配时间表，并要求教师或学生按指定区域和时间进行体育教学或体育活动[2]。

---

① 郭太玮.体育课程导论［M］.南京：南京大学出版社，2012.

② 郭太玮.体育课程导论［M］.南京：南京大学出版社，2012.

### （三）课程内容资源的开发

#### 1.改造现有竞技体育项目

在将竞技体育项目作为纳入体育课程内容时，应该注意以下两点问题：首先，在进行项目的选择时，应考虑项目的价值性、实用性、趣味性和生物性；其次，要对竞技体育项目，进行"加工、改造"，使之适应学生的身心特点和实际情况，也就是所谓的竞技运动教材化。

在整体健康观的指导下对竞技体育项目进行改造，这种改造应有利于调动学生的体育学习情绪和积极性，促进学生身体、心理、社会适应等整体健康水平的提高，培养学生终身体育锻炼的能力。具体说来，可以通过以下几个方面来进行。

（1）简化规则

对竞技体育项目的一些规则适当地简化，保留一些能激发学生运动兴趣，使学生能兴高采烈"玩"起来的简单规则。如三人篮球、五人足球等。

（2）对技战术进行简化

由于竞技体育运动的主要目的是参加竞赛，因此对于技战术的要求是非常高的，因此在进行改造时，简化技战术，只保留一些符合学生身心特点的基本技战术。

（3）内容的修改

去掉竞技体育项目中不利于学生身、心、社三方面健康发展的内容，对于那些学生兴趣不大同时又比较陈旧的内容更应该舍弃，减少竞技运动的成分，淡化"达标"式的终结性评价方式，不过分强调内容的系统性和完整性。

（4）降低运动难度

在对竞技体育项目进行改造时，应适当地根据学生的特点，降低动作难度，对于一些细节的动作不要太过苛求，同时减少器械的重量，改变器械的功能等。

（5）改造场地和器材

改造竞技体育项目的场地，使场地和器材适合学生的年龄、性别、身高等特点，满足学生的兴趣和需要。

#### 2.引进新兴运动项目

新兴运动种类丰富多样，比如攀岩、体育舞蹈、街舞、飞标、舍宾、沙壶球、定向越野、自卫防身、沙滩排球、郊游、远足、野营等野外活动等。将新兴运动项目引入体育课堂，不仅可以丰富体育教学内容，而且也会深受学生的喜爱，并使这些项目成为学生健康发展的重要课程内容[①]。

### 3.开发传统体育资源

我国是一个多民族的国家，民族体育文化源远流长，体育与健康课程应当具有民族特色。民族、民间传统体育资源的开发要有助于形成具有各地、各校特色的体育与健康课程，使学生的生活经验与课程的学习内容紧密相连。因此，我们应重视民族、民间传统体育资源的开发问题，弘扬我国民族传统体育，汲取世界优秀体育文化，体现时代性、发展性、民族性和中国特色[②]。

传统的民族和民间体育项目的内容是非常丰富的，因此在选择时并不能完全照搬所有的内容，要注意内容的选择性，同时也可对一些内容进行改造，使它们适合不同水平学段学生的身心特点。

除了武术、传统的健身体操（八段锦、易筋经、五禽戏等），还有很多民间的游戏性活动课程可以开发利用，例如踢毽子、跳山羊活动等，这些活动即使是在贫困地区也是可以创造条件实现的。很多的民族民间体育活动与学生的生活经验紧密相连，因而得到学生很大程度上的喜爱。与此同时，教师还要适当引导学生结合当地气候、自然、地理等条件，创造新的民族民间体育活动[③]。

### （四）课外、校外体育资源的开发

#### 1.课外体育资源的开发

课外体育资源的开发也应该作为体育课程资源开发的一个重要部分，这是因为，相对于体育课的时间来说，学生的课外活动时间要多得多。作为体育教师，应该对学生的课外体育活动进行必要的指导，但这不是说学生的所有课外体育活动都需要教师去指导，而是要鼓励学生学会进行课外体育活动或自我锻炼。课外体育活动的形式主要有学生锻炼小组、课外体育俱乐部、自我锻炼等。

#### 2.校外体育资源的开发

近年来，随着素质教育的不断深入，学生校外活动的内容越来越丰富，种类越来越多样化，活动时间也越来越多。在这一有利背景下，体育教师应该积极发挥自身的引导作用，鼓励和指导学生利用节假日参加家庭、社区、区县镇、少年宫的体育活动和竞赛。例如，开展家庭体育活动有助于学生形成坚持体育

---

① 　郭太玮.体育课程导论［M］.南京：南京大学出版社，2012.
② 　郭太玮.体育课程导论［M］.南京：南京大学出版社，2012.
③ 　郭太玮.体育课程导论［M］.南京：南京大学出版社，2012.

活动的习惯，并在加深家庭成员之间的情感交流、促进学生的成长等方面具有积极意义。学校也可以举办家庭趣味游戏运动会，引导学生在校外和家长一起参与体育活动①。

### （五）自然地理课程资源的开发

对于贫困地区来说，自然地理资源的开发具有特殊的课程价值和意义。作为自然地理课程资源的江、河、湖、海、草原、森林、山地、丘陵、沟渠、田野、海滩、沙丘、空气、阳光、季节和气候等，它们的内容是非常丰富多彩的，开发方式也多种多样，可以说是取之不尽用之不竭的体育课程资源。而且自然地理课程资源是最为经济、最简便的体育课程绿色资源，如雪上活动是与气候、自然、地理环境有关的体育课程内容，可以培养并训练学生适应当地的气候、自然、地理环境的能力。因此，体育教师应当在组织好课堂体育教学的同时，带领学生走出校门，到大自然中去，因地制宜、因时制宜地组织学生进行多种体育活动②。

### （六）体育信息资源的开发

体育信息资源是随着社会信息化程度的不断增强而出现的新的具有时代性的资源，比如多媒体网络资源，在网上所获得的关于体育与健康的知识，在网上观赏体育竞赛等，都属此类。这类资源是贫困地区发展相对比较落后的，因此应该给予足够的重视和开发。如体育远程教育资源就是不容忽视的课程资源，以及利用校园网进行体育教学，它有助于改善教学条件、提高教学效果等。

## 五、体育课程资源开发的途径

### （一）丰富体育课程资源的内容和形式

在体育课程资源的开发中，对于内容与形式的拓展和挖掘是重点工作。我国当前的《体育教学标准》设置了运动参与、运动技能、身体健康、心理健康、社会适应等多个方面的具体目标。这些目标组成了一个不可分割的整体，它们

---

① 郭太玮.体育课程导论［M］.南京：南京大学出版社，2012.
② 郭太玮.体育课程导论［M］.南京：南京大学出版社，2012.

充分地体现了学校体育与健康课程是以身体练习为主的特点和身体、心理、社会适应的全面健康观。贫困地区在开发体育课程资源的过程中，应该结合本地的教学实际，不断求新求变。可以通过以下几种途径来进行：首先，积极开发体育游戏的健身益智功能。体育游戏是从游戏中发展和派生出来的，是以促进身心健康发展为目的，有鲜明教育意义的现代益智健身项目。体育游戏集体能开发和智力开发于一体，具有娱乐性、趣味性和知识性，因此受到学生广泛的喜爱，因此贫困地区在进行学校体育教学时可以大力运用。其次，课外体育活动和丰富的长跑、跳绳、篮球等体育活动与比赛可以使学生显得生动活泼，其结合自身兴趣来追求自主发展也有了机会和可能。学校体育课堂教学的形式可以采用男女分组、男女合组、友情分组等各类小群体来激发和刺激学生学习的兴趣，以求学生更多地参与运动。最后，我国民族体育经过千百年的流传，既有各自特色，又有良好的健身价值。摔跤、歌舞、踢毽子、传统武术等都可以在学校体育中充分利用，完成提高学生身体素质的任务[1]。

## （二）积极发挥教师的作用

在体育课程实施过程中，体育教师发挥着举足轻重的作用。他们是体育课程实施的重要因素，因此应积极激发体育教师的潜能，发挥体育教师的多种作用。由于体育教师的素质决定了课程资源的识别、开发和利用的程度及效益的水平，因此对体育教师要潜能的开发是体育课程人力资源开发的重点。在体育课程资源开发的过程中，要努力帮助体育教师成为课程资源的开发者和实践者。体育教师要通过加强自身学习或参加各种培训来提高综合素质，以适应现代体育教育对教师的要求。同时，还要积极投入体育课程资源开发的实践中，更好地为实现课程改革的目标服务[2]。

## （三）重视学生的作用

在任何课程教学中，学生都处于主体地位。尤其是在"以人为本"理念的主导下，更应该重视学生的主体地位。体育课程的学习也是学生与课程随时随地进行对话构建的过程。学生的主动性和积极性、原有的生活经验、体育基础

---

① 黄秋玲.体育课程改革与体育课程资源的开发与利用［J］.体育世界（学术版），2012（05）.

② 黄秋玲.体育课程改革与体育课程资源的开发与利用［J］.体育世界（学术版），2012（05）.

和对体育课的态度以及价值取向，都对体育课程的有效实施产生着很大的影响。因此，在对课程资源进行开发利用的过程中，要充分发挥教师与学生的能动作用，积极促进师生间的互动学习，老师应充分研究与了解学生的见闻、经历、体验和感受，只有对他们的既有经验和体验做到心中有数，才能合理、有效地加以利用。更重要的是学生的经验和体验是重要的"资源库"，不仅需要充分利用，也需要充分开发，帮助学生丰富自己的体育经验[1]。

### （四）挖掘身边的资源

相对来说，贫困地区的体育课程资源和经济较发达地区的比起来不那么丰富，但是这并不意味着贫困地区就不能很好地开发与利用体育课程资源，贫困地区可以根据本地区特色，因地制宜地开发和利用校内外资源。

### （五）因地制宜、突出特色

所谓因地制宜就是要根据地域、学校、教师、学生等特点，发挥各自的优势，优化课程结构，使体育课程资源开发合理有效。我国是一个地域广阔、地貌复杂多样，多民族的国家，具有丰富的体育自然资源，这也就决定了不同区域的各种资源在种类、多寡、存在状态和结构上差异很大。因此不能盲目地追求资源的统一性，这样一来就会失去优势和特色。可以在保持资源的多样性的基础上，扬长避短，发挥优势，使体育课程体现出地域特性。例如，利用山地丘陵可以开展登山运动，利用江河湖海可以开展游泳运动，利用草原可以开展骑马运动，利用森林荒原可以开展野外生存训练等。我国是一个多民族国家，民族、民间、民俗文化多姿多彩，其间蕴含着丰富的体育文化资源。通过合理有效地开发，可以将其转化为富有民族特性、文化特性的课程资源。另外，我国各地方、学校的体育场馆、器材设施等物质资源有一定差别，在某种程度上要求体育课程要有自身的特色。贫困地区的学校应结合实际情况努力开发现有体育设施的潜在功能。如栏架可以用来跨栏，也可以用作游戏穿越的障碍，还可以用作小型的足球门。只要转换思维视角，任何器材都可以开发出创造性的新功能[2]。

---

[1]　黄秋玲.体育课程改革与体育课程资源的开发与利用［J］.体育世界（学术版），2012（05）.

[2]　黄秋玲.体育课程改革与体育课程资源的开发与利用［J］.体育世界（学术版），2012（05）.

# 第六章 贫困地区体育教育生态化发展的必要性

## 第一节 体育教育生态化的障碍

### 一、贫困地区软硬件设施不足

#### （一）贫困地区体育设施不足

体育设施和体育的参与者都是体育运动的构成要素，体育设施是体育运动中物的要素，体育参与者是体育运动中人的要素，二者缺一不可。从二者的关系看，一方面，体育设施是服务于体育参与者的，二者具有密切联系；另一方面，二者毕竟是两个不同的要素，在空间上是可以分离的，空间分离影响的是二者的密切程度，由此会影响开展体育活动的便利性和参与的经常性。但是，只要把这种空间距离保持在一定限度内，就不会从根本上破坏二者的联系。作为物质条件，体育设施建设是需要资金投入的。

在体育设施方面，贫困地区的体育设施远远落后于发达地区。相比于发达地区的体育设施配置，贫困体育设施处于非常落后状态。目前，我国贫困地区的体育设施主要由县级财政负责建设，囿于我国目前县级财政的实力，体育投入普遍偏低，最后用于贫困地区的体育设施的经费则更少。在我国开展全民健身的大潮中，越来越多的健身设施由政府出资安装在了社区、街道，但作为贫困地区的农村，由政府出资安装健身设施还是零星的个案，即使有也是作为对农民的恩赐而安装，比如在一个村安装一副篮球架或者一张乒乓球桌，这对农村体育的发展来说是杯水车薪。

## （二）贫困地区体育经费投入不足

城乡经济收入的差距和地区经济发展的不协调，导致城乡体育经费的差距也在日益扩大，虽然国家财政加大对贫困地区体育事业的扶持，通过制度来减轻贫困地区体育经费负担，但是由于经济发展的严重失衡，贫困地区与发达地区体育经费投入的差距仍然巨大。贫困与发达地区体育经费的差距直接表现在硬件投放量和专业人员数量上。

体育经费的投入差距，直接导致了体育开展活动经费投入上的差距，在各种体育硬件资源的投入上存在明显差异，基层体育指导员数量及配置差距也较大，贫困地区学生对于参与体育活动的积极性和认知度也明显落后于发达地区。贫困地区体育活动开展相关的硬件、软件由于缺乏相应资金都明显落后于发达地区[①]。

## （三）贫困地区学校体育教育落后

当前我国贫困地区医疗卫生条件极其简陋，群众身体素质仍然令人担忧，体育健身设施严重短缺，健身锻炼方法缺失，学校体育师资与健身场地，严重不足，农民体育协会等体育组织薄弱，特别是作为贫困地区的学校体育更令人担忧，由于器材和师资难以保证，体育课程教学大纲形同虚设，体育教学随意性强，部分农村学校采取"放羊式"体育教学[②]。例如，莫少强教授在对广西农村学校体育教学所开展的研究，发现在该地区当前仍有14.16%的农村学校未能正常开设体育课；9.54%的学校不能完全执行现行教学大纲；在体育授课时15%的学校教师无完备的教案。郝斌、甘宏玲等学者通过走访湖北西部地区各贫困县的教育行政部门及财政部门对湖北省贫困县中小学体育经费的现状开展了深入调查，对比分析指出，影响和制约湖北贫困地区体育教育全面发展的原因是：当地政府对学校体育缺乏足够的重视以至于学校缺乏体育教学开展所需的经费，经费的不足造成了学校全面开展体育教学工作有心无力[③]。在冯迎娜所调查的339名体育教师中，有13.6%的体育教师想改行，但不想脱离教育系统，

---

① 商勇，宋述光.新型城镇化背景下城乡公共体育服务一体化发展模式研究 以山东省为例［M］.济南：山东人民出版社，2015.

② 张小林.我国农村体育公共产品供给制度分析与创新［M］.北京：民族出版社，2014.

③ 郭荣菊.广西贫困地区农村体育教学现状调查及对策研究［D］.广西师范学院，2014.

18%的体育教师想改行，两者相加达到32%，由此可以看出目前我国边远地区国家级贫困县农村中小学体育教师队伍非常不稳定[①]。

## 二、贫困地区自身还存在诸多问题

### （一）自然条件恶劣

自然条件恶劣是导致以农业为主的贫困地区经济落后的基本原因。通常而言，广大贫困地区多分布在山区，地形复杂，耕地资源缺乏。土壤质量较差（地力贫瘠，坡度较陡），不易种植农作物。土地资源总量少，土地零星破碎、贫瘠，不宜农耕，耕地多数以陡坡为主，耕地质量不高，产出量低。我国现存的农村贫困人口主要分布在自然条件特别恶劣的青藏高原地区、西北干旱地区、沙漠化地区、岩溶地区、秦巴山区等偏远落后的地区。这些地区自然条件差，同时气候恶劣，灾害（旱灾、洪灾、冰雹等）频发。旱涝灾害并存、水土流失和石漠化严重，风灾、雨雪冰冻、滑坡、泥石流、农业病虫害等时有发生，在这种地理环境条件的制约下，农业生产量低且不稳。在中国大面积的西部地区，包括西藏、云南、贵州、甘肃、云南等地的沙漠化、石漠化、高寒、多山和缺水地区，贫困的发生率极高。如甘肃的定西、河西和宁夏的西海固等历来被称为最贫困的"三西"地区，由于自然条件恶劣而导致整个区域发生普遍性的贫困。

生态环境脆弱也是这些地区经济发展落后的一个重要因素。贫困地区大多数处于生态敏感地带，易遭破坏而难于恢复，粗放式的经济增长仍主宰着当地经济。比如，以甘肃秦巴片区为例，这是一个典型的高山农业区，农业在全市经济中长期居于主导地位，但耕地结构和质量极差，农业基础设施落后，农业机械化程度和科技推广应用水平很低，农业生产还处于"靠天吃饭"的状态，粮食产量低且不稳，特色农业开发步伐缓慢。农业产业化发展滞后的问题已严重制约了特色农业的发展步伐，特色农业的产业化、标准化、组织化发展任务还相当艰巨。同时农业及产业贷款难、担保难，无法有效提升产业发展。再比如以乌蒙片区为例，位于云贵高原与四川盆地结合部，山高谷深，地势陡峻，为典型的高原山地构造地形，人均耕地少，干旱、洪涝、风雹、凝冻、低温冷害、滑坡、泥石流等自然灾害频发，其中石漠化面积占国土面积16%，25度以

---

① 冯迎娜.我国边远地区国家级贫困县农村中小学体育教育现状的研究［D］.北京体育大学，2009.

上坡耕地占耕地总面积比重大，土流失严重，土壤极其瘠薄。

### （二）基础设施落后

我国贫困地区域大都处于深山、高原、沙漠等地区，地理位置偏僻，远离县城，贫困县远离省城，离中心城市远，很难受到中心城市的辐射。并且许多贫困地区处于省际交接处，处于"无人管"的状态。比如贵州三大连片特困区大多地理位置偏远，处于省际交接地带；再比如武陵山片区与重庆、湖南接壤，乌蒙山片区与四川、云南相邻，滇黔桂石漠化片区与广西、云南、湖南交界，还有川渝鄂陕交界的秦岭-大巴山地区，湘黔渝接壤的武陵山地区，川渝滇黔交界的乌蒙山区，辽、冀和内蒙古交界的努鲁儿虎山地区，鄂豫皖交界的大别山地区等。因此，此类地区域陷入贫困的概率更高。

由于地理位置偏僻，相应地交通、供电、供水、邮电、通信等基础设施薄弱。主干道网络尚未形成，公路建设历史欠账较多，水利设施薄弱且严重老化，电力和通信设施落后。因此，此类地区一般处于交通网络、信息网络、物流网络、营销网络的末梢，受中心城市的辐射带动十分有限。以甘肃秦巴片区为例，是全国、全省交通条件最落后的地区之一，还有部分地区不通公路，没有机场，铁路和高速公路尚在建设之中，公路路网起伏较大，坡大弯急，通行能力低下。夏秋季又受暴洪冲击和泥石流侵袭，加剧了交通阻断，同时由于远离片区大中城市，远离消费市场，交通运输成本昂贵，阻碍了与全省、全国的经济技术合作和文化交流，在招商引资、承接产业转移、经济技术合作、文化交流等方面处于不利地位。在陕西秦巴山区片区也是如此，由于山区铁路建设投资较大，陕南大部分地区无铁路通过；虽然近几年在公路运输上投资较大，陆续贯通了西汉、西康、西商线，陕南汉中等高速公路，但是很多县乡公路等级仍较低，致使当地很多经济作物、矿产品和农产品等无法及时运出，严重制约着当地经济发展。在武陵山片区也有类似情况，区内主干道网络尚未形成，公路建设历史欠账较多，水利设施薄弱且严重老化，电力和通信设施落后；有 47 个乡镇不通沥青（水泥）路，占乡镇总数的 3.41%；9271 个行政村不通沥青（水泥）路，占行政村总数的 40.25%；7790 个村没有完成农网改造任务，占行政村总数的 33.82%（国开办发，2011）。

### （三）社会保障制度仍存在不足

我国社会保障制度始建于 20 世纪 50 年代初期。前 30 年与计划经济体制相适应，制度安排具有典型的国家负责、单位（集体）包办、板块结构、全面保障、封闭运行等特征。在计划经济时代，社会保障制度只针对城市人口提供包括住房、医疗、子女教育和退休金等范围广泛的社会服务和保障，而农村人口基本上不在此范围内，因此后者更易陷入贫困。改革开放以来，随着社会主义市场经济体制的确立与社会结构的分化，始于 20 世纪 80 年代的社会保障改革与制度建设为改革创造了良好的外部环境并促进了经济社会的协调发展。尤其在 20 世纪 90 年代，城市开始了城镇养老保险、城镇医疗保险、最低生活保障制度等改革，农村则在进入 21 世纪才开始了新型农村合作医疗、新型农村养老保险等改革，社会保障的覆盖面逐步扩大。

由于反贫困是一项系统工程，而社会保障制度无疑能发挥救助贫困人口、减少贫困人口、防止新增贫困人口的作用。自 21 世纪开始，我国全覆盖的社会保障制度逐步、有序展开，多层次的社会保障制度初步建立，反贫困取得了巨大的成绩。但是，一方面受限于我国经济发展水平和社会保障水平较低，因此反贫困的能力还很有限；另一方面，我国社会保障制度本身也存在"碎片化"、管理"多头化"以及城乡之间、人群之间存在差异等难题，因此现行的制度在反贫困中的作用有限。

### （四）反贫困主体单一

我国的反贫困工作主要由政府主导，地方各级政府都设有专门的行政机构扶贫开发办公室，对反贫困工作进行统一领导，相应的政策、方针由政府统一制定。因此，我国的反贫困工作主要是政府的行政行为。不可否认在扶贫开发的前期工作中，政府行政主导极大地推动了扶贫进程，取得了巨大的成效。但是，也存在以下主要问题。

首先，扶贫资金边际效率逐步下降。财政扶贫资金产生了较好的经济和社会绩效，为促进贫困地区提高农业总产值、改善基础设施、增加农民人均纯收入以及减少贫困人口数量发挥了重要作用。但随着减贫速度放缓和脱贫成本的增加，财政扶贫资金边际效益递减现象凸显，财政扶贫资金管理在体制机制和制度建设方面的薄弱环节逐渐突出。同时，对扶贫资金缺乏全面、系统、有效的监测评价体系和问责制度。上述问题极大地制约了财政扶贫资金使用效益的发挥。

其次，行政色彩浓厚，缺乏专业化的反贫困工作方法。反贫困工作方法仍以传统的、普遍的、行政动员式的工作模式为主，不能很好地匹配、贴近贫困居民的需求，尤其在反贫困中，并没有很好地针对贫困人口提高其人力资本。同时，缺乏对贫困人口的专业的、系统的帮助和指导，仅以输血式的扶贫作为主要工作方式，有针对性的、专业化的工作方法和组织较为缺乏。另外，扶贫过程中不能很好地把政府机制与社会机制、市场机制有机结合起来，不能及时转变政府扶贫方式，因此扶贫开发中政府行为的科学性和扶贫效率有所欠缺。例如，近年来各级政府每年对西部地区的财政扶贫资金多达上千亿元人民币。但由于多数扶贫资金都用于救济式扶贫，导致贫困地区经济对国家（或省级政府）的依赖太强，缺乏自我造血功能，经济基础十分薄弱。这就形成了贫困地区经济的畸形发展，甚至出现了一定比例的返贫人口。随着我国经济的发展、政府职能的转变，以政府为单一扶贫主体的反贫困模式已经难以适应新时期的反贫困需要。

### （五）社会力量参与有限

在我国扶贫工作中，社会力量参与非常有限，尤其以非政府组织为代表的社会力量，并没有发挥应有的作用。我国非政府组织依据《社会团体登记管理条例》进行登记注册与运行。目前非政府组织发展缓慢，这既有外部影响原因也有非政府组织自身原因。

我国《社会团体登记管理条例》有严格的要求，再加上行政审批程序的繁琐和严格，我国大量非政府组织由于种种原因没有被批准设立，不能在民政部进行相应的登记。这种行政登记制度，使得部分非政府组织无法取得合法的身份，在一定程度上也使得非政府组织，尤其是那些致力于开展反贫困等从事社会福利事业的非政府组织无法开展活动，减少了从事反贫困事业的非政府组织的力量。我国现行的税收政策也制约了非政府组织的发展。所得税法将非政府组织与普通企业无差别对待，在税收立法上，我国没有专门适用于非政府组织的独立税法，有关规定往往是散见于各类法律、法规及规章之中，缺乏系统性，可操作性较差。税法对非政府组织的界定不细致，并且行政规定对非政府组织的营业行为的规范上也存在差异。

从非政府组织自身条件来看，筹募资金的方式还没有达到市场化操作。传统的借助个人声威募捐、运动式的动员社会资源的方式仍较为常见，而与市场机制相结合的、经常性的主动开发社会资源的方式却未获重视。在资源募集的来源方面，一些非政府组织面向海外及港澳地区的募捐还较为成功，而针对内地的募捐却很不相称，面向一般工薪阶层人士动员扶贫资源相对成功，而针对新富阶层动员扶贫资源却较为有限。因此，几乎所有的非政府组织均遇到了资源不足的问题，这使得非政府组织缺乏有力的财政支撑。也正是这一原因，非政府组织反贫困对官方具有很强的依赖性。名义上虽然是独立的社团法人，但在实践中往往成为政府部门或官方系统的附属。这种依附性主要表现为：非政府组织的行动要服从于政府或官方系统；非政府组织的重要成员通常为官方人士或有官方背景的人士担任；非政府组织开展的活动通常被纳入某个政府部门或某个官方系统的工作范围并服从其管理与控制等等，这种格局对非政府组织的长期发展极为不利。在这种格局中非政府组织开展反贫困活动，通常也会存在一些政府组织在反贫困方面所存在的弊端。

### （六）缺少发展视角来扶贫

我国以往的扶贫重点关注基本的生存需求，重在提高贫困者的经济收入。但随着经济社会的发展，贫困的内涵不断演绎，不仅只包括物质的匮乏，还包括精神贫困、公共服务的缺乏乃至权利的剥夺。比如阿马蒂亚·森认为，贫困是指没有能力来实现某种生活水准、没有选择其想要的生活方式的自由、没有力量影响那些与其生活息息相关的重要决策的个体。

一方面，我国扶贫对精神贫困的关注较少。精神贫困通常因物质的贫困引起，又反过来加深物质的贫困。而精神贫困又通常与贫困地区教育文化落后、整体素质低下和思想观念落后等方面的因素相关。通常来说，教育程度较低的贫困人群，其思想观念也大多数较为封闭、保守和落后。因此，我国扶贫进展到现在这一阶段，在关注物质扶贫的同时，更应该关注精神扶贫，才能从根本上消除绝对贫困现象，全社会共同分享社会经济发展的成果。

另一方面，以往的反贫困主要侧重改变经济贫困，对公共服务缺乏关注。以农村为例，在过去的 30 多年中，农村经济有了迅速的发展，但农村的医疗和社会保障等农村公共服务事业滞后于经济发展，并成为导致贫困的重要原因。近年来，公众也越来越多地意识到农村贫困不仅仅是低收入问题，公共物品不足是农村贫困的重要原因，因为公共物品的严重不足加剧了农民的风险，尽管他们也许收入有所增加，但是其脆弱性也在增加。因此，单纯强调收入增加的反贫困战略遇到了很多问题。比如农民在大病方面的支出不断增加，一旦超出了农户家庭所能承受的范围，因病致贫、因病返贫的现象就屡见不鲜。

此外，贫困地区的思想观念落后、人力资本缺乏也是导致贫困的重要原因之一。一方面，由于地处偏僻，交通不便，因此在信息化时代易处于信息闭塞的不利状况，相应地居民大多思想观念保守，视农为本、安于现状思想严重，商品意识不强；缺乏创业信心和勇气，容易产生依靠国家扶持、救济的"等、靠、要"思想，视"吃救济、拿补贴"为理所当然。目前在改变观念贫困方面的政策尤显不足。另一方面，贫困地区教育文化落后，人口自身的综合素质能力较差，教育水平较高的青壮年劳动力大量外流，导致留守在当地的劳动主体文化素养和发展能力低下，因此贫困地区人力资本匮乏也是长期不能脱贫的一大诱因。已有的国际经验表明，对贫困人口进行技能教育和培训，提高其文化素质和劳动技术能力，从而实现自身能力的提升是扶贫的一项重要任务。但是从目前我国扶贫的工作和政策来看，对贫困者进行教育和职业技能提升等人力资本方面的培训投资仍旧不足。这也是我国贫困地区在脱贫中时常出现反复的一大原因[1]。

### 三、贫困地区生态文化建设还不健全

近年来，贫困地区开始注重生态环境问题，纷纷提出了生态市、生态县的建设目标和规划，但实际上生态市、生态县建设的重点是"生态经济"。因此，近年来贫困地区生态农业、生态工业和生态体育等方面发展虽取得了比较显著的成绩，但生态文化建设仍然存在诸多问题，主要表现在以下几个方面。

#### （一）生态理论研究严重滞后，生态技术不能满足实际需要

生态文化是以生态理论为基础的文化，因此，生态理论的研究及其发展状况直接关系到生态文化的成熟程度。没有对生态规律的完整把握和正确理解，也就不可能领悟到生态文化的精髓和内涵，生态文化也就会失去其真正的价值。而且，生态文化所要求的生态技术、生态产品、生态工艺，也都需要生态理论

---

① 李华.国际社会保障动态 反贫困模式与管理［M］.上海：上海人民出版社，2015.

研究的不断深入。生态文化只有与现阶段的经济、社会状况有机结合起来，和企业生产、工业发展结合起来，并有可能创造出较高的经济、社会效益的时候，才具有较高的社会影响力，才更容易实现在文化系统中的发展壮大，为社会大众所接受。

我国的生态理论研究是 20 世纪 70 年代以后才开始得到重视和发展，经过几十年的努力，已出版了数十部有一定影响力的生态学著作，生态技术的研究也取得了一定程度的发展。但同时不可否认的是，无论从贫困地区层面上看，还是从全国层面上看，我们的研究与发达国家相比还有很大的距离，能够提供的生态技术，尤其是成熟的生态技术，还远远不够。中国科学院院士孙鸿烈将这种差距归结为：原创性基础研究欠缺，手段相对落后；缺少大跨度学科交叉的系统综合研究；偏重末端治理，忽视全过程和区域性控制；缺乏全球视野，参与国际计划能力不足；长期、连续、动态的基础数据积累不够；缺少自主知识产权的集成技术与成套设备；科技对政府决策的支撑相对薄弱等。生态理论研究和生态技术发展的落后，严重制约了贫困地区的生态文化建设。

### （二）资源开发过度，基础设施建设不足，综合治理能力不强

贫困地区蕴藏着丰富的矿产资源，如陕北的石油、煤炭，秦巴山区的稀有金属，横断山区的有色金属等在全国都占有重要的地位。但贫困地区生态脆弱，资源分布不平衡，随着经济的快速发展，导致水、电、煤等能源的过度使用，许多地区出现了缺水、缺电的现象。在水、电资源匮乏的严峻形势下，工业耗电量大，水重复利用率低，生态资源承载能力、水电可供能力与耗费需求之间矛盾相当突出。

由于工业耗水、耗电、耗地增多，产生的废水、废气和废渣也随之增多。由于环保设施适应不了工业的发展速度，大量的工业污水和生活废水得不到及时、有效的处理，工业废气物的综合利用率很低。贫困地区的许多城市，污水收集系统尚未形成，也没有建成规范的危险工业固体废物集中处理场。城镇大多没有建成污水处理厂，乡镇的垃圾处理设施简陋，未能达到无害化处理要求，使土壤、地下水受到二次污染，并严重影响地表水质。

### （三）法律法规不完善，管理体制缺位，处理环保问题力度不大

生态文化建设是一个系统工程，需要有完善的法律法规体系和管理体制作

保障。自 1978 年邓小平提出制定环境保护法以来，我国已制定和颁布了《环境保护法》《海洋环境保护法》《水污染防治法》《大气污染防治法》《固体废物环境污染防治法》和《环境噪声污染防治法》等环境保护法律，《森林法》《草原法》《渔业法》《矿产资源法》《土地管理法》《水法》《水土保持法》和《野生动物保护法》等资源管理法律及 20 多项环境与资源保护的行政法规和近百项环境保护部门规章以及 300 多项环境标准。但不可否认的是我国的环境保护政策法规还不够完善，如废弃物品处理、城乡垃圾处理、生活污水净化、专业回收系统等都没有完善的法规。同时，有法不依的现象处处存在。如国家明确规定企业用于控制污染的投资应占建设投资的 10%，但贫困地区各企业的环保投资往往低于规定值，而且贫困地区的乡镇企业不认真执行环境保护法律制度，不认真执行环境影响评价制度和"三同时"制度的也不在少数。部分地方政府官员对那些国家三令五申限制甚至取消的高污染、高消耗的企业，采取种种地方性保护措施，甚至于接纳一些制造违禁产品的企业。在城市建设规划中，往往只注重土地的经济生产功能，而不考虑其生态服务的功能。

环境保护管理体制严重缺位，在企业循环经济建设、城市再生资源回收以及再生产方面，还没有统一规划和组织管理；有些政府部门在发展循环经济中职责不清，在税收、信贷、工商登记方面，缺乏相关的经济和产业政策引导循环经济的发展，不能激励企业节约自然资源和再生资源；行政主管部门执法不严，处理环保问题力度不大，环境执法者很难真正负起监管环境的责任。此外，部门、地区之间的协调问题和地方保护主义也在影响着环境执法。

生态环境的保护和优化不仅要充分发挥政府部门组织的作用，还要发挥民间组织的作用，民间环保组织在民众自发的环境保护活动中起到启动、组织、协调、监督的核心作用。贫困地区民间环保组织还处于启蒙阶段，民间环保组织的缺失，致使民众特别是农民自发的环境保护活动无法有组织地启动和开展。

### （四）生态环境意识淡薄，环境理念的公众化程度不高

生态文化为社会提供了一种宽容、和谐、互利的文化理念，然而贫困地区功利型思维方式以及由此所确立的价值观念根深蒂固。这种价值观反映在人与自然的关系上，表现为不承认自然界自身内在的价值，否认人类与自然的统一与和谐，把人类和自然割裂开来。仅仅把自然界视为资源库和垃圾场，对自然环境、自然资源的无节制开发和掠夺，造成了环境问题和生态失谐。同时，传

统道德观念中人情世故的思想，使得发展民众力量进行的环境保护、监督、举报、监察等活动很难有效展开。小农意识导致农村村民整体环保意识的缺失，缺乏全局观念，致使村民参与环境保护的程度低，尤其是当环保活动给自身带来一些不便或需放弃一些既得利益或要进行一些必要投入时，大多数村民往往会选择放弃。

总之，就现实而言，生态文化还没有真正在贫困地区扎下根来，走进大众生活。生态文化作为一种文化形态所具有的对生存方式、价值体系以及社会发展内在机理的影响、制约与规范作用尚不到位，还远未成为社会的整体行为取向和惯性力量，有待于进一步地传播、培育，积极推进它在社会各领域的生成和发展①。

# 第二节　体育教育生态化的意义

## 一、回归人性的人文观

当我们认识到："生态文化（或文明）是人类的必由之路。在理念层面，生态文化必须超越个人主义、物质主义、经济主义、消费主义、科学主义和人类中心主义；在制度层面，必须限制市场的作用；在技术层面，必须实现由征服性技术到调适性技术的转向。"我们应该想到："现代体育的价值模式往往只要求人们在'功利'的范围内考虑体育的问题，忽视了体育之于人和自然的根本意义。现代体育事业借助科技得到空前发展的同时，人类却越来越关注体育带来的商业价值。"当审视和反思现代体育的生存境况时，我们发现体育已成为检验和推动现代科学技术发展的一种有效手段，体育赛场也似乎已经变成各国展示科技成果和医疗水平高低的平台。体育原本应该服务于人的健康和社会的发展，而今却已习惯于将其可能产生的经济效益或物质利益置于人的健康需求甚至生命之上，人的主体地位在当今的体育价值追求中已逐渐失去了原有的意义。在体育竞赛中，合理调配科技的影响和人的作用是体育发展过程中的重要难题。生态化体育呼吁应该减少或避免因科学技术的介入而弱化人体参与的趋势。例

---

① 麻朝晖.贫困地区经济与生态环境协调发展研究［M］.杭州：浙江大学出版社，2008.

如，网球比赛中的电子鹰眼技术，在足球比赛中为了判罚的公正性呼吁要引入电子设备，2010 南非世界杯裁判的非故意失误进一步强化了人们的呼声。任何人造事物的存在虽是客观世界发展的反映，但必须满足人或社会的某种需求，不仅服务于人且需要人的参与，体育表现得尤为突出。当越来越多的高科技手段介入其中，而越来越少的人参与的时候，体育固有的特性和自身魅力将会逐渐淡化。生态化体育的终极福祉就是更接近于人化，让体育回归人本身，尽量减少外界因素对体育的过度干预和影响①。

## 二、推动贫困农村的体育发展

贫困地区的体育活动，农民为主要参加对象，是以增强体质、丰富社会文化生活、促进社会主义物质文明与精神文明建设为主要目的的群众性体育活动。贫困地区的体育所涉及的内容包含有贫困地区社区体育、学校体育、小城镇体育，还有少部分竞技体育成分。贫困地区体育是我国体育事业的一个重要组成部分，是贫困地区物质文明建设和精神文明建设的一个重要方面。它既关系到广大农民群众的身心健康，又关系到贫困地区经济发展、文化建设以及大量的优秀体育后备人才的输送。发展贫困地区体育在我国体育事业发展中占有最大的人口基础和战略地位，其发展有利于整个中华民族体质的增强，有利于贫困地区物质文明和精神文明的建设，有益于丰富农民的业余文化生活，形成科学、文明、健康、向上的生活方式，可提高他们生活的质量。党和国家历来都十分重视和关心贫困地区体育的发展。

贫困农村开展的体育活动多为民族传统体育项目，它们均带有浓厚的乡土气息，具有显著的文化传承特点。经过数千年的洗刷、融合、筛选加工、提炼，许多优秀的体育项目一直流传发展至今天，具有鲜明的民族传统特性，在我国传统节日里举办的具有民族特色的体育文化活动中都有所体现。例如，新年春节的龙灯、舞狮，端午节的龙舟竞渡，重阳节的登山活动以及赛马、叼羊、荡秋千、珍珠球、摔跤等众多项目，都带有明显的民族传统地域特色。

我国是一个有着悠久历史文化并且正在进行积极改革开放的农业大国。农村人口有九亿，占据着中国人口总数的 71%。无论是社会的稳定，经济的发展，文化的繁荣，还是体育事业的蓬勃发展都离不开贫困农村和农民。他们的

---

① 李凤梅，朱海涛.生态化体育的价值探求［J］.成都体育学院学报，2011（01）.

体育健身效果关系到中华民族整体素质是否得到提高，他们的体质状况与健康水平直接反映中国人的体质状况和健康水平，具有相当的广泛性。但是由于我国贫困农村幅员辽阔，地域分散，经济基础比较薄弱且发展不平衡，大部分地区也才刚刚解决温饱问题。许多贫困地区社区既缺乏体育活动场所和体育器材，又缺乏相应的组织和指导，加之贫困地区居民受文化教育程度的局限，广大农民（包括不少村干部）对体育健身尚缺乏正确的认识，体育意识极为淡漠，普遍存在着干了农活就不用运动的观念，将农活等同于体育运动。因此，要使广大贫困地区的大多数农民自觉地、科学地、有组织、有序地开展体育健身活动，的确是一项十分艰巨的任务。

由于一年当中有农忙农闲之分，这就造成了贫困农村社区体育活动会随着春耕农忙季节的变化而产生波动变化。在农忙季节体育活动会较少开展，反之，在农闲季节或是在隆重的节日里，体育活动则开展得较为丰富。改革开放以来，特别是近几年，随着贫困地区物质条件的好转和机械化设备的广泛运用、闲暇时间的增多，使得贫困地区社区的体育需求发生了变化。贫困地区体育活动的内容也更加丰富多彩了，参与者可以根据自身的具体情况，自行随意地选择自己喜爱的体育活动。其体育锻炼的形式丰富多样，因人而异，因地制宜。

随着改革开放的不断深入发展，在建设具有中国特色的小康社会进程中，拥有九亿人口的农民体育活动开展得好与坏，直接关系到我国民族体质和健康水平的发展趋势。农民的身心健康是建设小康社会的基本前提条件，没有农民的身心健康就没有贫困地区的小康，没有贫困地区的小康也就没有全国的小康。发展贫困地区社区体育在我国体育事业发展中具有举足轻重的战略意义和地位，其发展直接关系到中华民族的体质状况和健康水平。目前，虽然贫困地区经济的发展和农民的生活水平得到了较大的提高、余暇时间增多，但是就全国而言，其经济基础仍然较薄弱并且发展不平衡，大部分地区只是刚刚解决了温饱问题。不少贫困地区社区既缺乏体育活动场地和体育器材，又缺乏相应的组织、指导和帮助。同时，农民受教育程度的限制，缺乏正确的体育健身观念，农民从改革中获得的更多闲暇时间并没有得到合理的利用和开发，不少贫困地区中的黄、赌、毒等丑恶现象、封建迷信及非法宗教活动仍然很猖獗。因此，要用战略的眼光来认识对待贫困地区社区体育的开展，把它纳入全面建设小康社会的发展规划，并作为构建社会主义和谐新贫困地区的重要组成部分。同时充分重视对体育的宣传，利用多种形式，加大宣传力度，针对不同人群开展不同层次、不同形式的宣传咨询活动。如利用广播、板报、咨询、辅导站等各种形式进行体育宣传。增设贫困地区体育健身指导橱窗，宣传体育健身知识与健身手段和方法，宣传健康第一、体育健身的理念，转变和提高农民体育健身的意识和观念，引导和鼓励农民合理利用闲暇时间进行体育活动，丰富他们的日常文化生活内容，改善生活方式，提高生活质量。同时，要加强和改善贫困地区体育场地设施的多元化建设，依靠各级政府支持和投资，并组织乡镇企业和社会各方的力量，有计划地改善和提高贫困地区体育场地设施的建设规模和水平，为农民提供体育健身锻炼的物质条件，使农民享受到基本的体育服务，提高他们的参与积极性和参与程度，推进贫困地区社区体育活动的健康发展，促进整个民族身体素质和健康水平的提高。

贫困地区社区体育社团是贫困地区体育最基层的组织，直接接触、联系广大农民，组织农民开展体育活动。我国的贫困地区社区体育社团建设严重滞后，许多乡镇、村至今仍然没有体育组织，也没有专职或兼职的体育干部，致使贫困地区的社区体育未能得到有效的开展。贫困地区体育长期实践的经验证明，建立健全完善的体育组织是搞好农民体育活动的基本保证，是开展农民健身活动的基础环节。长期以来贫困地区社区体育活动难以开展，关键在于体育组织的严重缺失。所以，在开展贫困地区社区体育活动时要关注和重视其体育社网的建立、发展和完善，切合贫困地区社区的特点和农民的体育兴趣、爱好、要求特点，成立不同的体育组织。通过体育组织（协会）经常举办群众性的体育活动和体育竞赛，将分散的群众体育活动有效地组织起来，科学、合理、有序地指导农民的体育锻炼，促进参与者之间的相互学习、相互交流，拉近人与人之间的距离，增进人们的感情交流，培养体育锻炼的意识，养成锻炼身体的习惯，有利于丰富农民的业余文化生活内容，改善他们的生活方式，提高他们的生活质量。

## 三、引领贫困地区体育的发展方向，促进人的全面发展

### （一）改变贫困地区人们的生活方式

加强贫困地区精神文明建设，体育是贫困地区重要的文化活动，凡是贫困地区体育活动活跃开展的地方，封建迷信、打架斗殴和赌博等陋习就比较少。发展贫困地区体育事业，对于繁荣和发展贫困地区文化，引导人们移风易俗，

树立先进的思想观念，建立新的生活方式，形成和谐的邻里关系和文明乡风都有非常重要的作用。随着新农村建设步伐的加快和全社会对新农村建设的关注，将会有大量的体育信息通过现代化的媒介传到学校，许多新的运动项目也引进到农村的学校，这些信息通过学校向外传播，一些新的运动项目也被学生带到自己的家庭中，作为家庭体育活动的内容。有资料表明，我国农民每年会有一半的休闲时间，随着大量的农村学生加入到新农民行列之后，他们积极向上的精神风貌和健身意识影响了大多数农民，农民过去没事就赌博的陋习得到了抑制，随着新农村体育文化建设的不断深入，农民的生活方式也在悄然地发生变化。

## （二）提高贫困地区人们的生活质量

教育对于文化具有重要作用。这种作用不仅是表现在知识或艺术形态的文化上，而且还表现在其他方面。比如，在改变人们的生活方式方面，要使人们的生活方式达到科学、健康、文明的水平，没有教育作为基础是很难实现的。我国大部分农村地区在文化方面的投入严重不足，文化生活无人负责、无人牵头组织、无活动等是很普遍的现象，是不争的事实，农村人的文化生活非常单调。很多农村除了看电视外，几乎没有其他合适的文化活动。诸多不健康的活动在农村仍然大量存在，如赌博、迷信等，严重影响了农村文化生活的质量。利用农村学校的条件开展体育活动可成为农村文化活动的一个重要部分，发挥其丰富农村文化生活，改变人们的生活方式，提高生活质量的重要作用。体育活动与其他活动相比，有其自身的优势。很多活动形式不仅具有很好的健身功能，而且还具有很强的娱乐功能、文化功能和教育功能。经常开展这类体育活动，能起到压缩那些不健康活动的生存空间，促使农民形成健康向上的观念和科学的生活方式、愉悦他们的身心、调节他们的情绪与心理、丰富他们的文化生活、提高他们的生活质量等作用。

## （三）可提高贫困地区人们的素质

"以人为本必须以实现人的全面发展为目标。""人的多层次需要，人的整体素质的提高，人的自由全面发展，是社会发展的根本取向和最高价值。共产主义以实现人的全面自由发展为最高目标，从根本上讲，就是为了实现人的全面自由发展而奋斗。""要保持社会主义的强大生命力，要体现社会主义的优越性，社会主义的不同发展阶段都要追求人的全面发展。这是社会主义的根本目的。""在整个社会主义现代化建设的过程中，全面贯彻落实科学发展观，都必须把人的全面发展作为社会主义建设的最终目的，解放人，开发人，实现人的全面发展。""建设社会主义，推进经济社会发展，既要着眼于人民现实的物质文化生活需要，又要着眼于促进人民素质的提高，努力促进人的全面发展。坚持以人为本，不仅要做到为了人的现实利益，满足人的现实需要，发挥人的现有能力，还要在推动社会主义物质文明、政治文明、精神文明建设与和谐社会建设全面发展的基础上，进一步增强人的体魄、提高人的素质、增加人的才能、健全人的人格、升华人的精神、不断促进人的全面发展。"

农村学校体育不仅能很好地发挥增强农村人体魄、提高农村人的身体素质的功能，还能发挥提高人的道德素质、健全人的人格、升华人的精神，提高人的才能等促进人全面发展的作用。"为培养有文化、懂技术、会经营的新型农民服务，为造就建设现代农业的人才队伍服务，为推进新农村建设提供强大的人才智力支撑。"不仅如此，农村学校的很多学生将来会到城市中去，成为社会各方面的建设者[①]。

## 四、促进贫困地区的经济发展与社会的和谐

人的素质是经济发展的重要基础。拥有健康的身体素质是人参与经济建设、发挥作用的前提条件。身体不好，就会给做事情带来障碍。有的工作对身体素质与健康水平要求较高，比如飞行员、宇航员等，没有健康的身体，这类工作就无法完成。某些工作则直接和身体素质成正相关的关系，体力好、身体好就能完成更多的工作，身体的好坏就直接决定了生产的能力。贫困地区学校体育不仅可通过提高贫困地区人的身体素质、健康素质来提高人的生产能力，进而起到促进经济发展的作用；还可以通过提高人的智力才能、意志品质、合作精神等间接性地起到促进经济发展的作用；另外，还可通过减少贫困地区人们的病痛，减少医疗开支，增加生产投入或因参与健身活动而推动体育产业及其相关产业发展促进经济发展。

"社会主义和谐社会的内容可以概括为三个主要方面：人与人的和谐、人与社会的和谐、人与自然的和谐"。另外，人自身的和谐也应是和谐社会的重要内

---

① 张道荣.新时期我国农村体育的发展［M］.哈尔滨：哈尔滨地图出版社，2009.

容和基础。充分利用贫困地区学校的体育资源，促使更多的农民参加、参与体育活动，可以促进人自身的和谐、人与人的和谐、人与社会的和谐、人与自然的和谐。原因主要是：通过体育活动，可以提高贫困地区人的健康意识，提高身体健康水平，提供环保意识，体育活动中的竞争与合作、成功与失败，欢乐与痛苦等体验，可以提高人们的心理承受力，磨炼人们的意志品质，健全人格，促进贫困地区人的自身素质之间的和谐，即身心之间的和谐，身体素质、科学文化素质、道德素质之间的和谐等。通过体育活动，人们必须懂得根据环境如季节、气候、气温、空气质量、地理条件等来调整自己的锻炼，做到"天人合一"，这样就可以提高贫困地区人们对环境重要性的认识，更加重视环保，进而促进人与自然的生态化发展；体育活动中的竞争与合作等能促进人们对人际关系的认识，提高处理人际关系的能力，进而促进人际关系的生态化发展，进而促进人与社会的生态化发展。

另外，社会和谐还要求社会各方面的发展程度、比例等要协调、合适。没有贫困地区学校体育的发展就谈不上贫困地区教育的生态发展；没有贫困地区学校体育的发展就谈不上贫困地区体育的发展；没有贫困地区体育的发展就谈不上贫困地区文化的生态发展；没有贫困地区体育的发展就谈不上贫困地区社会的生态发展；没有贫困地区学校体育的生态发展就谈不上整个社会的学校体育生态发展；没有贫困地区体育的生态发展就谈不上整个社会的体育生态发展；没有贫困地区教育的生态发展就谈不上整个社会的教育生态发展；没有贫困地区文化的生态发展就谈不上整个社会的文化生态发展；没有贫困地区社会的生态发展，就谈不上整个社会的生态发展[1]。

# 第三节　体育教育生态化的时代需求

## 一、人、自然、社会的三方和谐的时代要求

随着现代性危机的加剧，反思现代性的各种思潮也兴起了，深层生态学便是其中之一。生态学的发展阶段分为浅层生态学阶段与深层生态学阶段。

---

① 张道荣.新时期我国农村体育的发展［M］.哈尔滨：哈尔滨地图出版社，2009.

浅层生态学着眼于研究人类赖以生存的生态环境，其意旨在保护和改善环境、节约有限的资源，以有利于人类更长期的生存和发展；在解决污染问题上，浅层生态学通常的做法是，用技术来净化空气和水，缓和污染程度；或用法律把污染限制在许可范围，或干脆把污染工业完全输出到发展中国家[①]；浅层生态学是从人类利益出发，没有摆脱人类中心主义，其思维基础是近代以来人与自然的对立。深层生态学是相对浅层生态学而言的。"深""浅"的区别是挪威哲学家阿恩·奈斯于1973年首次提出的。深层生态学则采取"理性的、全景的"观点，它抛弃了人类中心主义的"人处于环境的中心的形象"，而采用整体的和非人类中心的方法来思考问题；深层生态学从生物圈的角度来评价污染，它关注的是每个物种和生态系统的生存条件[②]，不再局限于自然生态，而把研究视野扩展到社会生态和精神生态；深层生态学主张消弭人与自然的对立，倡导生态整体性；打破人与自然必须要有一个"中心"的思维定势，倡导生态平衡性。

整体性，是生态学的宇宙观基础；平衡性，是生态学对事物关系的认知方式；和谐性，是生态学的核心价值指归。自然、人、社会处于一个有机整体中，三方动态平衡、和谐共生。深层生态学的这些理念，得到了世界认同，顺应时代的要求；重建人、自然、社会的三方和谐，也成了时代的呼声。这当然也为体育提出了新的课题。

### （一）人与自然和谐的要求

党的十八大报告明确指出：我们一定要更加自觉地珍爱自然，更加积极地保护生态，努力走向社会主义生态文明新时代。生态文明是人类在社会发展过程中保护和改善生态环境形成的文明成果，它表现为人与自然和谐程度的进步[③]。自然环境是体育能够持续存在并发展的物质基础。事实上，很多体育项目都是源于自然环境中才得以形成的，比如自然环境中的跑跳、攀缘和人兽械斗等，我们都能够在今天的很多体育比赛中找到它们的影子。从古至今的奥运会比赛奖赏上，从没有丢失象征生态与和平的绿色橄榄枝图案，这表明任何时代都是需要和平与和谐的。当前生态学主张的人与自然的和谐，包括顺应自然规律，保证自然的可持续发展；节制人类欲求，将人对自然的开发和利用限制在

---

① 章海荣.生态伦理与生态美学［M］.上海：复旦大学出版社，2006.

② 陈文.21世纪生态保护立法趋向研究［M］.哈尔滨：黑龙江大学出版社，2015.

③ 吴建国，王文华，唐敬业.思想道德修养与法律基础［M］.北京：国家行政学院出版社，2015.

可以优化生态整体平衡协调的范围之内；人居环境的建构中引入自然因素，营造生态化人居，使人在心理上、精神上与自然亲和；在文化观念层面上调整人与自然的价值关系，不再盲目地强调自然为人类服务、征服自然等人类中心主义观念，等等。生态化的体育不但应该遵循人与自然和谐的原则，而且还应该积极利用其在社会的影响力度来宣传。详细地说就是在体育各层面的组织和管理中秉持环保节能和绿色的原则。例如，体育场馆的建设选址不能只是一味地考虑经济效益，尽量选择破坏环境少、因地制宜的建设方式。建筑材料也要符合环保要求，避免建材对人与环境产生二次伤害。对于体育场馆的围护也要做到环保节约，对于重大赛事产生的污染和遗留下的垃圾要及时合理地清理。"在生态文明视角中，现代体育的发展已被置于生态环境参照系中，是否有利于保护生态环境也必然地成为衡量现代体育的一项重要指标。"当举办奥运会等重大体育赛事时，自然环境净化指标是考察举办城市的重要指标。

虽然生态文明旗帜鲜明地倡导人与自然和谐，但此时面对的人口、资源和环境的压力更大，要在不断增加的人口、资源和环境的瓶颈约束中，重新实现人与自然的和谐是生态文明的艰巨任务和不二选择。贫困地区最终是要走向和谐的，这是发展的大势所趋，也是文明发展的必然归宿，只不过生态文明时代所追求和倡导的和谐乡村建设面临的挑战性更严峻，约束性更大，任务也更艰巨。生态文明时代人与自然和谐乡村的建设和发展，除了要尊重自然，承认自然的价值，努力协调人与自然的关系外，还要科学和实事求是地把资源与环境作为贫困地区发展的内部性因素而绝非外部因素加以考虑，使贫困地区能够在资源承载力和环境容量许可的范围内得以实现健康的发展。因为一定的区域范围内，资源支撑一个地区或城市的能力是有限的，存在着一个物理学意义上的"阈"值，如果人类不顾这个"阈"值和自然规律而盲目开垦贫困地区的自然资源，追求贫困地区的无限发展，那么，贫困地区不会改变贫困；环境容量的问题同样是人与自然和谐贫困地区所不能回避的话题。毋庸置疑，自然环境本身有一定的环境自净能力，小范围、局部的环境污染和破坏问题，自然环境本身能够消纳和化解，但超出自然环境自净能力范围外的一些问题，就必然会引发大规模的环境危机，这是不以人的意志为转移的客观存在。因而，从这个意义上讲，人与自然和谐必须与贫困地区的自然环境的承载量相符合①。

在当今社会由工业文明转向生态文明的发展过程中，我们要坚持以生态化理念为指导，提高生态环保意识，实现人与自然的和谐，保证体育的可持续发展。因此在开展体育活动的时候，一定要以科学发展观为指导，牢固树立尊重自然、顺应自然、保护自然的生态文明理念，把生态文明建设摆在突出地位，走生态化的道路，杜绝污染破坏。

### （二）人与社会和谐的要求

马克思认为人们在认识自然、改造自然的劳动过程中必然结成一定的社会关系，人与自然的关系也只有通过社会关系才能展现，"自然界的人的本质只有对社会的人来说才是存在的"。现代工业文化理念反映在人与社会的关系层面，是助长排异和竞争的，这带来了对立，导致了社会生态的违纪。深层生态学时对现代性排异观念和竞争观念的反思，它试图以生态整体性来重建人类共同的体育价值理念，消解人与人、人与社会的对立；以异质要素的平衡性来否定排异；以生态整体的和谐性来消解片面的竞争原则。在这样的时代呼唤中，建立在竞争模式基础上的现代体育是需要进行转换的，需要淡化名次、淡化奖牌。体育产生的最初本是一种"游戏"，不但有促进身心发展、培养特定社会条件所需的身心素质的功能，也促进了参与者之间的交往：从希腊、罗马的古典文献中看，当时社会中很多青年之间的友谊与合作，便是通过共同参与竞技活动而建立或维系的。可以说，那时的体育突出的不是人与人的竞争、逐胜，而是人与人之间的和谐、互利。例如，美国著名黑人田径运动员杰西·欧文斯所说："在体育运动中，人们学到的不仅仅是比赛，还有尊重他人，学会如何度过自己的一生以及如何对待自己的同类。"现代体育只有向"游戏"的模式回归，向作为一种加强人际交往、融合社会关系的活动的功能，向促进和谐的旨趣回归，符合生态平衡性、和谐性的要求，才能真正实现体育教育的生态化。

① 郭艳华，周兆钿.再造和谐之城：广州建设人与自然和谐城市的理论与实证分析［M］.北京：中央编译出版社，2008.

## 二、人类全面和谐发展的需要

### （一）人的和谐全面发展的内涵

人的全面发展是马克思主义的一个基本观点，是一个历史范畴。人类很早就萌发了对人的完美和谐发展的追求。中国西周的"六艺"教育中，就含有德、智、体、美全面发展的要求，古希腊的亚里士多德要求通过和谐的体育、德育、智育发展人的理性并使体魄健美。苏霍姆林斯基根据苏联社会的要求和自己的实践，提出了人的全面和谐发展学校教育理论。人的全面和谐发展是人类关注自身发展的主题。马克思主义所关注的人的发展则是发展最基本的东西——人的本质力量的发展，即人的劳动能力的发展、人的社会关系的发展、人的自由个性的发展。人的全面发展，是指人的自我意志获得自由体现，人的各种需要、潜能素质、个性获得最充分的发展，人的社会关系获得高度丰富等。人的全面和谐发展也是我国历代领导人所倡导的理念，党的十六大把"促进人的全面发展"写进党的纲领性文献，具有重要的理论和实践意义。

人的全面发展与作为整体的人类的发展，与人类社会的发展、自然的发展是辩证统一的。人的全面发展过程与人的发展目标是统一的，在人与自然、社会的协调发展过程中，也实现了人类及其每一个体的全面发展的目标。人的全面发展与社会发展是互为条件和互为因果的，人既具有社会属性，又具有自然属性，人是社会属性和自然属性的统一体。因此，人的全面发展与社会及自然的发展息息相关，密不可分。人的全面发展既是人的体力、智力、道德品质及个性的充分、自由、和谐的发展，又是综合素质获得全面的提高，更是人在社会中的地位和状况的体现。人的全面发展不仅是人的物质生活发展与思想精神生活发展的高度统一，而且还是人与自然、社会协调发展的高度统一，使个人朝着有利于人类社会的方向发展，从而达到自我本质的全面实现、自我的自由生存和发展、自我与他人和谐一致的发展。

总之，人的全面发展就是在人与自然、社会的统一上表现为在社会实践基础上人的自然素质、社会素质和心理素质的发展，就是在人的各种素质综合作用的基础上人的个性的发展；人的全面发展是指人的智力和体力充分而完善地发展，在德、智、体、美、劳各方面协调发展；人的全面发展并不是单指个人的发展，而且包含全社会的每一个人的全面发展。

### （二）体育与人的和谐全面发展的关系

人的和谐全面发展是社会进步的必然趋势，而体育运动是促进人的和谐全面发展的重要手段。在构建和谐社会进程中，要坚持以人为本的理念，充分认识体育的独特作用，发展体育运动，以促进人的全面发展，实现人与自然、人与社会的和谐发展。

#### 1.体育是人全面和谐发展的本质特征

运动是生命的本质特征，体育运动是生命运动的高级形式，健康是生命的保障，健康的身体是人的全面和谐发展的载体。体育是促进人的健康和人的和谐全面发展的重要手段。人的身体健康包括躯体和心理的健康状态。身体健康通常指人的肌体健全、体能良好、机能正常、精力充沛的状态。心理健康包括心理健康状态，自我感觉良好，而且与社会和谐相处，有维持心理健康、减少行为问题和精神疾病的能力。生理学家巴甫洛夫说："我毕生热爱脑力劳动和体力劳动，或许更热爱体力劳动，当手脑结合在一起时候，我就感到特别愉快。"居里夫人早就说过"科学的基础是健康"，也明确论证了人的体力与脑力的有机结合。

体育活动对于促进人的身体健康和心理健康都具有积极的影响。体育活动通过调节人的情绪状态，增强人的自尊和自信，形成人的坚强的意志品质。人们通过体育活动和了解与运动有关的营养、环境、卫生保健等知识，科学地发展体能，增强体质，提高身体健康水平。体育是体力与智力的结合，是促进人的身体健康的重要手段，体育始终与人类的自身发展和社会发展互相联系、互相作用、相互制约。

#### 2.人的和谐全面发展是体育价值的体现

体育的价值就在于人自身的价值，即人的全面、自由、和谐的发展，是人的身心完美展开和全面实现，是个体人格和社会人格的和谐统一。体育是一种精神，是一种文化，是一种价值观。体育已经深刻地影响着人的身体、精神和社会发展。在社会生产力中，人是首要的能动因素，是最根本的社会发展动力。身体健康是心理健康的基础和载体，心理健康又是身体健康的条件和保证。人类的健康和疾病同社会生产的关系密切相关，人的健康与人的全面和谐发展是彼此联结互为因果的辩证关系。人是由大脑皮层统一指挥、各生理系统协调活动的有机体，生理活动与心理活动是互相联系、互相影响、互相制约的。积极健康的心理状态，有益于身体健康；消极不健康的心理状态，使人容易患生理疾病。研究表明，很多生理疾病是与心理因素密切相关，体育是人们锻炼身体、增强体质，延长生命的重要方法。

3.体育与人的和谐全面发展相辅相成

随着人类现代体育的蓬勃发展，体育已成为改善人类生活方式和提高人类生活质量的不可缺少的因素，体育已渗透到人类生活的各个领域，体育与一定的社会经济、政治和思想变革联系，成为了一项兴旺发达、蒸蒸日上、家喻户晓、人人参与的事业。人民的生活需要体育，社会的发展更需要体育，体育促进人们身心健康发展，促进运动能力迅速提高，使人们的活动能力和对社会生活的适应能力迅速得到提高。体育促进了人的全面发展的同时，促进了社会的全面发展，而体育也因此而得到了发展的原动力。

### （三）体育促进人的和谐全面发展

人体是有机自然界几百万年进化的产物，是极复杂而又完美的结构。人是自然界的一个成员，人的身体和谐全面发展是社会和谐发展的首要因素。健康的身体是机体良好的生理状态综合显示和充盈着旺盛生命力。强健的体魄和美丽的体态是人类追求自我完善、优化种群的需要，是人类进化发展的内动力。

1.体育运动促进人的身体健康和谐发展

人是体育运动中最基本最活跃的实体，体育中最充分、最丰富地展现着生命的人体美。通过体育的跑、跳、投等锻炼，使人坐、立、行等姿态更加完善、矫健。有效的健身锻炼，人体机能就必然对人的姿态有着积极影响的因素。健身运动与人体美有着密切的因果关系，只要健身活动能依照人体运动的各种规律去进行，其姿态必然是优美的。体育健身活动可以增进人体美，是一种有效的方法。现代人追求线条美，身体美，是与奥运精神一致的，也是个人和社会的一种信仰与精神追求的共构。人们通过健身活动，按照自身的规律去实践，就可以充分领略到体育造就出的人体造型美，肌肉线条美，健身与人体美有着密切关系。健美的体型常常是令人羡慕的，它给人以愉快、振奋、富有青春活力的感觉。人的身体生长发育是按照一定的规律进行的。它表现出身材、线条、姿态的造型，筋骨、肌肉、肤色和生命活力。长期不断地坚持体育运动，对人体的肌肉群、骨骼将产生良好的影响，并促进身体健康和谐发展。

2.体育运动促进人的心理健康和谐发展

体育运动通过艰苦训练可以培养人的坚强的意志品质，增强人的责任感和事业心，提高人的毅力、耐久性、果敢性、抗挫折能力和坚韧性，对塑造和强化社会主流价值观和道德观有独特作用。

体育作为人类社会几千年积累下来的精神文化财富，是一种具有丰富精神内涵的社会活动，具有很强的政治功能，自古以来就是德育的重要方式和手段。奥运会提出的"更高、更快、更强"理念能够促进观念更新，鼓励人们公平竞争、永不满足、敢于拼搏，努力超过别人、超过前人、战胜自我。体育具有勇于竞争、敢于胜利、遵守规则、尊重对手、团结协作、诚信友爱、亲民亲国的精神，"人生能有几回搏""冲出亚洲，走向世界"等励志语言培养和弘扬了民族精神，成为中华民族的共同精神财富，体育竞赛中所表现出来的时代精神，一旦与整个民族发展联系起来，就会成为一种巨大的精神力量，如女排精神曾激励我们一代又一代健康成长。

3.体育运动促进人与自然的和谐全面发展

体育和自然环境是相辅相成的关系。一方面自然环境提供了体育运动运行和发展的场所、资源，影响和制约着体育的运行和发展、体育运动需求的内容和体育社会活动开展的程度和体育交往的规模。另一方面体育活动改变着自然环境的面貌，体育人口的多少影响着体育活动对体育场馆的需求和建设规模，从而影响自然环境的相对平衡。体育运动在人类社会文化中的兴起和发展，特别是以奥林匹克运动为代表的大型竞技赛会兴盛，激发了人们对自然环境的利用开发，如高山滑雪、高尔夫球场、水域项目、海滨冲浪和浴场等。从而使体育运动影响了地理面貌发生变化，以及人文地理面貌改变，如各种体育场馆的布置设计，建筑与装饰，既可供人们健身、娱乐、丰富精神文化生活，又具有美化装点城市建设的审美价值。生态环境为人们开展体育活动提供了良好的空间条件，人们的所有户外运动都必须在良好的生态环境条件下发展。如体育运动的草地、健身活动的绿色屏障等。保护我们的生态环境，就要求在体育运动的运行和发展中要尽力与自然环境保持和谐、一致，既充分发挥人的主观能动性，又要遵循自然规律。既要使体育设施的建设、体育旅游的开发、体育娱乐活动的开展与周围环境相适应，又要杜绝急功近利思想，破坏人们赖以生存的生态环境，如绿色植被、湖泊等。人类社会发展到今天，"生态体育""绿色奥运"有利于提高人们的环保意识，如借助2008年北京奥运的理念，我国许多城市开始重视建设优美绿色生态环境与运动健身功能融为一体的体育休闲公园，为人们提供良好的活动环境。可见，体育运动可以加强人类生存环境建设，美化环境，促进人与自然的和谐。

4.体育运动促进人与社会和谐全面发展

个体的存在状态总是反映着一定社会的存在状态，个体的发展程度标志着社会发展的程度。体育运动作为一种独特的社会活动，是人们以一定的方式结合起来共同进行的，在体育运动中的人际关系和交往折射着社会中的人际交往。共同的活动，人们互相认识、互相了解、产生了情感。现代社会人们工作节奏和生活节奏越来越快，而人与人之间的竞争也越来越激烈，工作和生活中不确定因素也越来越多。这种状况容易造成人际关系紧张，人们往往容易产生嫉妒、敌意、不满、愤懑、颓废等不良情绪。体育运动能增强体质，改善神经过程的均衡性和灵活性，提高大脑综合分析能力和社会适应能力。一场酣畅的体育锻炼，往往将人从烦恼、紧张、压抑等不良情绪中解脱出来。体育活动是亲近亲情、友情的纽带，是创造健康向上社会氛围的平台，是缓解精神压力的调节器。在体育运动中，我们感悟生活、感悟生命，在运动中培养情感，增加了解，增进友谊，改善人际关系[1]。

## 三、终身体育的召唤

### （一）终身体育观念

终身体育，又称"生涯体育"，是指一个人终身进行体育锻炼和接受体育教育。终身体育的含义包括两个方面的内容：一是指人从生命开始至生命结束学习与参加身体锻炼，使终身有明确的目的性，使体育成为一生中始终不可缺少的重要内容；二是指在终身体育思想的指导下，以体育的体系化、整体化为目标，为人在不同时期、不同生活领域中提供参加体育活动机会的实践过程。

法国著名成人教育家保罗·朗格朗在 20 世纪 60 年代提出了终身教育的理论，并在 1970 年发表了《终身教育引论》，提出："一个人身体中的生命应成为他整个个性中的一个有机部分和支柱，与身体上各种形式的无能做斗争，实际上正是终身教育的主要目标之一。"他认为："教育不应像传统观念那样，把人

---

[1]　刘爱平.体育与和谐社会［M］.长沙：湖南文艺出版社，2007.

生分为两半，前半生受教育，后半生用于劳动。应该是每个人从生到死的持续过程。"联合国教科文组织将这一思想作为教育活动的指导原则和教育改革的总政策，其已成为当今一种有影响的国际教育思潮，指导我们的教育改革和发展。

终身体育是在现代终身教育思想影响下形成的。1978 年，联合国教科文组织在《体育运动国际宪章》第二条中规定："体育是全面教育体制内一种必要的终身教育因素"，从而进一步从制度上明确了体育不仅是终身教育的因素，而且还需要终身教育制度来保证。20 世纪 60 年代终身教育理念产生之后，社会的生产方式和人们的生活方式发生了革命性的变化，一方面，现代社会对生活质量提出更高的要求，并且人们的闲暇时间越来越多，对休闲生活的要求越来越高；另一方面，人类的健康也遭受到现代文明的冲击，工业的发展和科技的发展对人的健康都造成很大的影响。为了适应高强度、高速度、快节奏的工作和生活以及减少现代文明对人体的影响，终身体育应运而生。

### （二）终身体育的理论依据

终身体育作为一种完整的现代体育思想，主要有以下两点理论依据。

1. 人类认识与改造自身，需要终身进行体育锻炼

人类在认识世界和改造世界的同时，也在认识和改造自己。认识并实现自身存在的价值，越来越成为每个社会成员的强烈愿望。首先，要有健康的身体。以最大限度地挖掘自己的潜在能力，充分地发挥自己的聪明才智，才能实现这个愿望。人体自身的发展，是有规律可循的。人的一生要经历生长发育期、成熟期和衰退期三个时期，每一个时期都需要通过参加体育锻炼来增进健康、增强体质。不同的发展阶段锻炼的要求不同，锻炼的内容与方法也相应有所不同。也就是说，人的一生都应当伴随着体育锻炼。不同的时期有不同的目标和要求，以及不同的内容与方法。人只有长期坚持体育锻炼，才可能拥有健康的身体。这是没有任何捷径可走的。

2. 现代社会发展需要终身体育

现代社会生产方式和生活方式发生了剧烈变化，给人们的身体健康带来了不利的影响。现代社会正向着科学化、自动化、信息化方向发展，对人的身体素质提出了必须适应现代化生产方式和快速紧张的生活节奏的要求。正是社会生活的高度科技化，导致人们的体力活动减少，生活、工作、学习节奏加快，精神过度紧张，物质生活充裕，食物选择越来越精细。受到西方快餐的影响，

人们摄取的热量过多，一定程度上造成了高血压、心脏病、肥胖症、神经官能症等现代"文明病"的产生，严重威胁着人们的健康和生命。随着健康意识的不断提升，为了改善自己的健康状况，人们主动参与到体育锻炼中，并长期坚持。近几年的追踪调查显示，体育锻炼已经成为人们提高生活质量、改善人际关系、防治"文明病"和提升现代生活情趣的不可替代的重要内容[1]。

### 四、生态文明的呼唤

在人类早期，由于人类的生产能力水平尚低，因而人类对自然的索取所带来的自然生态平衡的破坏尚不十分严重，而且生态系统能够通过自然界自身的净化和修复能力实现自身的平衡。自从笛卡儿对人类理性大门的开启和科技革命的兴起，人类自身的功能大大地延伸，改造和征服自然的能力和手段大大地加强，人类逐渐摆脱了自然的束缚，由原来受自然支配的地位变为控制和奴役自然的地位，即战胜自然，改造自然，让自然按照人类的意愿行事[2]。而工业文明时代的到来，人类的科学技术得到了空前的发展，生产力得到了极大的提高。随着科学技术的高速发展，工业文明这把"双刃剑"特性越发彰显无遗，它在带给人类巨大物质财富的同时，也带来了人类对生态环境的巨大破坏。20世纪中叶以来，随着日益严重的环境与生态问题频发，特别是"世界八大公害事件"的相继爆发，使原来人对自然的依赖关系变成了人对自然的掠夺关系，人与自然之间对立与冲突愈发尖锐，引发了人们对环境与生态问题的普遍焦虑和关切，以表达保护环境、拒绝污染、反对过度采伐森林和爱护动物等诉求为目的的群众性集会和示威游行，相继在美国、加拿大、欧洲和日本、印度等地发生[3]。

现代科技和工业发展几乎失控的加速度，已经为我们展示了其丑陋可怕的另一副面孔，科学家从实验室里捧出的除了财富和福利，还有一只"潘多拉魔盒"。一个又一个灾难接踵而至——污浊的空气、肮脏的水源、碱化的土地、萎缩的森林、枯竭的资源、肆虐的沙尘、锐减的物种、刺耳的噪声以及潜在的核威胁等，全球性的环境问题日益突出。有一则很耐人寻味的寓言说：

当奶牛被人类从自由自在的大自然中拉出来，鼻子上被穿了绳索，

挨着鞭子、拖着疲惫的躯体在田间一步一叹息的时候，眼里第一次充

---

① 陈莉.大学体育与健康［M］.武汉：武汉大学出版社，2014.

② 黄纬华.人类精神趋向［M］.郑州：大象出版社，2013.

③ 姜春云.拯救地球生物圈 论人类文明转型［M］.北京：新华出版社，2012.

满了泪水，它伤心地看到：人类为了省自己的力，不惜让它流血流汗。看着原本要用来喂养自己孩子的乳汁，被人类无情地挤进桶里而分散到各处惬意享用时，奶牛第二次哭了，它不知道人类为什么要夺取它孩子的食品。而当人类踌躇满志之余，突然间相信湿润的牛奶也许能够抹平他们粗糙的皮肤而肆意挥霍时，奶牛第三次哭泣了。不过，这一次不是伤心，而是高兴得哭了。它终于看到，人类成了无限欲望的奴隶，而这欲望将最终毁灭他们。

这不是危言耸听。辉煌的罗马文明就是毁灭于横流的欲望之中。苏美尔文明、地中海文明和美洲玛雅文明等的衰落史也告诉我们：文明的产生和发展是人与环境协调的产物。然而，以往人类在发展文明的过程中，一方面只注重主动性的发挥，却忽略了自然自身有一个恢复、发展的过程，一味开发自然，向自然索取；另一面，科学技术的发展和文明的进步给人类带来的巨大财富，使人们将注意力放在了人类自身的进步上，而忽略了与之相应的自然史的进步，最终造成生态危机、环境破坏等恶果。早在一百多年前，恩格斯就预计到人对自然破坏造成的后果，当时他就提醒人们不要过于陶醉于我们对自然界的胜利，并认为人类的每一次胜利，都会受到自然界的报复。当自然以它特有的方式对人类进行"惩罚"时，人类才忽然明白了后果的严重性[1]。特别是进入90年代以来，人类和自然的冲突便以最强烈的形式爆发出来。全球生态危机的凸现，给陶醉于工业文明辉煌成果的人们敲响了警钟，这种以牺牲环境为代价的文明方式不得不成为人们反思和批判的对象。当人类一味追求自身利益的满足，向"自然开战"的时候，我们不应该忘记我们和自然本身就是一个休戚相关的整体！

作为一种超越工业文明的新型文明，生态文明是在人类面临全球性生态危机的时代背景下产生的，是人类对工业文明所引发的全球性生态危机深刻反思的产物。美国环境史学家唐纳德·沃斯特和罗马俱乐部创始人贝切利分别指出："我们今天所面临的全球性生态危机，起因不在生态系统本身，而在于我们的文化系统。要渡过这一危机，必须尽可能清楚地理解我们的文化对自然的影响。"[2] 近年来，理论界和学术界对生态文明内容的探讨表明，生态文明时代的

---

[1]　祝玉峰.政治文明新探［M］.成都：西南交通大学出版社，2010.

[2]　姜春云.拯救地球生物圈 论人类文明转型［M］.北京：新华出版社，2012.

到来作为一种共识已经确立和形成，相继引发了人类思维观念的嬗变，人们逐渐改变传统的思维定势，由与自然界的对抗，对自然界的征服转向与自然界的协调统一。观念的变化，势必导致生活方式的更新，同时引发社会各个领域的思变，作为人类最大公域的体育，自然不会游离于历史之外，正是在这一大的背景影响下，体育教育开始朝向生态化方向发展。生态化体育在生态文明时代的呼唤下横空出世[①]。

## 五、体育困境的呐喊

生态化体育不仅是时代发展的客观要求，也是化解现代体育内在矛盾的现实需要。

### （一）技术负面价值的扩张

人类科学技术的出现，是人类扩大延伸自身功能手段的结果。人类具有了科学技术手段，便在人类理性精神的作用下，进行一次又一次的认识自然和改造自然的实践活动，并取得了一次又一次的胜利。人类凭借一系列新兴的科学技术，不但使自身的功能手段急剧扩展和延伸，而且使自己从自然中获得的物质资料成倍上升[②]。体育科技是人类科技在体育中的具体应用，自然摆脱不了科技理性的支配。在最初的几届奥运会上，因为美国运动员技术水平都很高，而受到欧洲人怀疑时，美国人认为这是因为："欧洲人，尤其是英国人不能真正理解现代体育技术。关于专业化的叫嚣，表明欧洲人对体育性质的无知。美国人抱怨，别的国家没有理解人类的知识和社会力量的控制，需要科学知识和合理规划，体育不是游戏。对于建设健康国家，对于在社会可接受的方面提供竞争的渠道，以及对于树立一个国家的共同价值和伦理文化，体育是手段和工具。正如在别的方面一样，应用科学在这里是很重要的。忽视它所受到的惩罚，是失败。"[③]体育技术从根本上是成就和实现人自身身体的自由，使自由通过身体力量、速度成为一种现实的力量。但是，技术在成就自由的同时又可能构成对自由的威胁。例如，花样滑冰双人自由滑中的"抛四周跳"，动作难度大，技术含量高，同时动作失误的可能性大，给运动员身体带来伤害的可能性大大提高。

---

① 李宏斌.现代奥运困境的伦理透视［M］.郑州：郑州大学出版社，2012.

② 黄纬华.人类精神趋向［M］.郑州：大象出版社，2013.

③ 舒盛芳.大国竞技体育崛起及其战略价值研究［M］.上海：上海人民出版社，2015.

此外，现代技术的巨大效力，大幅度地提高了运动器械和设备的性能，使得比赛的激烈程度大大地提高，而激烈的比赛又强化了器械技术性能的改进，从而不断地加剧了运动损伤的程度。

体育具有的功能之一，就是增强人们的体能水平，但是，当运动员被强求为运动成绩的索取对象时，身体成了运动技术和器械的持有物。技术在理性的驱使下，难度不断增加，技术的科学规律性必然和人的身体的承受能力产生矛盾，身体被迫承受运动技术带来的越来越重的负担，运动损伤必然加剧[①]。

由于现代体育过分对技术的倚重或依赖，造成了现代体育在发展的轨迹上，偏离了其价值追求或目标预设；使得体育活动在发展演变的过程中，出现了"见物不见人"或者物的魅力远远超过人的力量，体育的竞争演变成为技术力量的较量。

### （二）文化自主性与工具化的矛盾

体育文化是人类自身的创造物，一旦获得独立，就会按照自身的规律运行。体育文化的自主性主要表现为独立性和自觉性。然而，在现实的社会环境中，体育被其他文化形态当成实现某种目的手段和途径，从而被工具化。

在现代体育的实践中，体育文化的自主性和工具化矛盾逐渐加剧，特别是在现代奥林匹克运动中，这一矛盾更加突出。20世纪的百年是人类文化发展史上一个重要阶段，文化的生产和累积非常迅速，文化运动是无法进行的。另外，虽然早期的《奥林匹克宪章》并没有明确体育的自然价值，但一句"建立一个和平的、更美好的世界"，为奥林匹克运动的价值拓展留下了广阔的空间。

奥运会的自然价值显现于20世纪80年代。进入80年代后，奥运会的规模和影响越来越大，参加的人数越来越多，为尽量消除和减小奥运会对"生态"造成的负面影响，国际奥委会开始提出环保方面的要求，并在国际体育界率先采取一系列措施，并将环境保护逐渐政策化。进入90年代，这种趋势更加明显。1991年，《奥林匹克宪章》增加了一个新的条款，提出申办奥运会的所有城市必须提交一份环保计划。

1994年国际奥委会将环境与体育、文化一起并列为奥运会精神的三大支柱，并将保护环境的条款写进了《奥林匹克宪章》，1995年成立了体育与环境

---

[①]　于涛等.体育哲学研究［M］.北京：北京体育大学出版社，2009.

委员会。1999 年制定的《奥林匹克运动 21 世纪议程》要求申办国和举办国在越来越严格的环境标准下举办奥运会。在这一系列生态奥运理念的指导下，奥运会开始展现出其与自然生态系统共生共荣的一面。1994 年第 17 届利勒哈默尔冬季奥运会是奥运会最早与环保结合的典范。冬奥会专门建立了一个"环境友好奥运会工程"组织，负责监督涉及环境的冬奥会开发项目，并且负责环保的监督和顾问工作，如建议组委会改变在一个沼泽地带修建滑冰场的计划，以保护沼泽地中鸟类的生存环境；建议组委会将雪橇赛场修建在远离城镇的地区，并尽量与周围的地形协调。1996 年亚特兰大奥运会，奥运会有了全面的废物处理系统。1998 年长野冬季奥运会和 2000 年的悉尼奥运会，强调奥运会与自然环境的高度和谐，在场馆、节能、绿化、教育等方面采取了一系列环保措施。而 2008 年的北京奥运会提出的"人文奥运""科技奥运""绿色奥运"三大奥运理念，充分展现了现代体育的价值蕴含，真正实现了现代奥运的价值拓展。国际奥委会和各国家奥组委的一系列举措明确传达了一个信息：正确处理好体育活动与人文环境、体育与自然环境的关系，已经成为当代体育发展的主旋律！生态化体育时代已经到来了[①]。

---

① 李凌.生态体育的理论及评价指标体系的实证研究［M］.北京：北京体育大学出版社，2016.

# 第七章　贫困地区体育课堂生态化教学评价指标体系的构建

## 第一节　评价指标体系构建的依据和原则

### 一、构建依据

#### （一）生态化教学理论

人们将生态学的基本观点与教学活动协调起来，形成了生态化教学理论，这是一种与自然和谐的关系理论。在这一理论的指导下，在制定各项评价指标时，应遵循人与自然和社会的发展规律，使各项指标变得"生态化"，因此，按照指定的指标进行教学，也就是"使教学变得生态"，即把生态学的理念渗透到教学活动中，用生态学的理念和方法去思考、认识和解决教学中遇到的教育问题。这样教师按照制定的指标教学会使教学活动变得具有生态性，使生态理念变成教学活动的普遍指导，从而人与自然、社会三者在教学中和谐共生[①]。

#### （二）科学性理论

科学性指的是在进行评价指标体系构建时，应贴近学生的实际和生活，符合学生的身心发展成长特点和接受能力，采用科学的方法收集评价信息。科学理论要求在制定评价指标时：首先，要把握评价信息的客观性，不能主观臆断；其次，把握信息的全面整体性，不能只靠片面的信息得出结论；再次，评价者

---

① 苏月.体育课堂生态化教学评价指标体系的构建［D］.聊城大学，2015.

不能根据自己对评价对象的了解和认识定位被评价者；最后，要尊重被评价者的个体差异性，不能用一种标准、一种模式、一种方法进行一刀切①。

### （三）可比、可量化、可操作性理论

这一理论的要求有三点：首先，所设计的评价指标要能够反映被评价者的共同属性，同时相互之间还能进行比较。对于那些主观性比较强的指标则不宜选取。其次，制定的指标一般尽量采取定量的方法进行评价，对于那些难以用定量方法进行评价的指标，可以用定性的方法进行评价，并给出定量的分数。最后，选取的指标内容应可以通过测量和评价得到明确的结论，并在目前条件下可进行操作。

在构建学校体育生态指标体系的过程中，研究人员需要依据一些基本情况和现实，从以下几个方面来进行：第一，一般情况下，所构建的指标体系需要全面而真实地反映学校体育生态化的程度，因此需要对我国当前学校体育生态发展的现状有足够了解，才能进行；第二，学校体育生态指标的选取需要结合当前我国的发展现状，也就是说，要在充分了解当前我国的经济社会发展基本情况的基础上进行；第三，当前我国的经济已经处于中等收入国家行列，人民的生活基本上实现了小康，但是在指标的选取和构建方面没有相关的经验，所以要了解国外一些相关国家的学校生态化指标构建的情况；第四，学校体育是有它的个性的，具有自己的特点，不能将它与社会体育等同，要根据每个学校的具体实际情况来进行②。

## 二、构建原则

### （一）生态化原则

生态化原则与生态化教学理论相对应，要求体育围绕生态体育环境及师生的生态体育意识为核心指标进行评定，体育的生态化指标体系应以体育人口、体育环境、体育组织和体育手段的生态化为核心反映体育的生态化程度，为此，在确定体育生态化评价指标体系时，应特别强调以生态化为原则③。

---

① 苏月.体育课堂生态化教学评价指标体系的构建［D］.聊城大学，2015.
② 苏月.体育课堂生态化教学评价指标体系的构建［D］.聊城大学，2015.
③ 雷慧，邓罗平，张铁雄.学校体育生态化指标体系的构建［J］.武汉体育学院学报，2008（9）.

## （二）人性化原则

人性化原则是构建生态指标体系时比较重要的一个原则。其实在生态的观念中，已经包含了人性化的理念，这也是我国"以人为本"理念的具体表现和内在要求，所以说，在进行学校体育生态的指标构建的时候需要将人放在核心的位置，以人为本。

## （三）科学性原则

科学性原则与前面所述的科学性理论是相对应的，它是构建原则中最基本的组成部分，也是非常重要的部分。无论哪个指标体系的构建都必须遵循科学性原则，只有如此，所构建的指标体系才能如实地揭示体育生态化的本质特征，为体育生态化规划的可行性提供保证。同时，指标体系的繁简也要适宜，评价指标不能过多过细，导致指标的相互重叠，也不能过少过简，导致指标信息遗漏。

## （四）时空耦合原则

由于体育生态化评价指标体系的研究总是在一定空间范围内进行的，因此，体育生态化的建设与发展是一个动态的时空耦合过程，指标体系中既要有反映体育发展的静态指标，更要有动态指标，既要从时间序列又要从空间序列来评价和判定[①]。

## （五）代表性原则

一般来说，反映某个典型的指标可能有多个，我们应该尽量选择那些具有代表性的关键指标。应该根据指标的重要性，有针对性地选择，力求指标的设置能够反映体育生态化的本质，既全面、准确、简明，又防止指标过多、过繁，保证指标少而精，以具有纵向、横向可比性的相对指标为主，以增强评价的准确性与科学性[②]。

---

① 马新宇.学校体育生态化指标体系的构建［J］.当代体育科技，2016（29）.
② 雷慧，邓罗平，张铁雄.学校体育生态化指标体系的构建［J］.武汉体育学院学报，2008（9）.

### （六）整体性原则

整体性是体育生态化的重要特征之一，在教学活动中必须要遵循学校体育的整体性原则。组成教学生态系统的因素具有复杂性和多样性，它们组合起来形成了像自然生态系统一样属于它自身的生态链，这个链条的各部分成为一个不可分割的整体。组成教学之一链条的因素主要有七个：教师、学生、教学目的、教学内容、教学方法、教学环境和教学评价。这七个要素在教学中居于不同的地位，并且发挥着不同的作用。教师是整个教学过程的主导，他们对教学的各个要素进行协调，使整个教学活动顺利进行。学生是学习的主体，教学质量和效果从学生身上体现出来，故学生是教学活动的出发点和落脚点。教育目的引领整个教学过程；教学内容受教学目的的制约，也要与学生的身心发展相适应，与社会的要求相符合。教学内容是教学活动中不可或缺的因素，没有无内容的教学。教学环境对于教学活动的展开也具有相当重要的作用，例如有利的教学环境促进教学，反之则阻碍教学目的的实现。教学评价起到反馈教学效果、调整下一步教学需要的作用，适当的评价有助于改进教学方法，促进学生的发展。要想使各个领域的工作顺利进行，就要保持整体的平衡，协调资源配置、整改政策措施、建立组织结构等，以实现工作的有效性，并通过建立相关的机构、制定一系列行之有效的制度、积极采取措施，最后通过检查评估等方法，使内部体育生态教育的各要素变得协调，顺利推进体育课堂的生态化教学[①]。

### （七）可比、可量化、可操作性原则

这一原则与前文所述的可比、可量化、可操作性理论相对应。可比性要求评价结果在时间和空间上可以进行比较：通过时间比较对体育生态化的发展变化过程进行反映，通过空间比较对同一时间各学校体育生态化程度的空间差异进行反映。可量化要求定性指标可以间接赋值量化，定量指标直接量化。可操作性要求在尽可能简单的前提下挑选一些计算方便、容易获取，并且能够很好地反映学校体育生态化的指标构建体系[②]。

---

① 苏月.体育课堂生态化教学评价指标体系的构建［D］.聊城大学，2015.
② 雷慧，邓罗平，张铁雄.学校体育生态化指标体系的构建［J］.武汉体育学院学报，2008（9）.

### （八）平衡协调进化原则

生态平衡指的是在生态系统中存在的各个生态因子依靠物质流、信息流和能量流达到的一种和谐稳定的状态。教学系统是一个开放系统，也是一个在动态平衡中寻求发展的过程。在教学过程中，教师与学生之间会不断地进行知识、信息交流，产生矛盾和分歧是不可避免的，这时教师就应该具备寻求解决矛盾的办法的能力，最终通过师生双方的共同努力达到教学目的，出现一个暂时的平衡状态。即教学过程是一个发现问题的根源，解决问题的主要矛盾，达到暂时的平衡状态，经过不断的磨合调整，再次发现问题，解决问题，达到新的平衡状态。在学校发展的过程中，要尊重社会发展和体育教学规律，关注学校体育生态系统的发展动态，及时发现系统中存在的问题，并用发展的眼光看待系统发展的态势，保证系统稳定有效地运行，从而达到新的平衡[①]。

# 第二节　评价指标体系构建的方法和步骤

我们可以从体育课堂教学的课堂教学结构、教学影响因素等微观角度出发，利用层次分析法探讨体育课堂生态化教学评价指标的构建，其过程利用流程图（见图7-1）表示出来。

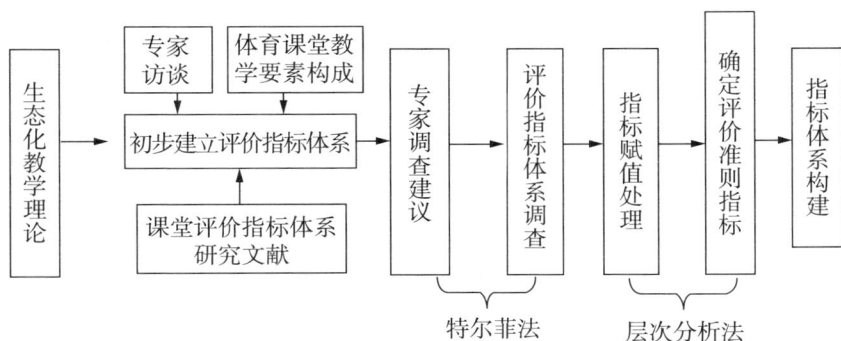

**图7-1　体育课堂生态化教学评价流程图**

---

① 苏月.体育课堂生态化教学评价指标体系的构建［D］.聊城大学，2015.

## 一、体育课堂生态化教学评价指标理论筛选及初步确立

在教学活动中，教育者和受教育者处于主体地位，并且相互影响、相互依存。一方面，教师必须具备必要的教学能力，特别是在教学中根据学生的个体差异而采用不同的教学策略，是提高教学效果的必要条件；另一方面，学生要有必备的自身条件和学习意志力。因此，在具体的教学实践中，教师要根据学生的实际锻炼水平，确定合理的教学目标，选择恰当的教学方法，并在课中课后给予学生中肯积极的评价，通过提高教学内容的趣味性，培养教师的文化素养，来激发学生的发散思维，使学生养成乐于锻炼、勤于锻炼的好习惯[①]。

本书在构建体育课堂生态化教学评价指标体系时主要从课堂教学的影响因素着手，从生态化教学的整体性、协调平衡性等方面进行分析，把指标体系分为体育课堂教学支持环境指标、体育课堂教学媒介指标、体育教学人力参与指标和课堂诊断指标四个准则层级指标。

### （一）体育课堂教学支持环境指标

体育课堂教学支持环境是教师和学生进行适宜教学活动的前提。良好的自然环境能够为师生提供适宜活动的自然条件，学校体育的规范环境则为师生提供了和谐的整体氛围，而体育文化环境可以提供良好的教学气氛。我们在这里选取体育课堂自然环境、学校体育规范环境和学校体育文化环境3个指标作为体育课堂教学支持环境因素的指标。在这3个二级指标下又设置了14个三级指标和16个四级指标。

### （二）体育课堂教学媒介指标

作为教学活动中的课题部分，教学媒介是连接教师与学生进行教学活动的纽带和桥梁。生态化的指标应该是反映系统平衡协调、整体性的具体指标。因此我们在进行二级指标的选择时，选取了生态体育课堂教学内容设置、生态体育课堂设计、生态体育教学指导3个指标。与此同时，还设置了14个三级指标和13个四级指标进行体育课堂生态化教学的判定[②]。

---

① 苏月.体育课堂生态化教学评价指标体系的构建［D］.聊城大学，2015.
② 马新宇.学校体育生态化指标体系的构建［J］.当代体育科技，2016（29）.

### （三）体育教学人力参与指标

人力参与是指参与教学活动中的主要人群以及在过程中的相互关系。因此在此项因素中，设置教学主客体关系、教师的教和学生的学 3 个二级指标，并设置了 10 个三级指标。

### （四）课堂诊断指标

诊断性评价一般是由教师在教学过程中做出的，通过教学诊断能够及时地指导学生改正错误的动作，有利于正确习惯的养成。本因素设置 3 个评价因子，分别是课前诊断、课中诊断和课后诊断。

通过查阅资料以及对专家的访谈，汇总所有体育课堂生态化教学的评价指标，确立了 4 个一级指标、12 个二级指标、62 个三级指标以及 32 个四级指标，初步建立评价指标体系的框架（见表 7-1）①。

表 7-1　体育课堂生态化教学评价指标体系的初步框架

| 一级指标 | 二级指标 | 三级指标 | 四级指标 |
| --- | --- | --- | --- |
| A 体育课堂教学支持环境 | A1 体育课堂自然环境 | A11 大气质量 | |
| | | A12 光、电的利用 | |
| | | A13 环境温度适宜程度 | |
| | | A14 地理位置的合理性 | |
| | A2 学校体育规范环境 | A21 学校体育制度 | A211 学校体育制度的合理性 |
| | | | A212 学校体育制度的平衡性 |
| | | A22 学校体育宣传 | A221 学校体育宣传的广泛性 |
| | | | A222 学校体育宣传的针对性 |
| | | | A223 学校体育宣传的校本化 |
| | | A23 学校体育投入 | A231 学校体育投入的整体性 |
| | | | A232 学校体育投入的独特性 |
| | | | A233 学校体育投入的均衡性 |
| | | A24 学校体育消费 | A241 学校体育消费的有效性 |
| | | | A242 学校体育消费构成合理性 |
| | | A25 学生体育行为 | A251 学生体育行为的广泛化 |
| | | | A252 学生体育行为的校本化 |
| | | | A253 学生体育行为的独特性 |

① 苏月.体育课堂生态化教学评价指标体系的构建［D］.聊城大学，2015.

| 一级指标 | 二级指标 | 三级指标 | 四级指标 |
|---|---|---|---|
| | | A26 学生体育态度 | A261 学生体育态度的积极性 |
| | | | A262 学生体育态度的正确性 |
| | | | A263 学生体育态度的趋向性 |
| | A3 学校体育文化环境 | A31 课堂教学法规具体性可行性 | |
| | | A32 专业教师构成合理性 | |
| | | A33 场地器材的使用 | A331 场地器材适用性 |
| | | | A332 场地器材利用率 |
| | | | A333 场地器材维护服务常态化 |
| | | A34 人均场地器材合理性 | |
| B 体育课堂教学媒介 | B1 体育课堂教学内容设置 | B11 生态体育教材的开发 | B111 教材开发的合理性 |
| | | | B112 教材开发的目的性 |
| | | B12 生态体育教学目标 | B121 教学目标的明确性 |
| | | | B122 教学目标的整体性 |
| | | B13 生态体育内容设置 | B131 内容设置的连贯性 |
| | | | B132 内容设置的层次性 |
| | | | B133 内容设置的协调性 |
| | | | B134 内容设置的深入性 |
| | | | B135 内容设置的广泛性 |
| | | | B136 内容设置的实用性 |
| | | | B137 内容设置的社会衔接性 |
| | | B14 内容与教师的和谐性 | |
| | | B15 内容与学生的和谐性 | |
| | | B16 内容与场地器材的平衡协调性 | |
| | B2 生态体育课堂设计 | B21 课堂结构的平衡性 | |
| | | B22 课堂结构的合理性 | |
| | | B23 课堂结构的有效性 | |
| | B3 生态体育教学指导 | B31 指导时机选择正确性 | |
| | | B32 针对学生的目的性 | |
| | | B33 针对动作的合理性 | |
| | | B34 课内外指导的全面性 | |
| | | B35 指导的多样性 | B351 直观指导 |
| | | | B352 视频指导 |

| 一级指标 | 二级指标 | 三级指标 | 四级指标 |
|---|---|---|---|
| C 体育教学人力参与 | C1 教学主客体关系 | C11 教师与学生的课堂关系 | |
| | | C12 学生与学生的课堂关系 | |
| | C2 教师的教 | C21 教师教学态度的正确性 | |
| | | C22 教师教学方法合理利用 | |
| | | C23 课堂教学协调性 | |
| | | C24 课堂的调控与管理 | |
| | C3 学生的学 | C31 学生参与学习态度的积极性 | |
| | | C32 学生参与学习氛围的和谐性 | |
| | | C33 学生学习成就感 | |
| | | C34 学生正向情绪体验 | |
| D 课堂诊断 | D1 课前诊断 | D11 服装穿戴的正确性 | |
| | | D12 教材内容选取的合理性 | |
| | | D13 运动符合季节的特点 | |
| | | D14 教学方法安排的有效性 | |
| | | D15 教学手段使用的正确性 | |
| | | D16 教学目标制定的合理性 | |
| | | D17 场地器材教具选用的适当性 | |
| | | D18 各项练习安排的整体性 | |
| | | D19 教师技能发挥的有效度 | |
| | | D20 教师对多媒体的合理利用 | |
| | | D21 教师对场地器材的合理利用 | |
| | | D22 教师对自然环境的利用 | |
| | D2 课中诊断 | D23 教学方法使用的合理性 | |
| | | D24 学生学习的积极性 | |
| | | D25 学生技能掌握速度的合理性 | |
| | | D26 学习场地器材利用的合理性 | |
| | | D27 学生感知自然环境的舒适度 | |

（续表）

| 一级指标 | 二级指标 | 三级指标 | 四级指标 |
|---|---|---|---|
| | D3 课后诊断 | D28 练习密度的科学性 | |
| | | D29 课堂气氛的协调性 | |
| | | D30 师生互动的平衡性 | |
| | | D31 学生技能运用的协调性 | |
| | | D32 学生出勤率的合理化 | |
| | | D33 学生的自评、互评全面性 | |
| | | D34 学生课后效能感 | |

## 二、体育课堂生态化评价指标递阶层次模型构建

指标体系初步建立之后，运用特尔菲法筛选理论体系的各个构成指标，筛选过程如图 7-2 所示。问卷的发放采用直接调查、委托发放或邮件发放三种方式。指标的筛选共进行两轮，第一轮筛选让专家对指标进行选择，将低于 50% 选择的指标删掉，保留的指标进行第二次筛选，第二轮筛选是让专家对指标根据其重要程度由 1～5 进行打分，将均值低于 3 的指标筛选掉[①]。

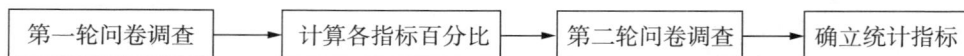

| 第一轮问卷调查 | → | 计算各指标百分比 | → | 第二轮问卷调查 | → | 确立统计指标 |

**图 7-2　体育课堂生态化教学评价指标筛选流程图**

第一轮专家调查后，根据指标选择原则，将二级指标中的"生态体育课堂设计" 1 项删除，三级指标中的"光电的利用""学生体育消费""课堂教学法规具体性可行性""生态体育教材开发""课堂结构的平衡性""课堂结构的合理性""课堂结构的有效性""指导时机选择正确性""运动符合季节特点""教学方法安排有效性""教学目标制定合理性""各项练习安排整体性""教师对多媒体的合理利用""学生技能掌握速度的合理性""学生学习中场地器材利用的合理性""学生感知自然环境的舒适度""师生互动的平衡性"以及"学生出勤率的合理化"18 项指标筛选掉，四级指标中的"学生体育行为的独特性""教学目标的明确性""内容设置的层次性、协调性以及广泛性" 3 项指标筛选掉。第二轮专家调查后，根据指标选择原则，二级指标中的"体育课堂自然环境""课前评价"两项被筛选掉，三级指标中的"大气质量""环境温度适宜程度""地

---

① 马新宇.学校体育生态化指标体系的构建［J］.当代体育科技，2016（29）.

（续表）

理位置""学生体育行为"4 项指标删掉；四级指标中的"学习体育制度的合理性及平衡性""学生体育行为的广泛性及校本化""视频指导"删掉，并将二级指标中的"指导多样性"修改为"直观指导"[1]。

另外，在调查中还对一个问题进行了调查，即本指标体系是为评价体育课堂教学而构建的，指标体系中的课堂诊断部分是否仍需纳入指标体系。根据专家反馈回来的结果，超过三分之二的专家认为应该将其纳入指标体系中，因此保留的此指标。筛选后的体育课堂生态化指标评价体系共 4 个一级指标，9 个二级指标，36 个三级指标，16 个四级指标。根据统计学原理，通过两轮专家筛选的指标体系而建立的递阶层次模型是有效的、可信的。

将筛选后统计的指标按照层次分析法的要求整理成四层指标，分别是A、B、C、D。第一层指标为A1 ~ A4，第二层为B1 ~ B9，第三层为C1 ~ C36，第四层为D1 ~ D16，见表 7-2。

表 7-2 筛选后的体育课堂生态化教学评价指标

| 一级指标 | 二级指标 | 三级指标 | 四级指标 |
|---|---|---|---|
| A1 体育课堂教学支持环境 | B1 学校体育规范环境 | C1 学校体育制度 | |
| | | C2 学校体育宣传 | D1 学校体育宣传的广泛性 |
| | | | D2 学校体育宣传的针对性 |
| | | | D3 学校体育宣传的校本化 |
| | | C3 学校体育投入 | D4 学校体育投入的独特性 |
| | | | D5 学校体育投入的均衡性 |
| | | | D6 学校体育投入的整体性 |
| | | C4 学生体育态度 | D7 学生体育态度的积极性 |
| | | | D8 学生体育态度的正确性 |
| | | | D9 学生体育态度的趋向性 |
| | B2 学校体育文化环境 | C5 专业教师构成合理性 | |
| | | C6 场地器材的使用 | D10 场地器材适用性 |
| | | | D11 场地器材利用率 |
| | | | D12 场地器材的维护服务常态化 |
| | | C7 人均场地器材合理性 | |

---

[1] 苏月.体育课堂生态化教学评价指标体系的构建［D］.聊城大学，2015.

（续表）

| 一级指标 | 二级指标 | 三级指标 | 四级指标 |
|---|---|---|---|
| A2 体育课堂教学媒介 | B3 生态体育课堂教学内容设置 | C8 生态体育教学目标整体性 | |
| | | C9 生态体育内容设置 | D13 内容设置的连贯性 |
| | | | D14 内容设置的深入性 |
| | | | D15 内容设置的实用性 |
| | | | D16 内容设置的社会衔接性 |
| | | C10 内容与教师的和谐性 | |
| | | C11 内容与学生的和谐性 | |
| | | C12 内容设置与场地器材的平衡协调性 | |
| | B4 生态体育教学指导 | C13 针对学生的目的性 | |
| | | C14 针对动作的合理性 | |
| | | C15 课内外指导的全面性 | |
| | | C16 直观指导 | |
| A3 体育教学人力参与 | B5 教学主客体关系 | C17 教师与学生的课堂关系 | |
| | | C18 学生与学生的课堂关系 | |
| | B6 教师的教 | C19 教师教学态度的正确性 | |
| | | C20 教师教学方法合理利用 | |
| | | C21 课堂教学协调性 | |
| | | C22 课堂的调控与管理 | |
| | B7 学生的学 | C23 学生参与学习态度的积极性 | |
| | | C24 学生参与学习氛围的和谐性 | |
| | | C25 学生学习成就感 | |
| | | C26 学生正向情绪体验 | |
| | | C27 教师技能发挥的有效度 | |
| | | C28 教师对场地器材的合理利用 | |
| A4 课堂评价 | B8 课中评价 | C29 教师对自然环境的利用 | |
| | | C30 教学方法使用的合理性 | |
| | | C31 学生学习的积极性 | |
| | B9 课后评价 | C32 练习密度的科学性 | |
| | | C33 课堂气氛的协调性 | |
| | | C34 学生技能运用的协调性 | |
| | | C35 学生的自评、互评全面性 | |
| | | D36 学生课后效能感 | |

## 三、体育课堂生态化教学评价指标体系权重模型构建

本轮运用层次分析法进行权重系数的确定，系数的大小意味着指标相对于总目标的重要程度，其流程图如图 7-3 所示。

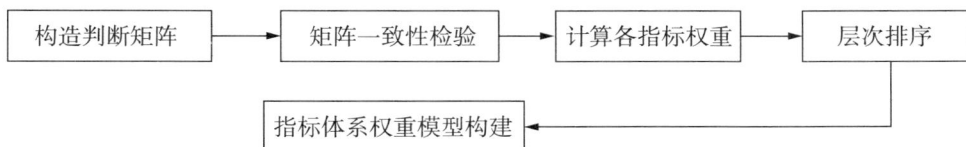

**图 7-3 层次分析法流程图**

### （一）专家问卷的制作

层次分析法首先要构建判断矩阵，在此之前要对指标进行赋值，赋值采用的是相对尺度，不是把所有因素放在一起比较，而是将指标体系中的各个指标的重要度进行两两（$a_i/a_j$）比较。赋值方法如表 7-3 所示[①]。

**表 7-3 两两指标对比赋值 1～9 标度及其含义**

| 标度 | 含义 |
| --- | --- |
| 1 | 表示两个因素相比，具有同样重要性 |
| 3 | 表示两个因素相比，一个因素比另一个因素稍微重要 |
| 5 | 表示两个因素相比，一个因素比另一个因素明显重要 |
| 7 | 表示两个因素相比，一个因素比另一个因素强烈重要 |
| 9 | 表示两个因素相比，一个因素比另一个因素极端重要 |
| 2、4、6、8 | 上述两相邻判断的中值 |
| 倒数 | 因素 $i$ 与 $j$ 比较的判断 $\alpha_{aj}$，则因素 $j$ 与 $i$ 比较的判断 $\alpha_{aj}$=1/$\alpha_{aj}$ |

按照美国 Seaty 教授的 1～9 级标注方法对每层中项目进行一一对比的得分，得到指标的重要性判断矩阵表。例如，一级指标中的体育教学支持环境与体育教学人力参与进行两两比较，如果体育教学人力参与相对于体育课堂教学支持环境来说强烈重要，重要程度值为 7，那么，体育课堂教学支持环境相对于体育教学人力参与的重要程度即为 1/7。

依据上面表格的含义，本文制定了专家问卷调查表。表 7-4 是一级指标判

---

① 苏月.体育课堂生态化教学评价指标体系的构建［D］.聊城大学，2015.

断矩阵专家问卷举例，其他各级指标的调查表格式同表 7-4，只是调查的指标不同。

表 7-4　体育课堂生态化教学一级指标判断矩阵表

| | 体育课堂教学支持环境 | 体育课堂教学媒介 | 体育教学人力参与 | 课堂诊断 |
|---|---|---|---|---|
| 体育课堂教学支持环境 | 1 | | | |
| 体育课堂教学媒介 | | 1 | | |
| 体育教学人力参与 | | | 1 | |
| 课堂诊断 | | | | 1 |

## （二）利用层次分析法构建评价指标体系

评价指标权重的确立和构建判断矩阵，是由定性评价过渡到定量评价的核心，决定综合评估的科学性，分为层次单排序及检验、层次总排序及检验两种。对应于判断矩阵最大特征根 $\lambda_{max}$ 的特征向量，经归一化（使向量中各元素之和等于 1）后记为 $W$。$W$ 的元素为同一层次因素对于上一层次因素某因素相对重要性的排序权值，这一过程称为层次单排序。计算某一层次所有因素对于最高层（总目标）相对重要性的权值，称为层次总排序。运用层次分析法确立指标权重的步骤如下：

第一，评估者根据专家对各层级构成要素相对于上层特定准则或目标重要性进行两两比较的结果构建判断矩阵，并利用 MATLAB7.7 计算得出最大特征值 $\lambda_{max}$。根据最大特征值计算一致性指标 CI，（ $CI = \dfrac{\lambda - n}{n - 1}$ ），当 CI=0 时，有完全的一致性；CI 接近于 0 时有满意的一致性；CI 越大不一致越严重。为衡量 CI 的大小，引入随机一致性指标 RI，RI 随阶数 $n$ 的变化如表 7-5 所示[①]。

表 7-5　随机一致性指标 RI

| $n$ | 1 | 2 | 3 | 4 | 5 | 6 | 7 | 8 | 9 | 10 | 11 | 12 |
|---|---|---|---|---|---|---|---|---|---|---|---|---|
| **RI** | 0 | 0 | 0.52 | 0.89 | 1.12 | 1.26 | 1.36 | 1.41 | 1.46 | 1.49 | 1.52 | 1.54 |

---

① 马新宇.学校体育生态化指标体系的构建［J］.当代体育科技，2016（29）.

第二，定义一致性比率当一致性比率＜0.1时，认为A的不一致程度在容许范围之内，有满意的一致性，通过一致性检验。可用其归一化特征向量作为权向量，否则要重新构造成对比较矩阵A，对$\alpha_{aj}$加以调整[①]。

第三，将各层指标的权重系数计算得出后，对指标进行层次单排序和层次总排序。本文通过层次分析法指标权重的计算方法构建体育课堂生态化教学评价体系模型如表7-6所示。

表7-6 体育课堂生态化教学评价指标总体系

| 一级指标 | 权重 | 二级指标 | 权重 | 三级指标 | 权重 | 四级指标 | 权重 |
|---|---|---|---|---|---|---|---|
| A1 体育教学人力参与 | 0.50 | B1 学生的学 | 0.22 | C1 学生学习成就感 | 0.47 | | |
| | | | | C2 学生参与学习氛围的和谐性 | 0.28 | | |
| | | | | C3 学生正向情绪体验 | 0.16 | | |
| | | | | C4 学生参与学习态度的积极性 | 0.09 | | |
| | | B2 教师的教 | 0.22 | C5 教师教学方法合理利用 | 0.45 | | |
| | | | | C6 课堂的调控与管理 | 0.29 | | |
| | | | | C7 教师教学态度的正确性 | 0.16 | | |
| | | | | C8 课堂教学协调性 | 0.10 | | |
| | | B3 教学主客体关系 | 0.16 | C9 教师与学生的课堂关系 | | | |
| | | | | C10 学生与学生的课堂关系 | | | |
| A2 体育课堂教学媒介 | 0.35 | B4 生态体育教学指导 | 0.09 | C11 课内外指导的全面性 | 0.39 | | |
| | | | | C12 针对学生的目的性 | 0.34 | | |
| | | | | C13 针对动作的合理性 | 0.18 | | |
| | | | | C14 直观指导 | 0.09 | | |
| | | B5 生态体育课堂教学内容设置 | 0.08 | C15 内容与学生的和谐性 | 0.29 | | |
| | | | | C16 内容设置与场地器材的平衡协调性 | 0.25 | | |
| | | | | C17 生态体育内容设置 | 0.24 | D1 内容设置的实用性 | 0.44 |
| | | | | | | D2 内容设置的社会衔接性 | 0.32 |
| | | | | | | D3 内容设置的连贯性 | 0.17 |
| | | | | | | D4 内容设置的深入性 | 0.07 |
| | | | | C18 内容与教师的和谐性 | 0.16 | | |

① 苏月.体育课堂生态化教学评价指标体系的构建［D］.聊城大学，2015.

（续表）

| 一级指标 | 权重 | 二级指标 | 权重 | 三级指标 | 权重 | 四级指标 | 权重 |
|---|---|---|---|---|---|---|---|
| A3 体育课堂教学支持环境 | 0.11 | B6 学校体育文化环境 | 0.12 | C19 生态体育教学目标整体 | 0.06 | | |
| | | | | C20 人均场地器材合理性 | 0.53 | | |
| | | | | C21 场地器材的使用 | 0.34 | D5 场地器材实用性 | 0.66 |
| | | | | | | D6 场地器材利用率 | 0.25 |
| | | | | | | D7 场地器材的维护服务常态化 | 0.09 |
| | | | | C22 专业教师构成合理性 | 0.13 | | |
| | | B7 学校体育规范环境 | 0.04 | C23 学校体育投入 | 0.44 | D8 学校体育投入的整体性 | 0.60 |
| | | | | | | D9 学校体育投入的均衡性 | 0.32 |
| | | | | | | D10 学校体育投入的独特性 | 0.08 |
| | | | | C24 学生体育态度 | 0.32 | D11 学生体育态度的正确性 | 0.58 |
| | | | | | | D12 学生体育态度的积极性 | 0.31 |
| | | | | | | D13 学生体育态度的趋向性 | 0.11 |
| | | | | C25 学校体育宣传 | 0.17 | D14 学校体育宣传的广泛性 | 0.61 |
| | | | | | | D15 学校体育宣传的针对性 | 0.26 |
| | | | | | | D16 学校体育宣传的校本化 | 0.13 |
| | | | | C26 学校体育制度 | 0.07 | | |
| A4 课堂诊断 | 0.04 | B8 课后诊断 | 0.05 | C27 学生技能运用的协调性 | 0.41 | | |
| | | | | C28 课堂气氛的协调性 | 0.24 | | |
| | | | | C29 学生课后效能感 | 0.24 | | |
| | | | | C30 练习密度的科学性 | 0.08 | | |
| | | B9 课中诊断 | 0.03 | C31 学生的自评、互评全面性 | 0.03 | | |
| | | | | C32 学生学习的积极性 | 0.39 | | |
| | | | | C33 教学方法使用的合理性 | 0.27 | | |

（续表）

| 一级指标 | 权重 | 二级指标 | 权重 | 三级指标 | 权重 | 四级指标 | 权重 |
|---|---|---|---|---|---|---|---|
| | | | | C34 教师对场地器材的合理利用 | 0.16 | | |
| | | | | C35 教师技能发挥的有效度 | 0.14 | | |
| | | | | C36 教师对自然环境的利用 | 0.04 | | |

# 第三节　评价指标体系各级指标排序过程及权重含义

## 一、体育课堂生态化教学一、二级指标总排序过程及相对权重含义

由于二级指标已经设计到了教学生态化的基本元素，并且与课堂教学基本要素相近，因此可以间接说明教学生态化的具体措施，因此本文主要对前两个层次与总目标的关系进行分析，以期发现教学基本要素对课堂生态化教学的影响程度。

综合调查问卷的结果，得出一级评价指标判断矩阵（见表 7-7）[①]。

表 7-7　体育课堂生态化教学一级指标判断矩阵表

| | 体育课堂教学支持环境 | 体育课堂教学媒介 | 体育教学人力参与 | 课堂诊断 |
|---|---|---|---|---|
| 体育课堂教学支持环境 | 1 | 1/5 | 1/7 | 3 |
| 体育课堂教学媒介 | 5 | 1 | 1/3 | 7 |
| 体育教学人力参与 | 7 | 3 | 1 | 8 |
| 课堂诊断 | 1/3 | 1/7 | 1/8 | 1 |

根据判断矩阵公式得出 $CR_{一级}=0.06 < 0.1$ 各项子目标权重判断无逻辑性错误，所以矩阵具有一致性，其结果是有效的。根据此判断矩阵表得出各指标权重（见图 7-4）[②]。

---

① 马新宇.学校体育生态化指标体系的构建［J］.当代体育科技，2016（29）.

② 苏月.体育课堂生态化教学评价指标体系的构建［D］.聊城大学，2015.

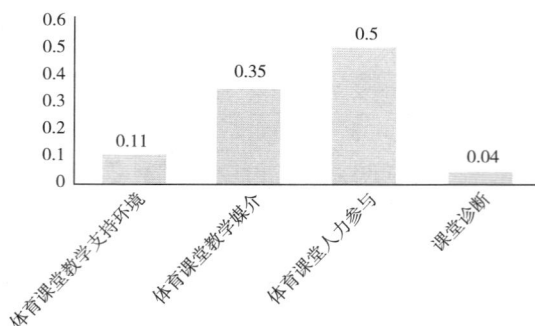

图7-4　一级指标相对权重示意图

由图7-4可以看出，体育教学人力参与对课堂教学生态化有决定性的作用（$W_{人力}$=0.50），是其他所有要素的总和，其次是课堂教学媒介比重占0.35，这两个要素占整体的85%，所以要实现课堂教学的生态化，首先应该从课堂教学中的"人"的关系开始，以"人"为中心展开，其次注意教学内容和手段、方法等的选择与"人"的关系，夯实课堂教学生态化基础。与此同时，注意课堂教学环境的配合（$W_{环境}$=0.11），为课堂教学提供良好的自然和人文环境。本文的课堂评价只占0.04，是比例最低的一个要素，从理论上讲，课堂诊断是课堂有效进行的保障，本文的调查结果与以往的研究不一致，产生这种现象的原因，以后会进一步研究[①]。

综合专家对二级指标的重要程度的判断，建立体育课堂生态化教学二级指标的判断矩阵（见表7-8）。

表7-8　体育课堂生态化教学评价指标层判断矩阵表

| | 学校体育规范环境 | 学校体育文化环境 | 生态体育课堂教学内容设置 | 生态体育教学指导 | 教学主客体关系 | 教师的教 | 学生的学 | 课中诊断 | 课后诊断 |
|---|---|---|---|---|---|---|---|---|---|
| 学校体育规范环境 | 1 | 1/5 | 1/4 | 1/3 | 1/6 | 1/7 | 1/8 | 4 | 1/2 |
| 学校体育文化环境 | 5 | 1 | 3 | 3 | 1/4 | 1/6 | 1/4 | 7 | 4 |
| 生态体育课堂教学内容设置 | 4 | 1/3 | 1 | 1/2 | 1/3 | 1/5 | 1/6 | 6 | 3 |

---

① 马新宇.学校体育生态化指标体系的构建［J］.当代体育科技，2016（29）.

（续表）

| | 学校体育规范环境 | 学校体育文化环境 | 生态体育课堂教学内容设置 | 生态体育教学指导 | 教学主客体关系 | 教师的教 | 学生的学 | 课中诊断 | 课后诊断 |
|---|---|---|---|---|---|---|---|---|---|
| 生态体育教学指导 | 3 | 1/3 | 2 | 1 | 1/4 | 1/6 | 1/4 | 7 | 4 |
| 教学主客体关系 | 6 | 4 | 3 | 4 | 1 | 1/4 | 1/3 | 8 | 3 |
| 教师的教 | 7 | 6 | 5 | 6 | 4 | 1 | 1/2 | 8 | 5 |
| 学生的学 | 8 | 4 | 6 | 4 | 3 | 2 | 1 | 9 | 5 |
| 课中诊断 | 1/4 | 1/7 | 1/6 | 1/7 | 1/8 | 1/8 | 1/9 | 1 | 1/5 |
| 课后诊断 | 2 | 1/4 | 1/3 | 1/4 | 1/5 | 1/5 | 1/5 | 5 | 1 |

通过以上矩阵表计算得出 $CR_{二级} \approx 0.091 < 0.1$，各项子目标权重判断无逻辑性错误。

根据判断矩阵表计算出的二级指标权重（见图 7-5）。

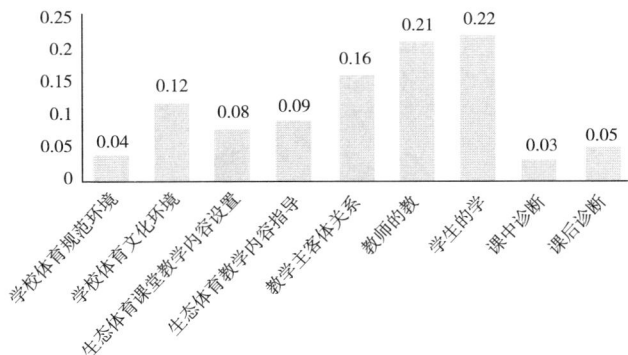

**图 7-5　二级评价指标相对权重示意图**

由图 7-5 可以看出，学生的学在生态化课堂教学中占有最重要的作用（$W_{学生}=0.22$），学生在课堂中居于主体的地位，教师在教学过程中尊重学生的主体性和创造性，充分体现了生态化教学的协调性，因此，教师要平衡协调教与学的关系，使课堂气氛融洽，教学和学习效率提高，达到一种新的平衡状态。另外，学校体育文化环境（$W_{文化}=0.12$）、生态体育教学指导（$W_{指导}=0.09$）和生态体育课堂教学内容设置（$W_{内容}=0.08$）也分别对生态化课堂教学产生一定的影响。最后，学校体育规范环境、课中诊断和课后诊断所占比重较小，但也是生态化教学必不可少的组成部分①。

## 二、体育课堂生态化教学支持环境各指标排序过程及权重含义

在体育课堂教学支持环境指标中，矩阵阶数 $n < 3$ 时，RI=0，矩阵不存在不一致的情况，因此没有必要将两者进行比较和检验。计算得出：学校体育规范环境 $CR_{规范} \approx 0.059 < 0.1$，学校体育文化环境 $CR_{文化}=0.025 < 0.1$，故本层各项子目标权重判断无逻辑性错误。

本指标体系中，三、四级指标是针对各自的上层指标所建立的判断矩阵并计算出的权重系数（见图 7-6）。

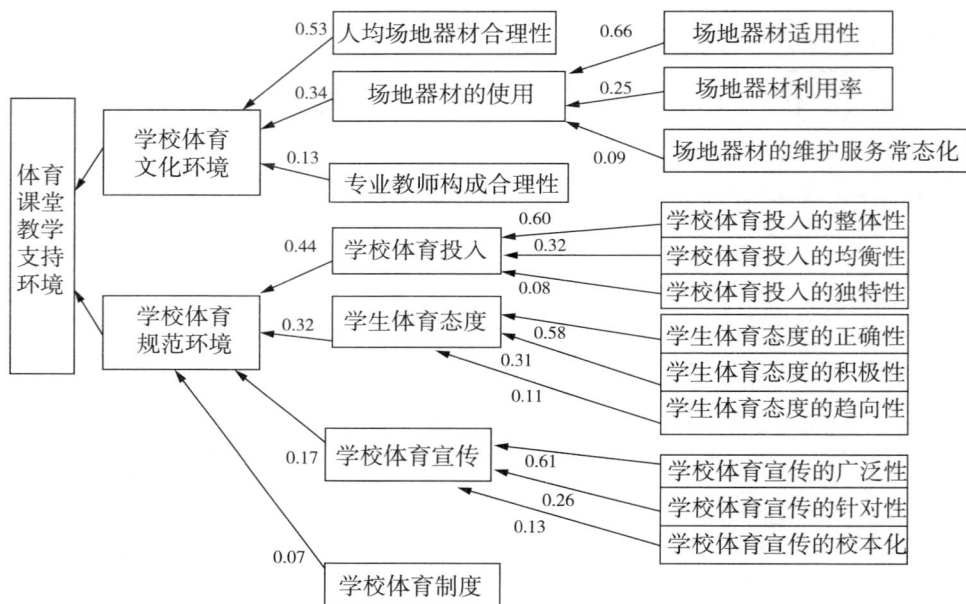

**图 7-6　教学支持环境下各级指标的权重系数**

由图 7-6 可以看出，人均场地器材合理性对于学校体育文化环境的影响程度最大（$W_{人均}=0.53$），体育课堂生态化教学要重视学生人均使用器材的合理性，体现了生态化教学理论中的自然和谐性，其次是场地器材的使用，所占比重为34%，教师对场地器材的使用要根据课堂教学内容进行合理地选择，使得内容与场地变得协调平衡，最后是专业教师构成的合理性，在学生对场地器材合理

---

① 苏月.体育课堂生态化教学评价指标体系的构建［D］.聊城大学，2015.

运用的前提下，注重教师的专业技能，使得教师能够对学生进行合理有效的指导，体现了生态化教学的整体性及共生性等特点。对于学校体育规范环境影响最大的是学校对体育的投入（$W_{投入}$=0.44），学校投入的人力物力充足可以使学生受到更好的教育，学到的专业技能在充分练习的基础上变得更加规范协调。其次是学生的体育态度问题，态度的正确性以及积极性都对学生的学习产生积极的作用，体现了生态化教学的协调进化性原则。再次是注重对体育的宣传工作，要有广泛性深入性，使学生形成一种勤于锻炼乐于锻炼的思想。最后是学校体育制度的建立可以对学生的行为进行规范，纠正学生的不良行为，使学校体育环境达到一个新的平衡状态[1]。

## 三、体育课堂生态化教学媒介各指标排序过程及权重含义

通过整理专家填写的调查问卷，建立体育课堂生态化教学媒介的判断矩阵表，并利用MATLAB7.7计算得出生态体育课堂教学内容设置指标$CR_{内容}$≈ 0.08 < 0.1，生态体育教学指导$CR_{指导}$≈ 0.043 < 0.1。因此本层各项子目标权重判断无逻辑性错误[2]。

计算得出体育课堂教学媒介指标下的各层指标权重（见图 7-7）。

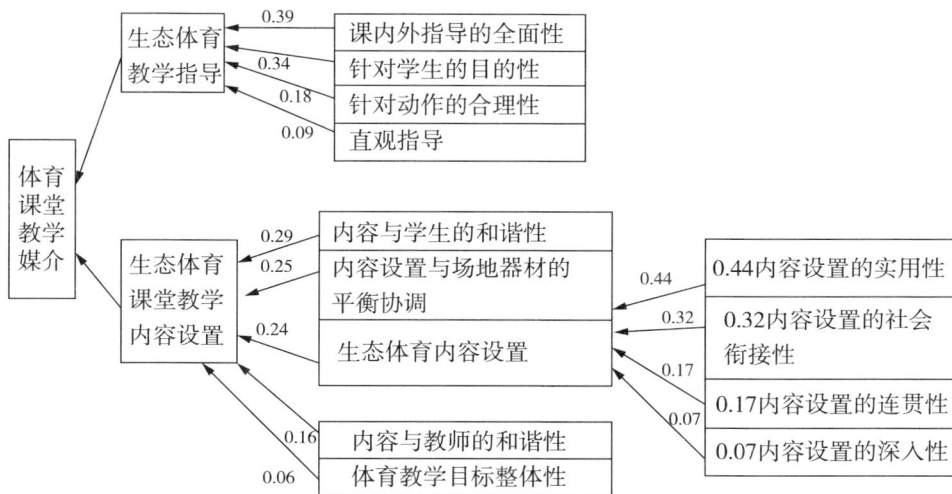

图 7-7　体育课堂教学媒介各指标权重

①　马新宇.学校体育生态化指标体系的构建［J］.当代体育科技，2016（29）.

②　苏月.体育课堂生态化教学评价指标体系的构建［D］.聊城大学，2015.

由图 7-7 可以看出在生态体育教学指导中，最重要的是课内外指导的全面性（$W_{内外}$=0.39），其次是针对学生的目的性指导，两者共占整体比重 73%，因此要实现生态体育的教学指导，要从学生的实际出发，因人而异的对学生进行有针对性的指导，并且将课内和课外辅导相结合。直观指导虽然所占的比重最小，但也不能将其忽视。在生态体育课堂教学内容设置中，内容与学生的和谐性、与场地器材的和谐性以及生态体育内容设置所占比重相当，分别为 $W_{学生}$=0.29，$W_{场地}$=0.25，$W_{内容}$=0.24。因此在安排教学内容时，要注意生态化教学的整体性，使各项设置协调发展。其次，内容设置中实用性所占比重最大，其次是内容的学习与社会之间的衔接性，最后是在每次学习的开始部分与结束部分要注意内容的连贯性[①]。

## 四、体育课堂生态化人力参与各指标排序过程及权重含义

对体育教学人力参与维度下的三个指标进行一致性检验，得出 $CR_{人力}$ ≈ 0.0342 < 0.1，将三级指标对各自所对应的二级指标进行一致性检验，得出 $CR_{教师教}$=0.058，$CR_{学生学}$=0.056，两者均小于 0.1，故本层各项子目标权重判断无逻辑性错误[②]。

计算体育教学人力参与维度下各指标的权重系数（见图 7-8）。

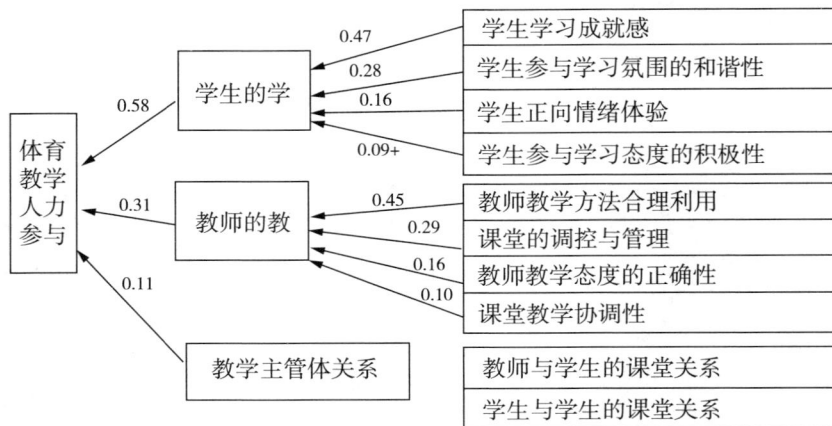

图 7-8　体育教学人力参与各指标的权重系数

---

① 苏月.体育课堂生态化教学评价指标体系的构建［D］.聊城大学，2015.
② 马新宇.学校体育生态化指标体系的构建［J］.当代体育科技，2016（29）.

由此可见，在教学人力参与维度中，学生的学占主要地位，体现了生态化教学中以学生为本的教学思想，学生的学习成就感促使学生能够更投入地学习，学习气氛的和谐融洽是影响学生学习的主要因素之一，学生的正向情绪体验和学生参与学习态度的积极性也在一定程度上对学生的学习有一定影响。教师要合理地使用教学方法，改变以往的教学形式，营造良好地学习氛围，善于调控管理班级，并且在教学过程中教师的教学态度要正确积极地引导学生。最后教学的主客体关系也应引起教师的重视，使师生之间、生生之间的关系和谐、共生。

## 五、体育课堂生态化课堂诊断维度各指标排序过程及权重含义

对课堂诊断中的课中诊断进行一致性检验，计算得出 $CR_{课中} \approx 0.085 < 0.1$，课后诊断 $CR_{课后}=0.092 < 0.1$。体育教学课堂诊断各指标的权重系数如图 7-9 所示。

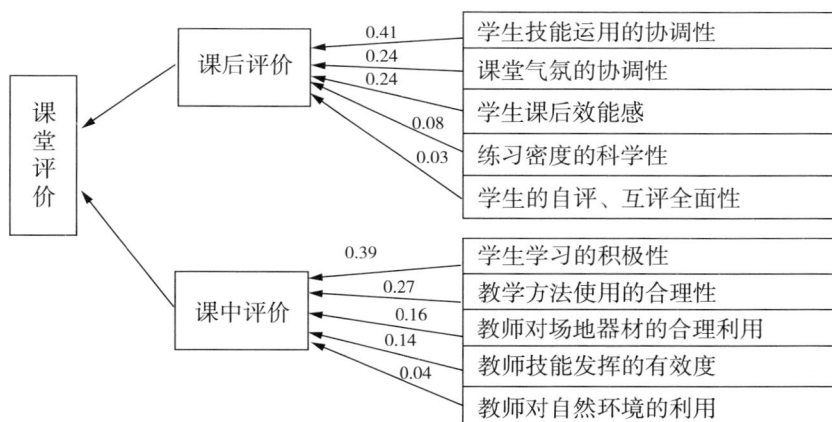

**图 7-9　体育教学课堂诊断各指标的权重系数**

由图 7-9 可见，课后评价中对学生技能协调性的评价最多，其次是注意评价课堂气氛的协调平衡和学生在课后的自我效能感，最后是对本节课的练习密度是否科学进行评价。在课中评价中，注意学生在学习过程中是否积极，使用的教学方法是否合理有效，教师对场地器材的使用是否充分等[①]。

---

[①]　苏月.体育课堂生态化教学评价指标体系的构建［D］.聊城大学，2015.

# 第八章　贫困地区体育教育生态化的发展

## 第一节　体育教育生态化发展的现实条件

### 一、政策扶持促进贫困地区经济的发展

经济是社会事业发展的基础，也是贫困地区农村体育事业发展的基础。贫困地区农村体育的发展规模、水平和速度，很大程度上取决于经济发展水平，取决于经济发展所能为贫困地区农村体育发展提供的物质条件，取决于经济发展带来的农民的生活水平、思维观念、消费结构和生活方式的改变。因此，只有大力发展经济才能促进贫困地区体育的发展。

摆脱贫困，实现共同富裕，是人类不断的追求。我国自从1986年扶贫以来，通过30多年的不懈努力，取得了举世瞩目的成就。但是，贫困地区生活水平仍然很低，生活基础设施依然落后，贫困状况并没有得到实质性的改善，以至于我国东部和西部地区贫富差距在不断加大。造成这一现象的重要原因是过去主要采取粗放扶贫的方式，对于"谁贫困""致贫原因""如何针对性帮扶"等问题并没有得到很好的解决。2013年11月，习近平对湖南湘西扶贫攻坚工作进行调研时首次提出"精准扶贫"概念；2014年初出台《关于创新机制扎实推进农村扶贫开发工作的意见》；2015年两会期间，习近平提出不能让一个贫困户掉队，2020年达到全面脱贫的目标。随后，习近平、李克强等其他领导人在谈到农村扶贫问题时，反复提到精准扶贫，由此可见，精准扶贫已成为我国扶贫开发工作的新思路和新要求，并在我国各地得到广泛推行。

### （一）精准扶贫的含义

党的十八大以来，以习近平同志为核心的党中央，以高度的责任感把精准

扶贫精准脱贫作为实现第一个百年奋斗目标的重点工作，摆在治国理政重要位置，把我们党领导的反贫困实践推进到一个新境界。习近平总书记亲自研究、亲自部署、亲自推进、亲自督战，对扶贫开发提出了一系列新思想新观点，涵盖了制度本质、任务定位、制度优势、政策要求等多个方面，是党中央治国理政新理念新思想新战略的重要组成部分，是中国特色扶贫开发理论的新发展，为打赢脱贫攻坚战提供了根本遵循。

1.精准扶贫精准脱贫提出的时代背景

提出精准扶贫精准脱贫有深刻的时代背景。从国内看，农村贫困人口全部脱贫是全面建成小康社会的底线任务，贫困问题的新特征、新变化需要更有效的解决办法。从国际看，顺应全球减贫发展趋势及全球2030年可持续发展议程，中国需要积极响应，继续为全球减贫事业，为人类社会发展作出更大贡献。

中国一直是世界减贫事业的积极倡导者和有力推动者。改革开放近40年来，使7亿多人摆脱了贫困，对世界减贫的贡献率超过70%，走出了一条中国特色的减贫道路。但是，由于历史、自然条件等多方面原因，到2014年，全国还有592个国家扶贫开发重点县、12.8万个贫困村、近3000万个贫困户。更为严峻的是这些贫困人口主要分布在革命老区、民族地区、边疆地区和连片特困地区，基础条件差，开发成本高，脱贫难度相当大。脱贫攻坚成为全面建成小康社会最艰巨的任务。

实施精准扶贫精准脱贫就是要把消除贫困作为首要政治责任，把改善民生作为重大政治任务。精准扶贫精准脱贫体现了社会主义的本质要求，彰显了以人民为中心的价值取向。作为世界上人口最多的发展中国家，在"十三五"的五年中将现行标准下的贫困人口全部脱贫，必将让全体中国人民更加坚定中国特色社会主义的道路自信、理论自信、制度自信、文化自信。

2.精准扶贫的科学性

精准扶贫重要思想最早是在2013年11月，习近平总书记到湖南湘西考察时提出的。2015年10月16日，习近平总书记在2015减贫与发展高层论坛上宣告，中国将发挥政治优势和制度优势，全面实施精准扶贫精准脱贫方略。并倡议加强国际减贫交流合作，共建一个没有贫困、共同发展的人类命运共同体。2017年以来，随着脱贫攻坚战深入推进，习近平总书记进一步指出，在扶持谁、谁来扶、怎么扶、如何退，全过程都要精准，有的需要下一番"绣花"功夫。

精准扶贫精准脱贫，贵在精准，重在精准，成败之举在于精准。瞄准特困地区、特困群众、特困家庭，扶到点上、扶到根上、扶到家庭。要做到"六个精准"，即扶持对象精准、项目安排精准、资金使用精准、措施到户精准、因村派人精准、脱贫成效精准；实施"五个一批"工程，即发展生产脱贫一批、易地搬迁脱贫一批、生态补偿脱贫一批、发展教育脱贫一批、社会保障兜底一批。其中，"六个精准"是精准扶贫精准脱贫的主要内容和基本要求，"五个一批"是精准扶贫精准脱贫的基本思路和实现途径。

精准扶贫精准脱贫是一个系统工程，对象精准是前提和基础，项目、资金、措施、派人精准是手段，成效精准是目标和落脚点。通过建档立卡，摸清贫困人口底数，实行动态调整；通过政策举措，国家出台财政、土地、金融等一系列超常规的政策，打出组合拳，因村因户因人施策；通过构建科学的体制机制，保障扶贫政策和措施落地生根。

3.精准扶贫的基本方略

在习近平总书记精准扶贫精准脱贫重要思想指引下，中央和地方已经形成了系统的脱贫攻坚基本方略。

明确目标任务。"十三五"脱贫攻坚的总体目标是到2020年确保我国现行标准下农村贫困人口全部脱贫，贫困县全部摘帽，解决区域性整体贫困。从国际比较来看，世界银行采用的极端贫困标准是每人每天消费低于1.9美元（2011年国际购买力平价）。我国农村扶贫标准，2010年不变价2300元，按照农村购买力平价转换系数3.04折算，2011年2536元扶贫标准相当于每人每天2.29美元，高于世界银行极端贫困标准。这个目标符合我国国情和发展阶段。

激发内生动力。脱贫致富贵在立志，只要有志气、有信心，就没有迈不过去的坎。精准扶贫精准脱贫要坚持人民群众的主体地位，通过提高自我发展能力来推动扶贫。推进精准扶贫，要发挥贫困群众的主体作用，提高他们的知情权、参与度、获得感，激发脱贫的内生动力与活力。

科学的方法论。精准扶贫要有好思路、好路子，要坚持科学扶贫，遵循经济发展规律、社会发展规律和自然规律推进扶贫开发。把脱贫与发展基本公共服务结合起来，把扶贫开发与生态环境保护结合。

动员社会力量。扶贫开发是全党全社会的共同责任，要动员凝聚全社会力量广泛参与，构建政府、市场、社会协同推进的大扶贫格局。进一步动员东部地区对西部的帮扶力度，鼓励、支持各类非公有制企业、社会组织以及个人积极参与扶贫，形成脱贫攻坚的强大合力。

强化组织领导。精准扶贫要发挥政治优势和制度优势。凝心聚力、合力攻坚，集中力量办大事，既是我们党的政治优势，也是决战精准扶贫的现实需要。进一步发挥各级党组织的领导核心作用，列出时间表，立下军令状，打好攻坚战。

在党中央的强力指挥下，脱贫攻坚责任体系、政策体系、投入体系等四梁八柱性质的顶层设计基本完成。《中共中央国务院关于打赢脱贫攻坚战的决定》发布，成为指导脱贫攻坚的纲领性文件。国务院印发《"十三五"脱贫攻坚规划》，中央和国家机关各部门出台了 118 个政策文件或实施方案。全国各地相继出台和完善 "1+N" 的脱贫攻坚举措。

在实践中，各种扶贫模式不断涌现，产业扶贫、易地搬迁扶贫、教育扶贫、健康扶贫、资产收益扶贫等扶贫方式，成效显著。2013 年至 2016 年，农村贫困人口每年都减少 1000 多万人，累计脱贫 5564 万人；贫困发生率从 2012 年底的 10.2% 下降到 2016 年底的 4.5%，下降 5.7 个百分点；贫困群众生活水平明显提高。

脱贫攻坚所取得的成就彰显了中国的政治优势和制度优势，是对中国特色扶贫开发道路的丰富和发展，是扶贫实践的中国智慧。未来 3 年，我国还将有 4335 万人脱贫，脱贫攻坚任务十分艰巨，必须坚持以习近平总书记精准扶贫精准脱贫战略思想为指导，在脱贫攻坚的伟大实践中，撸起袖子加油干。

### 4.生态扶贫

随着社会经济的发展，改善生态环境、提高人民的生活水平逐步取代了解决温饱这一基本扶贫开发任务。扶贫开发工作的逐年推进，贫困人口的持续减少，反贫困的难度也在不断地加深，这些地区致贫的原因都是复合型的，往往和生态问题、民族问题等联系在一起。在精准扶贫的背景下，我国的扶贫工作要开拓思路创新扶贫方式，生态扶贫就是其中之一。

我国的扶贫工作进行了将近 30 年，1994 年国务院制定了国家八七扶贫攻坚计划（1994—2000 年），其中在形势与任务中提到贫困县共同特征是生态失调，这是国家层面首次将贫困与生态一并提出。2001 年《〈中国的农村扶贫开发〉白皮书》中内容与途径中提到 "扶贫开发与水土保持、环境保护、生态建设相结合" 的内容，再到后来的《中国农村扶贫开发纲要（2001—2010 年）》《中国农村扶贫开发纲要（2011—2020 年）》《关于创新机制扎实推进农村扶贫开发工作的意见》以及 2015 年出台的《关于创新机制扎实推进农村扶贫开发工作的意见》都对在贫困地区出现的生态脆弱和生态破坏问题、如何利用生态补偿制度和生态建设等方式改善生态环境消除贫困做了大量的说明。由此可见，生态脆弱或生态破坏是贫困地区致贫的原因，可利用生态修复或生态开发的手段，实施生态建设项目如退耕还林等，从时间和空间上通盘考虑农民的就业和收入因素，根本上解决农民贫困问题。生态扶贫是指从改变贫困地区的生态环境入手，加强基础设施建设，从而改变贫困地区的生产生活环境，使贫困地区实现可持续发展的一种新的扶贫方式。

例如，广西充分利用中央加强农村地区文化体育建设和全民健身上升为国家战略的重大机遇，以3年为一个周期，每年分别举办一次覆盖全、涉及面广的广西万村农民篮球赛、广西城乡万人气排球赛、"舞动广西"民族健身舞（操）大赛等群众体育品牌赛事，各地利用春节、三月三、农忙节、昆那节等传统节庆日，广泛组织开展各类体育活动。接下来广西继续加大贫困地区体育扶贫工作，推进全民健身和全民健康深度融合。组织实施"基本公共体育设施扶贫工程"。支持全区5000个贫困行政村及其自然村一级基本公共体育设施建设，基本满足贫困地区各族群众对公共体育设施建设的需求；开展全民健身与全民健康深度融合试点建设。在来宾开展全民健身乡村体育活动常态化试点。充分发挥来宾农村体育场地设施比较完善的特点和优势，探索乡村体育活动常态化；开展生态体育园示范点建设。选择10个农家乐启动生态体育园建设，配套建设健身器材完备等多功能公共体育场所，指导生态体育园每年至少开展一次"体育欢乐节"等大型全民健身活动，推进体育与生态融合发展[①]。

### （二）"一带一路"的发展

#### 1. "一带一路"的含义

一是古今传承。丝绸之路始于古代中国，是连接亚洲、非洲和欧洲的古代商业贸易路线。中国从汉、唐、宋时期通过陆路和海上把丝绸、瓷器、茶叶、冶铁、耕作等商品和技术，传播到国外，同时从国外带回国内没有的东西，这种互通有无的经贸联系和文化交流，改善了沿线国家的社会生产力和人民生活水平。今天重新提出"丝绸之路"，不是期望恢复古老丝路往日的辉煌，其现代

---

① 广西多措并举大力支持贫困地区群众体育建设 http://www.gxnews.com.cn/staticpages/20161229/newgx58648976-15824780.shtml

的含义更加宽泛，丝路成了一个象征性的标志，一个大的国家发展战略。从古到今要延续历史的精神，传承并提升古代文明，促进中国与世界各国在物质和文化等多方面更广泛的交流合作，这是实现中华民族伟大复兴中国梦的大战略棋局。

二是内外开放。"一带一路"既涉及国内区域又涉及国外区域，是国内沿线区域与国外沿线国家和地区通过现代运输方式和信息网络连接起来的相互开放战略，对外开放是战略的核心。中国当代对外开放从空间上看很不平衡，沿海地区起步早，开放程度高，而内陆和沿边地区相对较晚，开放程度较低。丝路经济带要有包括内陆地区和沿边地区的国内大部分区域参与，扩大这些地区的对外开放水平，形成全方位的开放。

三是海陆统筹。"一带一路"既涉及陆上通道又涉及海上通道，陆路通过铁路、公路联通中国到中亚、东南亚、西亚到欧洲，形成若干条陆上大通道、大动脉；海上丝绸之路在古代路线基础上不断拓展新航线，也就是现在21世纪海上丝绸之路，实现陆海连接双向平衡。"一带一路"将打破长期以来陆权和海权分立的格局，推动欧亚大陆与太平洋、印度洋和大西洋完全连接的陆海一体化，形成陆海统筹的经济循环和地缘空间格局。

四是东西互济。丝路经济带贯穿东西，联通南北，但主线是东西两个方向。从中国来看，过去30多年主要是依托东部地区通过海上贸易的东向开放，丝路经济带则更多是考虑通过连接亚欧的陆路大通道，加大西向开放的力度。中国西部地区由过去开放的末梢变为开放的前沿，向东开放和向西开放的相对均衡化，也必将促进国内东西部地区经济协调发展。当然也考虑到南北向与国际的货物运输、贸易往来，除了南方的海上丝绸之路，更有北方对接"草原丝绸之路"联通东北亚的蒙古、俄罗斯等陆路通道，开辟东北地区对外开放新局面。

五是虚实结合。"一带一路"是一个长远的国家战略，一个内涵丰富的大概念。由于它的边界不是完全确定的，它所涵盖的内容不是固定不变的，它的目标也不会是完全清晰的，因而使得这一战略显得有些"虚"。但是，从提出初期的基本构想到现在推进的过程看，这一战略正由"虚"变得越来越"实"。比如中国与相关国家的大通道建设，陆上和海上基础设施的互联互通、能源和矿产资源合作、贸易往来日益频繁、中国产品和投资"走出去"、油气管道在建、基础设施投融资机制建立，这些都是看得见的成果，"一带一路"倡议正在一步一步地向前推进，已经变成实实在在可以落实的工作。

六是中外共赢。"一带一路"是由中国提出的倡议，显然对中国自身发展有着重要战略意义，不仅有利于中国充分利用"两种资源、两个市场"，尤其是保障中国的能源资源安全、化解富余产能和经济转型升级，而且还有利于加强中国与周边国家尤其是新兴市场国家的经济利文化交流，建立长期合作伙伴关系。但必须看到，"一带一路"又是一个中国与相关国家能够实现互利共赢的战略，一方面是中国的发展会对丝路沿线国家经济产生巨大的带动效应，如带动这些国家的优势资源开发、满足这些国家对中国工业品和生产技术的需求；同时更重要的是，中国政府充分考虑到周边相对落后国家建设"一带一路"的现实困难，出巨资建立了亚洲基础设施投资银行和丝路基金，并鼓励中国企业向外投资，这些都会使沿线国家获得实实在在的好处和利益，从而实现共同建设、共同发展、共同繁荣①。

2. "一带一路"的发展

"一带一路"倡议是引领未来中国西部大开发、实施向西开放战略的升级版。西部地区拥有中国 72% 的国土面积、27% 的人口，与 13 个国家接壤，陆路边境线长达 1.85 万公里，但对外贸易的总量只占中国的 6%，利用外资和对外投资所占比重不足 10%。因此，中国扩大对外开放最大的潜力在西部，拓展开放型经济广度和深度的主攻方向也在西部。西部大开发已实行了 16 年，取得了前所未有的成就，而基于"一带一路"倡议的未来西部大开发，需要建立在对内对外开放的基础上，通过扩大向西开放，使中国西部地区与中亚、南亚、西亚的贸易往来和经济合作得以加强。"丝绸之路经济带"是中国形成全方位对外开放格局、实现东西部均衡协调发展的关键一环②。

随着"一带一路"倡议的实施，中国对外开放格局由过去的向东开放为主，转变成为向东向西的双向开放。中西部将成为对外开放前沿，有助于经济要素资源的双向流动，为地区结构优化调整和产业结构调整带来发展机遇。《愿景与行动》明确指出："推进'一带一路'建设，中国将充分发挥国内各地区比较优势，实行更加积极主动的开放战略，加强东中西互动合作，全面提升开放型经济水平。""一带一路"重点涉及的 18 个省（自治区／直辖市），包括新疆、陕西、甘肃、宁夏、青海、内蒙古西北 6 省（自治区），黑龙江、吉林、辽宁东北

① 新玉言，李克.崛起大战略"一带一路"战略全剖析［M］.台北：台湾出版社，2016.
② 张秀娟.大国金融 大国经济需要大国金融［M］.北京：经济管理出版社，2016.

3 省，广西、云南、西藏西南 3 省（自治区），上海、福建、广东、浙江、海南东南 5 省（直辖市），内陆地区重庆（直辖市）；重点提出内陆城市 10 个：西安、兰州、西宁、重庆、成都、郑州、武汉、长沙、南昌、合肥；重点加强上海、天津、宁波、舟山、广州、深圳、湛江、汕头、青岛、烟台、大连、福州、厦门、泉州、海口、三亚这 16 个沿海港口建设。为推进"一带一路"建设，中国将充分发挥各地区比较优势，施行更加积极主动的开放战略，加强东中西互动合作，全面提升开放型经济水平①。

　　3."一带一路"倡议促进了贫困地区的经济发展

　　（1）"一带一路"倡议构筑了贫困地区对外开放的新格局

　　中国对外开放经过了经济特区、沿海等城市开放、沿江沿边开放、全面开放几个阶段。受区位、发展水平等条件的综合因素影响，对外开放与区域经济发展呈现非均衡发展态势。在这一格局下，产生了贫困地区与其他地区的区域发展差距以及资源型产业发展与生态环境问题。"一带一路"倡议在深化中国全方位开放、提升东部沿海开放水平的同时，将带动一部分贫困地区的整体开发开放，有利于推进生态文明、实现区域均衡发展。例如，西北少数民族地区充分利用新疆的区位优势，促进与周边国家交流合作，建成丝绸之路经济带上重要的交通枢纽、文化科教和商贸物流中心，建成丝绸之路经济带核心区；依托宁夏的民族人文优势，促进宁夏内陆开放型经济试验区建设，建构面向中亚、西亚、南亚的通道、商贸物流中心、重要产业及人文交流基地；利用内蒙古联通俄蒙的地缘优势，建成北向开放的重要平台。

　　西南贫困地区借助广西、云南、贵州优势，促进北部湾经济区发展，建成面向东盟的国际通道，形成大湄公河次区域经济合作新高地，打造面向南亚、东南亚的经济辐射中心；通过西南、中南地区开放发展，建成新的战略支点，成为"海上丝绸之路"与"丝绸之路经济带"衔接的重要门户。

　　（2）"一带一路"倡议促进了贫困地区的产能合作、产业发展

　　随着贫困地区的外向型经济发展，传统产业产能过剩、资源型产业挑战着资源与环境承载力；加之国际贸易保护主义、非关税壁垒、能源价格波动，使得新常态下的中国贫困地区经济发展问题突出。产业结构的调整和发展方式的转变在贫困地区经济持续发展中成为必然。"一带一路"倡议实施中通过加大基

---

① 李小林.城市外交 理论与实践［M］.北京：社会科学文献出版社，2016.

础设施投资、优化资源能源开发利用、开展全方位贸易服务往来等方式，带动中国贫困地区优化外向型经济结构，在国际经贸合作中推动产业升级、发展转型，促进地区经济的效率型集约增长。

目前，新疆积极建设机械装备、轻工产品、纺织服装产品、建材产品、化工产品、金属制品、信息服务业出口、进口油气资源、矿产品、农林牧产品十大进出口产业集聚区。

甘肃形成了传统能源和新型能源开发产业、高端装备制造产业、有色冶金综合开发产业、现代农业等优势产业。

宁夏正在打造国家向西开放的战略高地、国家重要的能源化工基地、重要的清真食品和穆斯林用品产业集聚区以及承接产业转移示范区，形成了宁东国家级大型煤炭基地、西电东送火电基地、煤化工产业基地；发挥煤和水的资源优势，形成煤—气、煤—焦、煤—电、煤化工、煤—电—铝等多联产业系统的长产业链，并建立先进的能源化工基地。宁夏还进一步大力发展培育新能源、新材料等新型产业和羊绒加工、葡萄酿酒、枸杞加工、清真食品、穆斯林用品等特色产业。打造特色穆斯林文化、特色清真产品，是打通中亚地区食品贸易的重要一环。

内蒙古建设成国家能源资源陆上大通道、国家大型油气加工和储备基地、大型风电基地、大型煤炭煤电煤化工基地。西南民族地区形成了酒类制造业集群、烟草制造业集群、医药制造业集群、有色金属冶炼及压延加工产业集群，以及以电力、热力的生产和供应为基础的重化工业产业集群，并承接东部地区的现代农业技术、新型材料产业、绿色能源产业、现代化工业、高端装备制造业、光电产业、现代信息技术产业、商贸物流产业、现代服务业等。根据周边国家的资源禀赋及产业发展，云南向各国转移产业及传递技术，如服装制造、烟草种植加工、机电制造、电力冶金、建材家具、通信及跨境教育等，实现比较优势互补。

贵州以"五大新兴产业"为龙头，推动大数据引领新兴产业高端化。重点培育发展大数据、云计算、移动互联网、智慧城市应用、北斗卫星系统应用、集成电路等新一代信息技术产业，大力发展电子信息产业、医药养生产业、现代山地高效农业、文化旅游业、新型建筑建材五大新兴产业。广西推进中马钦州产业园区、凭祥—同登、东兴—芒街跨境经济合作区的建设，促进北部湾经济区中泰、中印、中越、中韩等产业园的设立，建设南宁、北海、钦州、梧州国家级加工贸易梯度转移重点承接地，建成桂林、北海科技兴贸创新基地、北海海产品外贸转型升级示范基地、柳州汽车及零部件出口基地，培育精深加工、机电、高新技术产业集群[①]。

　　"一带一路"倡议推进了贫困地区的基础设施建设和民生建设，带动特色产业发展、推动医疗和教育事业发展，形成了扶贫新机制，促进民族地区社会经济发展的"三大跨越"，即少数民族和民族地区发展实现新跨越，民族团结进步事业实现新跨越，边疆繁荣开放实现新跨越。总而言之，"一带一路"倡议为中国贫困地区的经济大发展提供了前所未有的机遇。

## 二、体育彩票助力贫困地区体育发展

### （一）体育彩票概述

　　商品市场的存在，在于商品本身具备的价值和使用价值能够满足人们的需要，或用于消费，或用于生产，或者能带来收益等。彩票作为商品进入市场，同样具备一般商品所共有的价值和使用价值，但彩票是以特殊商品的形态出现的。

　　商品是用来交换的劳动产品。马克思指出："商品首先是一个外界的对象。一个靠自己的属性来满足人的某种需要的物品。"构成商品的两个因素是使用价值和价值。彩票具有使用价值。主要体现在：①能满足人们"中奖""试运气"的期望心理；②能满足人们参与博彩娱乐、寻求"刺激"的需要；③能满足人们投资公益性、福利性事业的需要。彩票的价值体现在为满足某种中奖、试运气、娱乐以及投资公益性事业的需要付出的相应货币。但彩票又不仅仅是一种普通商品，彩票本身仅是一种印有号码、图形或文字，供人们自愿购买并按特定规则确定购买人获取或不获取奖金的有价凭证，彩票的价值（价格）是"虚拟资本"。所以彩票是"虚拟商品"，没有实际使用价值或效用，与金融工具一样，只有单一的使用价值——获得收益的能力。彩票的使用价值是或然的，因为彩票可能中奖，也可能不中奖。所以，更确切地说，彩票市场交换的只是一种收益的机会。

---

①　张磊."一带一路"战略与中国少数民族地区社会经济发展［J］.中央民族大学学报（哲学社会科学版）.2016（4）.

当今世界上有 100 多个国家在发行彩票，彩票种类繁多，不胜枚举，其有各种各样的分类方式和不同的游戏规则。目前国际上的惯例是采取不同的游戏方式来划分彩票种类，按照游戏方式主要可分为传统型彩票、即开型彩票、乐透型彩票、数字型彩票和透透型彩票等五大类[①]。

### （二）体彩的重要性

体育彩票业是体育产业的重要内容和发展形式，它在一定程度上可有效缓解地方政府的财政压力，是发展体育事业和全民健身运动的重要财力保障。国家非常注重体育彩票业的发展，通过对体育彩票业组织管理体制的完善、增加体彩种类、扩大销售站点数量、加强销售人员培训、提高销售服务质量、加强营销宣传、拓展发行渠道、扩大发行规模等措施，提升体育彩票发行和销售量[②]。

### （三）体育彩票公益金的使用

中国体育彩票是国家公益彩票，以"来之于民，用之于民"为发行宗旨，筹集的公益金广泛用于社会公益事业和体育事业，被誉为公益事业的助推器、体育事业的生命线。体育彩票公益金对全民健身计划的实施发挥了积极的助推作用，有力地支撑了省、市、县体育事业健康持续发展。2015 年度国家体育总局本级体育彩票公益金的 88.73% 用于实施群众体育工作，11.27% 用于资助竞技体育工作。

### （四）体育彩票的群众体育建设

为贯彻落实国务院《全民健身条例》《国民经济和社会发展十二五规划》，构建公共体育服务体系，动员社会共同参与全民健身事业，国家体育总局 2015 年安排使用 242 002.4 万元，用于援建全民健身场地设施、捐赠体育健身器材、资助群众体育组织建设和开展全民健身活动，开展全民健身法规、科研与宣传等工作，促进全民健身事业发展。

---

① 徐琳.体育营销学［M］.上海：复旦大学出版社，2013.
② 王全昌.西安大型体育赛事品牌提升研究［J］.体育文化导刊，2012（09）.

1.援建全民健身场地设施和捐赠体育健身器材 214 590 万元

（1）实施农民体育健身工程 102 745 万元

针对农村体育设施缺乏，农民参加体育健身活动困难的情况，2006 年开始在全国范围实施"农民体育健身工程"。根据《全民健身计划（2011—2015年）》的要求，为进一步促进农村体育事业发展，继续实施农民体育健身工程。支持中西部地区 20 000 多个行政村建设农民体育健身工程。每个农民体育健身工程项目基本标准为：1 片硬化的标准篮球场、1 副篮球架、2 张室外乒乓球台。在篮球场的四周，要求各向外开辟不少于 5 米的平整空地，便于群众观看比赛和开展健身操（舞）等其他体育活动。提倡经济条件较好，人口较多的行政村在尊重农民意愿的前提下，增加面积、器材及设施，更好地满足农村体育文化生活需求。

（2）实施"雪炭工程" 20 120 万元

为促进经济欠发达地区体育事业发展，继续实施"雪炭工程"。支持中西部省份和老、少、边、穷地区 92 个县（区、市），建设 95 个"雪炭工程"项目，即小型全民健身活动中心。每个"雪炭工程"项目建筑面积 1500～2000 平方米，可开展球类、健身操、棋牌等多种体育活动。

（3）建设社区多功能运动场 10 000 万元

投入 6000 万元，支持建设笼式足球场 200 个。投入 1 200 万元，支持建设 20 个拼装式游泳池。投入 800 万元，支持建设季节性冰雪场地。投入 2000 万元，支持建设多功能健身场地等。

（4）实施全民健身路径工程 5 110 万元

为向经济欠发达地区群众提供就近、方便的体育健身条件，继续实施全民健身路径工程。2015 年，总局本级公益金安排 5 110 万元，用于资助地方采购 1000 套全民健身路径器材，重点支持中西部省份更换总局以前援建的、已达到使用寿命的部分全民健身路径工程器材。

（5）向残疾人、解放军、老年人捐赠器材 1 200 万元

（6）全国体育设施改善条件 74 595 万元

为贯彻落实国务院有关区域发展政策，服务国家西部大开发和援疆、援藏等重大战略，继续补助地方改善体育场地设施，主要用于新疆、西藏等西部省份和地区体育场地设施维修改造，兼顾部分中东部体育设施落后省份及地区、少数民族地区和革命老区，对遭受自然灾害地区的体育设施进行灾后修复。

（7）资助青少年体育场地设施建设 820 万元

针对目前我国青少年体育场地设施缺乏的现状，为了进一步完善青少年体育公共服务体系，加强青少年体育场地建设，借鉴发达国家利用户外营地开展丰富多彩的青少年体育活动的成功经验，我们从 2005 年开始创建国家级青少年户外体育活动营地。营地的主要任务是让广大青少年从室内走向户外，认识大自然，拥抱大自然，保护大自然，在大自然中强健体魄、陶冶情操，为青少年营造健康的运动、娱乐、休闲环境，提高青少年体质健康水平服务。除创建外，2015 年继续对国家级青少年户外体育活动营地进行资助，体育彩票公益金共投入 420 万元。

探索适合我国青少年体育需求的校外体育活动中心管理模式。通过开展试点工作在全国建设一批由政府资助建设，以满足城乡青少年便捷、安全参加体育健身需要为目的，以开展青少年喜闻乐见的体育活动为主要内容，按设计标准建设与管理，具有相应配套的服务设施并经过有关部门认定的公益性青少年综合体育健身活动场所，体育彩票公益金共投入 400 万元。

2.资助群众体育组织和队伍建设 8608.6 万元

（1）实施社会体育指导员制度、全民健身志愿公共服务试点、健身气功站点建设、援疆援藏体育人才培训工作 3011.6 万元共培训、评审、批准国家级社会体育指导员 2894 人，截止到 2015 年年底，全国社会体育指导员队伍规模达到了 190 余万人，并全部进行系统注册管理，可通过系统查询不同行政区域各级指导员的数量、性别构成、年龄结构、学历层次、民族、城乡分布、职业等情况，清晰了解全国和各地指导员发展状况。做好职业社会体育指导培训鉴定考核组织实施工作，全国共开展 2048 个批次的培训和鉴定考试，年培训鉴定人数达 75 828 人，共计培养 48 883 名符合国家职业资格要求的社会体育指导、救助人员，较 2014 年增加了 20%；共举办 11 期退役运动员职业辅导培训班，开展 26 批次针对退役运动员的职业技能鉴定考试。

组织开展社会体育指导员、体育科技工作者、体育教师和体育专业学生、职业社会体育指导员和优秀运动员等人群的全民健身志愿服务示范性活动；资助 8 个运动项目协会，结合全国性赛事活动开展全民健身志愿服务活动。

向每个正式注册成立的健身气功站点下发一套《健身气功》杂志、一个站点旗帜、每个站点辅导员一套练功服。通过实施"和谐站点"工程，支持各地加大健身气功站点建设力度，引导广大群众参与习练健身气功，截至 2015 年年底全国注册健身气功站点已达 27 838 个；组织 5 个教学小组分赴云南、贵州、四川、重庆、广西等西南 5 省区市开展巡回教学志愿服务活动，为西南地区培养各级指导员和骨干 500 多人。

举办三期援疆援藏体育人才培训，培训在贯彻落实中央和总局援疆援藏政策，提升新疆、西藏及四省藏区体育管理干部的专业水平和工作能力，更好地促进体育工作在维护民族团结、推进地方发展、构建和谐环境等方面发挥了积极作用。

（2）资助青少年体育俱乐部建设 3892 万元

为加强我国青少年体育俱乐部的组织建设和人才队伍建设，自 2000 年开始在全国创建青少年体育俱乐部，每年有上亿人次通过参加俱乐部开展的体育活动而受益。在增强青少年体质，培养终身体育习惯，发现和培养体育人才，丰富青少年业余文化生活等方面，青少年体育俱乐部发挥了积极重要的作用，深受社会、学校、家长和青少年的欢迎，2015 年使用中央级彩票公益金 3892 万元资助了 995 个国家级青少年体育俱乐部建设及相关的比赛和培训活动。

（3）资助体育传统项目学校 1705 万元

组织建设是青少年体育公共服务体系的枢纽环节，是场地设施、活动开展、人才培养有效发挥作用的核心运行主体。因此，2015 年围绕转变政府职能、充分发挥青少年体育组织作用的主线，深化传统校组织建设工作。2015 年使用中央级彩票公益金 1705 万元资助了 100 所全国体育传统校建设及相关的比赛和培训活动。

3.资助或组织开展全民健身活动 14 698 万元

（1）资助或组织开展全民健身活动 5 850 万元

为贯彻落实党中央、国务院加快政府职能转变、向社会力量购买服务、激发社会组织活力等有关精神，结合总局对全国性单项体育协会和事业单位试点改革工作方案，动员和鼓励社会力量参与全民健身工作，推动全民健身活动广泛、深入、持久开展，资助全国性体育社团和体育总局相关单位面向大众组织开展以发展项目人口为目的的业余等级锻炼达标活动、健身交流展示、志愿服务、项目推广、科学健身指导以及其他形式的体育比赛活动等。

（2）开展青少年足球活动 5 600 万元

贯彻落实国家关于全面深化足球改革的精神，加强青少年足球工作，积极调整和创新校园足球工作，将工作重点转到青少年足球后备人才体系建设。加强青少年足球工作的顶层设计，会同中国足球协会编制了《全国青少年足球人才培养体系建设专项规划和经费预算》并上报财政部。2015年在全国5个城市试点创建青少年足球训练中心。同时，配合教育部做好校园足球的政策和规划工作，联合6部委下发了《加快全国青少年校园足球工作的实施意见》，共同推动校园足球提质增效。

（3）全国青少年阳光体育活动3248万元

为引导青少年积极参与体育活动，继续资助"阳光体育"系列活动。资助开展全国亿万青少年阳光体育运动、全国青少年"未来之星"阳光体育大会、百万青少年上冰雪、户外营地夏（冬）令营等活动，继续开展科学健身大讲堂校园行，对全国性单项体育协会和各类体育组织开展青少年体育活动予以资助，打造"夏令营、冬令营、特色活动"三大品牌。2015年由冬运中心牵头，首次举办"世界雪日暨国际儿童滑雪节"活动，在全国12个省市选定15家有代表性的雪场一起参与；科学健身校园行活动选择了在北京、黑龙江、湖北、湖南、浙江、宁夏、安徽、上海、内蒙古、河南10个省区市开展，每个省区市不少于10所中小学参加，全国参与人数达到10万人以上，活动内容包括健身知识普及、科学健身大讲堂、体质监测和科学指导、阳光体育活动展示四个方面；青少年户外营地夏（冬）令营在全国选择8个具有丰富多彩地质环境的地方举办，除了5个省市承办，在去年登山中心承办营地夏（冬）令营的基础上增加航管中心和水上中心承办，打造项目协会举办的"海""陆""空"特色营地夏（冬）令营，同时放宽报名渠道，扩大参与规模，吸引了全国各地约3千余名初高中学生的热情参与；继续资助24个项目中心及有关单位开展64个运动项目夏（冬）令营。

4. 开展全民健身科学研究与宣传4105.8万元

（1）为建立健全全民健身法规，普及宣传科学健身方法，加强体育科技研究，根据国务院印发的《全民健身计划（2011—2015年）》和《国家基本公共服务体系规划（2011—2015年）》，开展第四次全国国民体质监测、2015年全国全民健身活动状况调查和2015年20～69岁人群体质状况抽测，资助开展国民体质测定与运动健身指导站建设工作，与《中国体育报》合作协办全民健身专版、专栏。加强科学健身指导，推广健身知识和方法，进行全民健身科普宣传，资助"科学健身大讲堂"系列科普公益讲座、全民健身优秀论文报告会和2015年大众体育信息服务，资助编写出版老年人健身丛书。

（2）开展青少年体育健身活动和体质状况抽测、数据统计、宣传等基础性工作 778 万元

2015 年利用体育彩票公益金 650 万元用于青少年体育健身活动和体质状况抽测。通过对 6～19 岁儿童青少年进行调查，及时了解和全面掌握儿童青少年健身活动和体质状况的变化趋势，为《全民健身计划（2011—2015）》的总结评估和《全民健身计划（2016—2020）》的研制提供数据支持。

为充分发挥信息化建设对青少年体育工作的推动作用，进一步整合青少年体育信息资源，加强信息服务工作，自 2013 年开始建立"全国青少年体育统计年报制度"，每年对青少年体育"家底"进行一次全面清查，此举为提高青少年体育工作的科学化管理水平起到了极大的促进作用。

青少年体育工作的有效开展需要全社会的共同关心与支持。大力开展青少年体育宣传工作，普及国家青少年体育工作的方针政策，报道青少年赛事资讯信息，介绍典型经验、做法和工作成效，营造全社会共同关心、参与青少年体育的良好环境，同时对全国各地开展青少年体育工作也能产生积极的引导和示范作用。近几年来，通过总局政府网站、中国体育报、《青少年体育》杂志开展宣传，联合中央主要媒体，自 2012 年开始每年开展"走基层——青少年体育宣传采访活动"。

（3）全民健身科技保障 890 万元

用于开展全民健身科学示范区建设课题 28 项、全民健身重点领域研究课题 67 项、群体工作研究课题 3 项、全民健身科技成果转化 3 项、全民健身科普工作等。

（4）全民健身宣传工作 402.8 万元

用于西部六省藏区的宣传增订，将党中央、国务院和总局关于体育工作的方针、政策及科学指导直接送到民族地区的基层，为推动民族地区体育事业的发展作出了积极贡献①。

### （五）体育公益金助力贫困地区

说起全民健身，人们首先会想起遍布城乡的健身路径，而正是有了体彩公

---

① 国家体育总局 2015 年度本级体育彩票公益金使用情况公告 http://www.sport.gov.cn/n315/n329/c731726/content.html

益金持续多年的支持，健身路径才来到亿万百姓的身边。

例如，甘肃体彩捐赠"快乐操场"。很多贫困地区的学校自建校以来，学生体育活动基本无法开展，体育器材一直都比较匮乏，使学生的体育锻炼活动受限。"公益体彩，快乐操场"的活动帮助贫困地区的学校解决了很大的问题，受到广大师生的欢迎。捐赠的器材质量好，种类丰富，有篮球、排球、足球、乒乓球、羽毛球、乒乓球桌、足球门等多种器材，完全可以满足各年级、男女生的需求，可以给学生们带来更多的欢乐。

杭州体彩邀请世界冠军去青海授课。青海，山脉高耸，河流纵横，是著名的三江源头。这里高寒缺氧、土地贫瘠，在海拔 3700 米的高原上有着一群渴望知识的孩子，对他们来说，能走出家乡在设施完善的游泳池酣畅淋漓地游一次泳是奢侈的梦想。杭州体彩中心与杭州市体育局、陈经纶体校、青海格桑花教育救助会等单位一起，送给来自青海玉树第二民族高中的 20 个孩子一份节日礼物——邀请游泳世界冠军吴鹏为孩子们教授一堂游泳体验课。在杭州市陈经纶体校的活动现场，吴鹏和其他两位老师从岸边拍水开始教起，打消了孩子们的紧张和顾虑。女孩子们比较害羞，她们在家乡穿的都是厚重的民族服饰，第一次穿上青春靓丽的泳衣，思想斗争了许久才敢走出更衣室下水练习。最终，在40 分钟的体验课后，20 名孩子都掌握了基本的入水要领，轻松愉悦地在水中玩耍嬉戏，他们还目睹了吴鹏表演他获得世界冠军的拿手项目——蝶泳。活动结束后，孩子们依依不舍地离开泳池，向教他们游泳的吴鹏和老师们献上圣洁的哈达，歌唱藏族歌曲表达谢意，体彩中心给每个孩子送上一份节日礼物，祝愿他们健康快乐地成长[①]。

## 三、奥运会的生态发展促进体育的生态化发展

100 多年来，奥林匹克运动会在全球的普及和对现代人类生存方式的影响是极为深刻的。正如德国学者西蒙·埃尔森所说："奥运会已把我们的关系从地方扩大到整个人类的目标之中，即将运动指向我们人类的外观，在世界间消解了保卫和反文化、反民族主义之间的相互关系，这是扩大全球人类间交流的桥梁。"这种重视自然资源环境的绿色体育理念已经成为人们共识，其最终追求

---

① 送体育技能体彩助学让贫困地区孩子们受益终生 http://www.sohu.com/a/54534021_121315

就是以绿色体育为旗帜的绿色奥运①。萨马兰奇认为，现在，如果不考虑环境问题，就不可能举办这种大规模的运动会。

1994年8月国际奥委会与联合国环境计划署签订了在环境保护方面的备忘录，并在巴黎召开的奥林匹克运动100周年大会上，将"体育运动与环境"列为专题，进行讨论。

1995年洛桑（瑞士）召开的关于体育和环境问题的首次会议上确认，国际奥林匹克委员会将把保护环境作为奥林匹克精神的支柱之一。今后，申请举办奥林匹克运动会的城市，必须首先检查自己是否具有在尊重越来越严格的环保标准的情况下举办奥运会的能力。

1996年国际奥委会成立的环境委员会重申："所有申办奥运会的城市都必须考虑到奥林匹克运动与环境之间的这种至关重要的联系。"经过不断的努力，环境保护现在已是奥运计划中一个不可缺少的主要部分。"环境"已经成为90年代奥运会的名副其实的主题。1996年亚特兰大自愿在夏奥会上执行新宪章，提出了自己有关垃圾、能源消耗和大气污染的计划。占地21英亩的奥运百年公园、新建的节能水上中心和交通系统是其环保努力成功的证明。1998年长野冬奥会推出了不会造成白色污染的餐具，并把"人类与大自然共存"定为大会的主题。通过一系列的努力，他们成功地使20世纪最后一次冬奥会显示出强烈的"绿色、自然、和谐"的生态理念。

2000年悉尼奥运会组委会在奥运设施建设期间，将环境保护置于最优先考虑的地位，强调一切为了"可持续发展"。在继承了"人与自然和谐"的生态理念上，又以"可持续发展"观进一步强调了"绿色奥运"的时代指向。

2004年雅典奥运会提出了一项减少空气污染35%的计划，主要措施是减少机动车辆，利用太阳能和风力为奥运村提供能源的环保策略。

2008年绿色奥运是北京奥运会的三大主题之一，《北京奥运行动规划》提出：为实现城市环境质量和生态状况的显著改善，北京将以防治大气污染和保护饮用水源为重点，强化生态保护与建设。届时，北京将建成生态城市，以"青山、碧水、绿地、蓝天"迎接奥运会的到来②。

---

① 陈颖刚.从北京奥运会谈绿色体育的兴起与发展［J］.湖南工业大学学报（社会科学版），2008（04）.

② 谢雪峰.体育生态论纲［M］.北京：北京体育大学出版社，2011.

奥运的生态化发展从实施的具体运作上就是要用保护环境、珍惜资源、维护生态平衡的可持续发展思想来筹备和举办奥运会。促进举办国家和城市环保基础设施的建设和生态环境的改善，从而更广泛地开展环境意识的宣传和教育活动，提高公众的环境意识。奥运把社会、经济、生态环境作为一个复合系统，以绿色思想的基本原则为指导，在城市改造、道路交通、场馆布局、建筑建设用材、生态环境保护、竞赛环境、科技建设、人文建设以及经济的持续发展方面都充分地展现出了新时代的生态价值观[①]。

# 第二节　体育发展中的生态失衡问题

## 一、学校体育没有处在平衡的生态系统里

在生态学理论上，生物的进化和发展必须通过打破原有的生态平衡，获得新的生态循环体系，因为生态系统在一定时间和稳定条件下，它的每个部分和功能都是处在彼此相适应的动态平衡当中，也适应这样的环境。例如，体育的实际教学过程中，我们把外在因素除外，只是一味地给学生教体育相关的知识技术、体育理念等，这种体育教学会被学生形成的观念所否定，因为学生自身形成的意识不会去重视这样的体育知识，因为和学生切身利益相关的不是体育教育，而是应试考试，在相关考试方面，体育是最不被关注和重视的，即使学校在教学内容和教学方法上下苦工，也是无济于事，同时这样长期不变的体育教学理念、方法、模式等也会影响到学生的兴趣爱好，学习的效果也会大打折扣，体育教育改革也不可能顺利进行。现状的体育教学课堂就缺乏这样的动态平衡，进而造成体育教学不能有效的发展，体育教学质量也不能很好的提高，在体育改革上也不十分明显[②]。

多年来，体育的课程设置、教学内容与活动形式等几乎都是参照西方较为成熟的竞技体育模式，在体育教学与活动设置上呈现出较为明显的竞技化单一发展倾向，表现出显著的西化特征。高校体育教学内容大多是西方竞技体育的

---

① 郭云聪.论人与自然和谐相处的科学体育发展观［J］.云南师范大学学报（哲学社会科学版），2007（06）.
② 赵少平.体育教育中的生态失衡问题分析与对策［J］.当代体育科技，2014（15）.

"舶来品"，诸如篮球、足球、健美操等竞技运动占据了学校体育教学与课外活动的大半江山，甚至垄断了高校体育市场，但在教学与活动形式上也只是对其进行简单的加工处理。众所周知，每一个现代竞技体育项目都有其自身产生和发展的"原生态"历史环境，与其所属地域、民族的生产和生活有着千丝万缕的联系，离开了特定的环境，就背离与抛弃了这些体育项目的"原生态"属性，如果人为刻意地将这些项目移植到其他民族和地区，极有可能引发"水土不服"的不良症状。我国学校体育为适应西方竞技体育的全球化，曾在消化和融合西方竞技体育的征程中取得了阶段性的成绩，但一开始就或多或少忽略了西方竞技体育所固有的"原生态"属性，以至于后来把西方竞技体育"请进来"的实践操作中有如邯郸学步、囫囵吞枣，这种盲目引入与极端效仿，不免带有削足适履的感觉。把异地"原生态"的竞技体育生搬硬套在我国学校所特有的教育生态环境中，其产生的不良反应逐渐浮出水面，体育教育由此也陷入了如何把异域民族"原生态"体育"洋为中用"的矛盾境地[1]。

## 二、体育主体结构失衡

我国体育生态系统是由竞技体育、大众体育、学校体育构成的，体育的生态平衡要求这三者必须保持相对的稳定。就目前而言，一方面我国奥运成绩举世瞩目而另一方面我国全民体育却发展滞后，贫困地区尤为严重，学生身体素质持续下降。这主要是因为我国过分重视竞技体育的发展，把绝大部分的资金投入竞技体育，使得大众体育、学校体育的发展滞后，从而出现了国民总体健康水平排名居 144 位，而竞技体育排名世界第 2 位的不太和谐的现象。

## 三、体育生态的水平结构失衡

在区域体育方面存在着不平衡。东西部体育存在严重失衡，西部无论在资金、人才、科技、竞技水平等方面，与东部相比都存在着较大的差距，增长幅度也比东部慢，并且差距越拉越大。在城乡体育方面也存在严重的失衡，农村体育无论是在资金、人才等方面都大大落后于城市体育。这主要由于我国在经济等方面存在着时空分布的不均衡，从而造成了我国体育的非均衡发展。

---

① 龚正伟.中国体育改革伦理理路与实践 我们需要什么样的体育［M］.长沙：湖南师范大学出版社，2011.

## 四、体育生态系统效益的失衡

物力资源利用率低，浪费严重。我国体育投资不足与浪费严重并存。很多学校拥有大面积的操场却从不对公众开放，造成体育资源的闲置，而公众缺少健身场所。用于竞技体育训练和比赛的体育场馆耗资巨大，利用率不高，却很难对群众体育开放。人力资源效率较低，流失严重。在体育的成本结构中，存在着投资失调现象。竞技体育人才的培养是建立在一种高投入，低产出，高淘汰率的基础上。有研究表明：我国竞技体育队伍每年投入4000多名运动员才能产出一名世界冠军。在人才使用上近亲繁殖严重，导致教练员素质不高，以及科学化训练程度不高，从而限制了我国竞技体育水平的提高。与此同时，群众体育中存在着指导员不足的问题，影响了大众健身的效果。这种忽视成本、效益低下、浪费严重的现象严重阻碍了我国体育的持续发展[①]。

# 第三节　体育教育生态化的发展路径

## 一、加强贫困地区学校体育的发展

### （一）政策保障是学校体育发展的坐标

发展贫困地区的学校体育，要以中央7号文件和"阳光体育运动"为契机，认真贯彻《学校体育工作条例》，切实执行《国家体育锻炼标准》。在贫困地区，学校体育教学大部分知识流于形式，主要原因还是在于《学校体育工作条例》和《国家体育锻炼标准》等制度没有得到有效的落实。所以，要彻底改变贫困地区的体育教育现状，关键在于依法治教，使现有的各项制度都可以得到落实，唯有如此，才能使教育方针在贫困地区进一步得以落实。首先需要做的就是健全监督机制，把对学校体育的检查评估和指导纳入政府和教育主管部门的工作日程，对学校体育特别是贫困地区学校体育教学及实施《学校体育工作条例》的情况进行督导检查，以督促学校对各项政策的实施。其次，要将《国家体育

---

① 杨利勇.我国体育生态失衡原因与平衡路径研究［J］.吉林体育学院学报，2013（04）.

锻炼标准》与升学考试有机结合，使体育真正成为素质教育的重要组成部分。《学校体育工作条例》规定："体育课是学生毕业、升学考试科目"。因此，根据《国家体育锻炼标准》将体育纳入升学考试内容，既是对学生体质、能力水平的检查，也是对体育教学工作成果的反映，同时还可以改变只以文化课考试成绩来评估教学效果的不合理之处，是实现应试教育向素质教育转变的有益补充和促进。

### （二）加强领导，提高认识，转变观念

从应试教育向素质教育转变是教育改革的目标，学校体育作为学校教育的重要组成部分，在素质教育中更应该有足够的重视。因此，要改变贫困地区体育教育落后的现状，首先需要各级政府部门及教育主管部门强有力的领导，从思想上进行转变，不要忽视体育的重要性，把体育与其他学科同等对待；其次，教师是教育的实施者，他们需要提高自己对体育的认知态度，真正把体育放在素质教育这一大前提下来衡量；再次，需要引起学生对体育的重视，可以通过新闻媒体的宣传，使学生真正了解通过学校体育强身健体的重要意义，并提高他们的体育锻炼意识。重点宣传通过体育教学与训练，能促进人体结构和形态的完美发展，能增强体质，促进人的智力发展，从而培养学生健康的生活方式和道德观念，培养学生正确的审美观念，促使他们提高对体育锻炼的正确认识，养成自觉锻炼身体的习惯，形成自觉参与体育锻炼的心理定势。让学生转变成才观念，为社会输送合格人才。

《中共中央国务院关于深化教育改革全面推进素质教育的决定》指出："健康体魄是青少年为祖国和人民服务的基本前提，是中华民族旺盛生命力的体现。学校教育要树立健康第一的指导思想。切实加强体育工作，使学生掌握基本的运动技能，养成锻炼身体的良好习惯。"这就为广大体育教育工作者明确了教学要求，所以教育的主管部门特别是学校的各级领导要从中华民族伟大复兴的战略高度，充分认识加强和改善学校体育现状的意义，切实转变育人观念。各学校要充分利用校园广播、宣传栏、举办体育与健康知识竞赛等活动，大力宣传学校体育的作用与功能，不断提高全体师生的体育健身意识。

最后，各级教育主管部门可以根据本地区的实际情况，举办贫困地区学校校长培训班、贫困地区学校体育研讨会等，逐步解决对学校体育的思想认识问题，为学校体育发展准备思想条件。

### （三）落实教育优先发展战略，加大对学校体育的投入

中华人民共和国《教育法》第一章第十条规定："国家根据各少数民族的特点和需要，帮助各少数民族地区发展教育事业。国家扶持边远贫困地区发展教育事业。"同时，《教育法》第七章第五十六条规定："国务院及县级以上地方各级人民政府应当设立教育专项资金，重点扶持边远贫困地区、少数民族地区实施义务教育。"而学校体育则是义务教育阶段实施素质教育的切入点，因此对少数贫困地区学校体育的经费投入，不能消极应对，而应鼓足勇气，下定决心，增强力度，保证需求。它不仅关系到素质教育在贫困地区的全面落实。而且是保障贫困地区青少年健康成长和发展生态体育的根本措施。中华人民共和国《义务教育法》第一章第六条规定："国务院和县级以上地方人民政府应当合理配置教育资源，促进义务教育均衡发展，改善薄弱学校的办学条件，并采取措施，保障农村地区、民族地区实施义务教育，保障家庭经济困难的和残疾的适龄儿童、少年接受义务教育。"

体育场地、器材及设施匮乏，是制约贫困地区学校体育发展的又一个主要原因。各学校要不断增加对学校体育经费的投入，保证每年有一定比例的经费用于学校体育场地、器材及设施的建设。面对这一现实，首先政府要加大投入的力度，向上级部门争取拨款，以此来保证贫困地区最基本的体育设施，使学校体育教学能够正常正规运转；其次，学校各级领导除了依靠政府投入外，还需要通过外界其他的途径筹措需要的资金，逐步改善场地、器材匮乏的现状，为体育教学和课外体育活动的开展创造必要的条件。近年来，通过"希望工程"为解决贫困地区的失学问题和基础建设等方面发挥了重要作用，同样，也可以通过类似的形式来改善贫困地区学校体育的教学条件。

### （四）因地制宜，因陋就简，自制器材，节省开支

场地小是当前贫困地区学校体育教学中普遍存在的一个问题，要在短时间内增加投资，扩建场地还不现实。这就要我们不断研究实践，发动一切积极因素，自制简易的实用性强的教学器材，以及更好地利用现有场地条件，更好地、更快地提高贫困地区学校体育。

1.动手自己修建简易场地

贫困地区学校的场地虽然差，但一般都有比较丰富的土地资源，只是没有

成形的运动场而已，另外，学校附近的原料也很丰富，完全可以自己动手修建场地。如要修建田径场，石块、碎砖、黏土都是现成的，煤渣在锅炉房也有，原料中只有石灰石和少量的水泥花点钱，修建时还可以发动学生利用劳动课来帮忙。这样一来，修建一个简易田径场的费用并不太大。依此法行之，篮球场、排球场、羽毛球场等场地的修建也并非难事。当然，要修建这样一个场地，要靠全体师生长期策划，齐心协力才能完成。

2.发挥贫困地区体育的特色，充分利用学校的自然资源

自然资源条件包括校内外的地形、地貌、建筑物、森林、水源、气候等资自然地理资源的开发不仅对发达地区的中小学有一定的价值和意义，而且对欠发达地区和农村中小学更具有特殊的课程价值和意义。以重庆为例，重庆以山地、丘陵、河谷等自然地理条件为主，同时拥有田野、森林。对训练学生的耐力，发展学生的体力，培养学生的坚强意志力有良好的促进作用。同时，让学生置身于自然环境中，可以缓解学习紧张带来的压力，培养和激发学生的体育兴趣。自然地理课程资源是我们最经济、最简便的体育课程绿色资源，如越野跑、爬山、野外生存训练等与气候、自然、地理环境有关的体育课程内容，可以培养、训练学生适应当地的气候、自然、地理环境的能力，培养学生热爱大自然，自觉保护自然环境的意识和良好行为习惯。所以，我们应当在组织好课堂体育教学的同时，带领学生走出校门，到大自然中去，因地制宜、因时制宜地组织学生进行多种体育活动。

（1）校园内部环境的有效利用

例如，重庆市大部分农村学校地形不够平坦，甚至高低起伏较大，可以利用这些条件开展攀爬、滑梯等活动；可以利用校园内的树木做支架设置单杠、爬绳、小篮球架等设施；有些学校内的地形还可以作为障碍跑的基本设施。

（2）校园周边环境的有效利用

小学往往占地面积较小，重庆万盛区的所有小学中具有两百米以上跑道场地的只有 3 所，可供学生活动的空间严重不足。这就要求体育教师注意充分利用校园周边环境条件。正如城市学校可以租借公园、公共体育场馆、其他学校的场地设施一样，贫困地区学校可以借用校园的周边环境条件，如公路、其他学校的场地设施一样，农村学校可以借用校园的周边环境条件，如公路、河流、山丘、树林、田野等，开展丰富多彩的课外体育活动。

（3）自然资源的利用与开发新运动项目的结合

任何一所学校都有一定的校内外自然环境特点。自然环境资源的利用没有一成不变的固定模式，学生维持对某种活动的兴趣也需要不断地变换运动规则或运动项目。这就要求教师在利用这些资源的时候注意观察与创造。发现其特点，创新运动项目，开发适合学生需要的、有新意的、对培养学生的体育兴趣与发展学生的体育能力有帮助的运动项目。只要始终抓住学校体育的最终目标这一主线，所开发的运动项目始终为实现这个目标而努力，就可以取得成效。

（4）利用自然资源的注意事项

教师在组织和实施这类体育课程内容时，应当把安全教育放在首位。如冰上运动要防止冰裂，雪上活动要避开易发生雪崩的地区，水中活动要了解水质是否受到污染，是否为血吸虫病传染区，雨天要提防泥石流，公路运动要防止交通事故等。另外，利用自然资源尤其是校外资源往往是对课堂教学内容的重要补充，教师要善于创新，开发不同的运动项目、运动形式。用富于变化、富于激情的运动形式吸引学生的体育运动兴趣，这也是保证安全的一种有效措施。当学生对该项活动感兴趣时，就能尽可能地按教师预设的要求去做，也就可以尽量地减少意外事故的发生。

3.发挥潜能，自制所需器材

对于做工精细程度、规格标准要求较低的器材或器械，完全可以自制，像肋木、跳高架、爬竿，甚至跨栏架、乒乓球桌等。贫困地区可以用来自制器材的资源很多，翠竹可以用来制作标枪；稻草、藤条可以编成拔河绳或者跳绳；合适的石块还可以用来代替铅球，这样自制器材的费用只需购买同类器材的20%～30%，大大节约了开支。另外，还可以创造性的自制器材，如旧麻袋装上破布、棉絮就成了垫子；废旧车内胎可做成简易拉力器；塑料包装袋可以做成简易杠铃等。

4.采取一物多用、改造传统体育器材的方式来满足需要

还有一部分器材既不能自制，也不可能通过高一级学校所得，像武术器械、跳高用的海绵垫等。这些器材、器械又是教学所必需的，那么可以采取相应的措施来满足学生的需要。

（1）一物多用

一物多用是指对体育器材，除发挥其固有功能外，运用发散思维，发挥其多种功能和用途。在倡导全面健身的时代，学校体育应当回归生活，以激发学

生对体育的兴趣和爱好，这就需要大量的物件模拟现实生活，学校已经拥有的体育设施就有了发挥"余热"的空间。任何一种物品，它都具有多重属性，但由于思维定式的影响，人们往往只注视其固有的、本质的属性，而忽视了其潜在的属性，在一定程度上导致了资源的浪费。对经费相对不足，设施难以配齐的农村学校来讲，充分挖掘器材的多种属性，发挥器材的多种功能，是解决器材短缺的重要途径。

在充分发挥设施的功能的同时，一物多用还能发挥学生、教师的创造性思维，培养学生勤于观察、勤于思考的习惯。

一物多用已有很多的应用实例，在推广素质教育的今天，仍然值得进一步的研究和探讨。例如：

栏架——可以用来跨栏，也可以用做投射门，还可以用作钻越的障碍等。

接力棒——可以用作接力跑的传接器材、哑铃操的手持器材等。

游泳圈——可以用作游泳救护，还可以模拟现实生活中的某些障碍而用于障碍跑练习。

实心球——可以用来投掷，也可以用作负重物、障碍物、标志物。

小皮球——可以用来踢足球，也可以用来投掷，还可以用来打篮球。

呼啦圈——可以用作障碍物，也可以用来替代跳绳，做多种游戏。

橡皮筋——可以用来替代栏杆、跳高的横杆等。

（2）对传统体育器材的改造

即对传统的竞技性的体育设施、器材规格进行改造，使之符合青少年学生生理发育特点的需要。努力将体育场地器材改造成学生的运动乐园，以满足学生体育活动的需要，吸引更多的学生参与体育活动。

体育场地、设施建设是学校建设发展的必要条件。近几年来，国民经济有了较大的发展，各地都在争相建设新的体育设施。然而，由于受竞技体育思想的影响，各学校所建设的大多是成人化的场地器材。从某种角度上讲，忽视了学生的年龄生理特点和兴趣爱好，因而不大受学生的喜欢。课余时间，你可以看到学生的体育活动丰富多彩，但一到有组织的体育活动，学生就产生抵触畏惧情绪，原因之一就在于这种有组织的体育活动所使用的是我们津津乐道的"标准"场地设施。

而学生对这些"标准"的场地设施却不感兴趣。由此而论，对这些"标准"的体育场地设施的改造也就意义非常了。从学生的生理发育特点出发，将这些

"标准"场地、设施、器材的规格按学生的实际需要进行改造，使学生在体育活动中多获得成功的体验，激发对体育活动的兴趣与爱好，对培养学生的终身体育意识和体育能力、体育习惯有非常现实的长远意义。

### （五）提高学校体育的质量，深化学校体育改革

在发展贫困地区的体育中，必须以提高质量和效益为取向，一是可以推动贫困地区社区文化的建设；二是可以打破贫困地区的学校体育长期在低起点徘徊的局面，能够把我们的专注点从人力、财力等外部因素转移到内部因素上，寻求内部发展的动力因素。

第一，建立完善的学校体育法规体系，保证学校体育管理制度化、规范化。完善的体育管理法规体系是学校体育工作执行和实施的重要保证，当前贫困农村地区学校体育面临的最大问题就是由于部分学校领导的不重视，各项体育工作无人监管，出现了体育课上课之前教师不备课、讲课内容随便定、学生活动很自由，学校器材无人看管的现象。所以，上级主管部门要加强和完善对体育法律体系制度化的建立。使学校的各项体育工作有秩序、有依据，这样便于体育的各项工作的制度化开展。此外，上级体育主管部门要做好监督和检查工作。并且还要注意检查工作不能流于形式主义，不能只停留在器材表面工作的检查，还要严格按照《中华人民共和国体育法》《学校体育工作条例》和《中学体育器材》的相关规定和要求做好学校体育管理的落实工作[①]。

第二，提高师资水平，这是提高贫困地区学校体育质量和效益的根本。要提高师资水平，首先要重视对贫困地区学校体育师资队伍的建设和培养，在坚持师资培养民族化、地方化的前提下，切实采取有效办法提高对贫困地区学校体育从业人员在专业思想、能力和奉献精神方面的培育；提高体育教师的业务能力，形成学校体育工作管理机制。体育教师是向学生传授运动技能、强身健体的理论和方法，是开展和组织学校体育活动不可或缺的主要力量，体育教师业务的水平和素质的高低直接关系到农村学校体育工作的开展和发展。即师资短缺是制约西部贫困地区学校体育发展的主要原因之一。因此，解决师资问题是保证体育教学正常运转的前提。在教师严重不足的贫困地区，体育教师更加缺乏，解决师资缺乏问题就成为改善贫困地区学校体育工作的重中之重。教育

---

① 张耀.山西省国家级贫困县农村初级中学体育教育现状及对策研究［D］.首都体育学院，2011.

主管部门，首先应该改革应届毕业生分配制度，健全奖励机制，鼓励应届毕业生到贫困地区学校任教，这是解决师资缺乏问题的关键之所在。其次，动员城镇教师到贫困地区进行帮扶活动，形成制度，长期坚持，逐步缓解贫困地区学校体育教师不足的问题。再者，建立健全稳定的培训机制，多渠道为贫困地区培养教师，使贫困地区学校体育教师后继有人。要加强对专职体育教师的管理与培训，不断提高教育教学能力和教研水平；并改善他们的待遇，在评定职称、评优评先中给予政策上的倾斜，使他们能安心在一线工作。使贫困地区学校体育师资队伍的整体水平有较大改观。

第三，改革体育教学内容，增强教学内容的适应性和地域性，要特别重视对优秀民族体育文化和群众喜闻乐见的民族、民间体育项目的开发和利用，打破学校体育教学内容的单一局面，实现贫困地区学校体育教学的多元化结构。在教学内容改革上。要重视地域性、民族性和文化性融合，既要考虑少数民族学生在社会主流文化中对学校体育发展的需求，也要顾及对少数民族体育文化的传承与发展[①]。

## 二、依托体育赛事促进地区的整体发展

举办体育赛事是提高城市形象和推动城市经济发展的有效途径。所谓体育赛事的经济影响是指由举办体育赛事而给举办地带来的除了非市场价值以外的净经济变化。当一个国家或地区举办某一赛事，特别是一些重大体育赛事，势必会有一些新的资金流入该国家或地区，并在该国家或地区的经济体系循环，从而对举办地的经济产生影响。有些学者将体育赛事给举办地带来的经济影响分为三个层级，即直接影响、间接影响和引致影响。体育赛事的间接影响和引致影响通常称为二次影响。从下边几个方面来分析大型体育赛事对举办地的影响。

### （一）体育赛事的直接经济效益

在 30 年前，如果那时候有人说世界杯是一个极富价值的商业品牌，恐怕会有人说他疯了。在国际足联成立的头 70 年里，它只是一家单纯的事业机构；而在世界杯比赛开展的前 50 年里，它只是一项仅仅容纳 16 支球队的影响力十分有限的一般体育赛事。如今的世界杯早已超出了足球的领域，它是四年一次

---

① 钟全宏，高强.西北贫困地区学校体育发展研究［M］.兰州：兰州大学出版社，2009.

的节日，也是四年一次的商机。（1）世界杯的直接经济收益。2006年世界杯给德国带来的总体经济效益在110亿美元到120亿美元之间。而来自南非媒体报道，南非政府发言人马塞库（Themba Maseko）在2010年7月15日举行的媒体吹风会上表示，虽然具体的准确数字还需要一个月左右的时间才能核算出来，但最初的计算数据已显示，仅在开赛前和举办期间，世界杯足球赛就为南非经济带来了930亿兰特（约合124亿美元）的收入。（2）国际足联的直接经济收益。1974年德国世界杯结束时，国际足联账户仅有24美元结余；而2010年南非世界杯的收入，据不完全统计，国际足联至少达到87亿美元。对于国际足联来说，世界杯早已不再把门票作为重要的收入来源，甚至不妨把门票的销售仅仅当作比赛人气的一种统计方式。而电视转播权、厂商赞助、与世界杯相关的产品销售，才是世界杯收入的重中之重。南非世界杯全球电视转播权的收入是27亿美元，远远超过了2006年德国世界杯的12.2亿美元。在厂商赞助方面，保守估计，国际足联这一次的收入将达到20亿美元以上。而除此之外，相关产品销售的收入更加惊人，已经达到了40亿美元，这还不包括此后的长期收入。（3）举办体育赛事，拉动本国经济发展已成各方共识。据南非当地媒体报道，世界杯为南非创造了130万个就业机会，并带来380亿兰特（约合50亿美元）的收入。而在世界杯效应的刺激下，南非商业信心指数6月份攀升到84.8，为2009年9月份以来最高水平，表明南非当地商界人士对经济前景持乐观态度。同时，南非因为在自己的国土上举办足球盛宴，不但吸引了102万人前来旅游，而且促使南非今年的经济增长约50亿美元，并创造了大量就业机会。此外，2009年，在国际金融危机和世界经济衰退的双重影响下，南非经济陷入了17年来首次衰退，但从2009年第4季度起，南非经济开始复苏，增长率为3.2%，今年一季度南非经济增速按年率计算达到4.6%。这一系列数字，都说明了世界杯对于南非经济的拉动。（4）如今的世界杯更像是一柄经济杠杆，在让主办国和国际足联受益的同时，也在拉动着全球的经济链条。据新华社伦敦电，英国的零售业6月份出现了复苏，这在很大程度上要归功于南非世界杯的举行。英国零售商协会说，6月份的销售额比去年同期增长1.2%左右，总销售额则增长了3.4%左右，这都是自今年3月以来最好的销售情况。争气的"德国战车"一路狂奔杀进半决赛的过程中，不但为自己国家带来了荣耀，同时带来了巨额财富。

### （二）体育赛事提升城市形象

通过举办体育赛事，北京、上海、广州、哈尔滨等地吸引了全球记者的到来，"城市名片"通过全球媒体的报道而传播天下，是一个无可取代、效果极佳的"全球广告"。这些城市虽然办赛花了一些钱，但城市知名度和城市形象大幅度提升的长期效应却不可低估，同时对城市本身的基础建设、体育设施、城市管理、社会文明是一个很大的促进。举办体育大赛，并不是"赔钱赚吆喝"，而是一种"功在一时，利在千秋"的战略眼光和战略行为。（1）世界杯树立南非形象。南非世界杯期间，全球观众约有 260 亿人次通过电视转播来观看比赛，南非抓住了这次向全世界推广的绝佳机会，大大提升了南非的国际形象。南非世界杯组委会首席执行官乔丹也坚持认为，世界杯赛事赐予南非经济的是一笔长期遗产，"新建的基础设施，比如道路、机场扩建项目以及在电信领域的投资，将在世界杯赛事结束后继续帮助我们的经济实现扩张"。更重要的是，南非通过本次世界杯重新树立了自己的形象，向世界成功展示了一个友善、热情、充满活力的南非。（2）漯河"排球城"城市名片的打造。2010 年中国国际女排精英赛（漯河站）和 2010 年世界男排联赛（中国漯河赛区）相继圆满落幕，2010 年全国女排锦标赛随后也在此打响，排球已成为深受漯河市广大市民喜爱的运动项目。除了承办大型赛事以外，2009 年 5 月，河南省漯河市正式向国家体育总局提出并启动了建设"中国排球城"的规划，计划在 5 年内初步完成中国排球城建设的梦想，"排球风"在这座豫南小城越吹越强劲。借此机会，漯河一举成为国内外关注的焦点，排球扬名运动也由此而展开。2010 年，漯河市副市长孙运锋表示，漯河市向国家体育总局排管中心提出的"中国排球城"的概念，包括了三方面的内涵，即竞赛基地、训练基地和普及推广基地。漯河市计划在 5 年内初步完成中国排球城的建设，将"中国排球城"打造成一张城市新名片。（3）F1 赛事对深圳国际知名度的提升。作为世界公认的具有最大影响力、最高收视率的四大国际体育赛事之一，F1 摩托艇世界锦标赛已经连续十年落户深圳。据了解，除赛事期间的门票收入、电视转播、赛场广告等将给城市带来丰厚的利润外，赛事会吸引成千上万的游客光临深圳，其中不乏大批的外国友人。F1 赛事还可以使赛场及周边地区的地块综合升值，赛场核心辐射区的产业进入成熟期后，渴望每年产生过亿元的营业收入。水上 F1 的进驻将大大增强深圳的综合竞争力。据了解，全球共有超过 150 多个国家和地区全程转播、报道该项赛事，每站比赛电视观众约 10 亿人次，全年比赛电视观众超过 100 亿人次，深圳通过 F1 赛事的举办大大提升了其国际知名度。（4）大型体育赛事塑造城市品牌成功案例：1988 年的汉城（今首尔）奥运会中，韩国抓住奥运会的契机，一举促使汉城（今首尔）成为世界名都；与此同时，韩国当年经济以 12.4% 的增长率增长，跃进亚洲四小龙行列。可以说，有了汉城奥运会，韩国才得以进入先进国家的行列。1992 年巴塞罗那奥运会，使海滨城市巴塞罗那一时由"名不见经传"变为誉满全球，并使其市政建设前进了 30 年到 50 年，美国《国家地理》杂志 1993 年评出的人类必去的十大名城，巴塞罗那当之无愧的位列第一。2000 年澳大利亚悉尼奥运会是历史上操办最成功、总体最出色的一届，通过奥运会，提升了澳大利亚的自然景观。悉尼奥运会的举办，使悉尼连续三年被世界旅游组织评为"世界最佳旅游城市"，旅游品牌效益超前了大约 10 年；2004 年希腊雅典奥运会，希腊把雅典描绘成奥运会的家，大力宣传，使人们认识到"奥运大家庭在雅典，参加奥运会就是回到了家"，由此提升雅典的声誉和吸引力。雅典奥运会使雅典现代化程度提前了 10 年。纵观近代体育赛事历史，可以看到，举办大型体育赛事既可以提升城市形象，又可以对经济产生推动作用，是打造城市品牌、促进举办城市发展、实现城市快速提高目标的动力。

### （三）体育赛事带动旅游业发展

从历史经验来看，承办世界杯、足球锦标赛、杯赛这样的世界性体育赛事和活动，对举办国和所在地旅游业发展起到重要促进作用，甚至成为旅游产业发展的转折点。（1）世界杯对举办国的旅游业带动。1982 年西班牙世界杯前，西班牙造船业受到了严重的冲击，整个国家陷入经济疲软。但是世界杯的举办使西班牙的旅游业成为国内股市上的亮点，直接带动了西班牙经济的复苏。那一届世界杯光是旅游收入就达到 63 亿美元，此后西班牙的旅游业持续高度开发，到 1992 年巴塞罗那奥运会时，旅游收入达到了 204 亿美元。另一统计数据显示，2006 年世界杯比赛前往德国的游客数量超过 200 万人，当年旅游业收入因而增加 7%。德国入境旅游在世界杯后也呈现出继续增长的势头，2007 年旅游业实现将近 10% 的增长率。1988 年汉城（首尔）奥运会期间和会后几年内，韩国入境旅游人数出现了两位数增长，成了韩国旅游产业的转折点。携程旅行网旅游业务总监唐一波认为，世界杯的长期旅游效应主要体现在提高旅游目的地的国际知名度、塑造和改善旅游目的地的国际形象、带动旅游软硬环境的完善、促进旅游产品升级等方面。比如2006年德国世界杯，中国有超过100亿人次通过电视收看世界杯，其中30%还是平时不常看足球的女性观众。（2）南非世界杯的旅游业收益预测。世界杯对南非旅游业的后续影响还将在今后3年逐步显现，预计外国游客将增加200万，旅游业收入将额外增加12亿美元。南非政府发言人马塞库（Themba Maseko）指出，成功举办世界杯，极大地提高了南非和非洲大陆在世界上的整体形象。这势必会吸引更多的旅游者来访，促进当地旅游业的发展；而且还将使南非成为外国直接投资涌入的热点地区。南非环境和旅游部部长马蒂纳斯·范斯卡尔奎克先生宣布：在全球经济低迷的情况下，南非海外游客仍增长了5.5%，在南非的直接消费额增长23.5%，相信南非一定能够实现2010年接待1000万海外游客的目标。南非旅游部门的领导麦克琳表示："这个国家在世界杯市场营销上花了大约1000万美元，但是举办这种收视率很高的体育赛事，有很多的利益是看不出来的。从旅游业的角度来说，这是一次难得的机会，让南非在世界面前展示自己。"（3）奥运会带来的旅游收入效益更是十分惊人。在悉尼奥运会举办的2000年，澳大利亚的入境游客创历史纪录，奥运会后入境旅游依然快速增长。2008年成功举办奥运会后，北京旅游业实现了跨越式的增长，1.67亿人次是其在2009年接待旅游总人数，同比增长14.5%。而这主要依靠北京最富吸引力的两个旅游景点：鸟巢和水立方。北京奥运经济研究会的预测显示：在北京奥运会结束后，中国的旅游业将继续受益的时间至少为10年。"现在包括鸟巢、水立方和国家体育馆这样的奥运场馆已经成为北京旅游路线中的重要景点，三个场馆的门票分别是50元、30元和20元，但每天来参观的人依然络绎不绝，以水立方为例，平日可以接待8000～9000人次游客，节假日这个数字可以达到16000人次。"①

### 三、构建体育生态意识

各种环境条件的不断变化，使体育生态系统不断产生新的问题和面临新的困境。体育生态学揭示了影响和制约体育生态系统生存与发展的各环境因子及其作用机制，揭示了体育生态系统在与环境因子相互作用的过程中所产生的生态问题。这些问题涉及体育生态系统与各种环境要素之间平衡关系的危机，涉及体育生态系统内部不同生态主体之间平衡关系的危机，涉及不同体育生态主

---

① 孔庆波.体育赛事产品消费与运营［M］.北京：北京体育大学出版社，2015.

体自身生存与发展方面的危机。

确立体育生态意识必须正确认识人、体育与环境之间的关系，这就需要思想观念的变革。在确立体育生态意识的基础上，还有必要在理论上进一步把握能够基本反映体育生态系统与各种生态环境之间、不同体育生态主体之间复杂关系的范畴。体育生态意识的强烈或淡薄，直接影响到保护体育生态环境的思想和行为，直接关系到对体育生态平衡的认识和重视程度。强烈的体育生态意识，是解决各种体育生态危机的思想基础。为了增强贫困地区的体育生态意识，帮助他们形成体育生态思维，就要构建起比较完善的体育生态体系，包括体育生态教育体系和体育生态优化体系。

### （一）体育生态教育体系

体育生态教育体系，是指采取多种形式、多种渠道对所有从事体育相关工作的人进行体育生态意识教育的体系，包括体育院系教育、体育行政干部培训、教练员培训以及全民健身意识教育。体育生态教育体系包括体育院系、体育运动技术学院、竞技体育学校和业余体育学校的体育生态教育。特别是应在高等体育院系开设体育生态教育学课程，增强体育专业大学生的体育生态意识。定期或不定期地举办全国体育行政干部体育生态理论培训班。这有助于加强体育行政干部的体育生态意识，帮助他们在宏观上从体育生态学的视角管理体育，制定有关体育的法律、法规。举办各种形式的教练员培训班，讲授体育生态学的基本理论。这有助于教练员用体育生态平衡的思想去教育和培养运动员以及选才、训练和比赛。对全民进行体育生态意识的教育。应该用体育生态平衡的理论教育群众，培养大众的体育生态环境意识；帮助他们用体育生态理论认识体育锻炼的作用和意义，使健身、娱乐、休闲协调发展和密切配合，实现大众体育的可持续发展。

### （二）体育生态优化体系

体育生态系统的可持续发展，需要体育的各种环境要素的协调与配合，这主要体现在体育生态系统内部环境的优化上。体育生态系统内部环境的协调平衡。大众体育、学校体育和竞技体育是构成体育生态系统内部环境的三大要素。学校体育和大众体育是竞技体育的基础。三大要素互相联系、互相促进、共同提高，构成了体育内部生态环境的良性循环和平衡。如果某一个要素发展缓慢，就会使体育生态系统内部环境不平衡，进而造成整个体育生态系统失衡。因此，学校体育、大众体育和竞技体育要均衡发展、优化组合，才能实现共同发展。体育生态系统内部环境单个要素的优化。例如，学校体育包括学校体育管理、体育场地设备、学生、体育教师以及体育教材等要素，它们构成了学校体育生态系统的组织。现在学校体育面临着学生多、体育场地不足等困难，制约了学校体育活动的开展，造成学校体育生态系统失衡。各级政府、学校都在采取积极措施解决这些问题，以使学校体育生态系统趋于平衡。

### （三）构建生态文化

#### 1.生态文化的内涵

生态文化是一种新型的文化，是倡导人类与自然协调发展、和谐共进的文化。它以崇尚自然、保护环境、促进资源永续利用为基本特征，进而建立"诚实、守信、善待生命、善待自然"的伦理道理观，建立"环境是资源、环境是资本、环境是资产"的价值观念，建立以资源节约型、科技先导型、质量效益型为基础的生产发展观，建立"科学、合理和健康的生活方式与消费理念"并将其贯穿于衣食住行用等日常生活之中。

生态文化建设是我国贫困地区生态环境保护和优化工作中的一项重要内容，是培养和造就人们环境保护主体积极性的基础。今天，贫困地区大多数人对于生态环境重要性的理解是非常浅薄的，对保护和优化生态环境的重要意义的认识也远远不够。只有在建立科学合理的环境补偿机制、完善法律法规的同时大力建设生态文化，早日把生态意识和生态思维上升为人们的意识和行为准则，使生态善恶观、生态良心、生态正义、生态义务等成为人们的自觉行为和道德规范，提高人们的环境意识，提高人们对当今社会及子孙后代的责任感，造就人们保护生态环境的主体精神，在全社会形成保护生态环境的良好舆论环境，才能保证人们保护生态环境的积极性、主动性和持续性，才能顺利实现贫困地区经济社会发展和生态环境保护的协调统一[①]。

#### 2.生态文化的建设原则

生态文化作为一种人类社会的历史现象，有其产生、存在、积累和发展的过程，生态文化建设应遵循以下几个原则。

---

① 麻朝晖.贫困地区经济与生态环境协调发展研究［M］.杭州：浙江大学出版社，2008.

（1）科学性原则。首先，生态文化是一种带有强烈的自然科学和经济科学以及人文社会科学色彩的文化，其内容具有很强的综合性，涉及生态学、环境科学、技术科学和社会科学等方面的内容。从自然科学的角度看，生态环境保护和建设需要遵循自然规律以及人文社会科学的规则。其次，只有应用环境科学、生态学和经济科学以及人文社会科学知识为思想武器，才能充分揭示生态环境保护的实质及重要性等问题，才能在更深层次上发展生态文化。

（2）群众性原则。生态文化建设中，公众的积极配合和参与是非常重要的。生态文化建设应坚持群众性原则。首先，生态文化建设的主要任务就是用生态建设的科学知识武装群众，使广大人民群众从衣食住行等日常生活中不断认识到生态保护和建设的重要性，引导和激励群众积极投身到生态建设中去，从而形成具有强大群众基础的生态保护力量。因此，唤起群众的生态意识，提高群众生态环境建设的积极性、主动性、创造性是生态文化建设的方向和动力源泉。离开了人民大众，生态文化建设就偏离了方向。如果没有群众的广泛参与，生态文化建设就没有发展的动力。另一方面，生态文化建设的一些具体工作是要通过企业、社区和个人进行的，如选择绿色的生产生活方式，植树造林，减少废弃物的排放、提高废弃物的回收利用、节水、节能等，群众性的生态保护和建设实践是生态文化赖以产生、发展的坚实基础；再次，公众参与生态保护和生态文化建设，可以将民意真实地反馈给政府，有助于政府的正确决策和修正决策中的偏颇和失误，对环境保护部门的执法行为有一定的监督作用，促进执法的公正和效率，使生态文化建设顺利进行。

（3）继承性原则。在博大精深的中国传统文化中，包含着质朴的生态伦理智慧，如在哲学上主张"天人合一"，即人与自然的和谐相处；在伦理方面，主张尊重生命，热爱万物，按自然规律办事。此外，还有大量热爱自然、赞美自然的诗歌、散文、游记、小说等文学作品。这些都是今天生态文化建设中的宝贵财富，我们必须对之进行继承和创新。

（4）借鉴性原则。生态文化是开放的文化，离不开对人类优秀文明成果的汲取和借鉴。不得不承认，西方发达国家无论是对自然的认识，还是生态保护的法律制度，抑或在生态保护方面的实践等方面都走在了我们的前面。国外生态文化的精华和成功的经验，包括当代科学技术的新知识、新方法和新技术，都值得我们吸收和借鉴。在生态文化建设中，要吸收国外生态文化的精华，要结合我国的实际，根据本地区、本民族自身的需要，进行自我改造、自我创新，在不同文化之间的相互交流、借鉴和融合中形成具有中国特色的生态文化。

（5）时代性原则。生态文化的产生是人们对工业文明进行反思的结果，它是时代发展的产物。生态文化深深地植根于时代生活的土壤之中，离开了时代的土壤，离开了现实的生态保护和建设的实践，生态文化的发展就失去了根基和源泉。

（6）协调性原则。生态文化提倡人与自然之间应追求最大限度的协调，以求在人口、资源与环境之间达成效益的平衡，既不违背自然生态的原则，又能兼顾人类社会的可持续发展；不再把自然界看成可被随意征服开采的对象，并保证经济与社会发展不能超过资源与环境的承载能力。

3.生态文化建设的地位和作用

生态文化建设在贫困地区的经济社会建设中有着重要的地位和作用。

（1）生态文化是实现经济与生态环境协调发展的决定因素。建设生态文化有利于提高人们的生态环境保护意识。随着科技进步对社会贡献率的提高，衡量一个国家或地区的经济建设水平，不仅要看GDP的总量和经济增长速度，而且要看对自然资源的合理开发与利用程度。要真正实现经济与生态环境的协调发展，必须依赖文化价值理念的支撑。从这个意义上说，生态文化是实现经济与生态环境协调发展的决定因素。

（2）生态文化为实现贫困地区的经济与生态环境协调发展提供精神动力。生态文化对经济与生态环境协调发展的作用，首先表现在它能够提高广大群众对自然生态环境保护的思想认识水平，明确生态建设的目的是保护生产力，更好地促进和发展生产力，提高和改善人民生活水平和生活质量，从而激发广大群众自觉地投身到生态建设中去。没有这种认识与公众参与的热情，就不可能实现经济与生态环境协调发展。

（3）有利于发展贫困地区具有地方特色的生态产业。在建设生态文化的过程中通过对传统文化的发掘，促进文化资源的经济转化，并通过举办文化艺术节等形式的宣传，提高地方经济和产品的知名度，带动传统特色经济产业的发展。通过引进高新技术，加速产业结构调整，促进文化与经济对外合作与交流，达到经济、文化与自然环境协调发展，使生态文化与经济建设结合得更为紧密，从而从深度和广度上拓展社会发展的内涵。

（4）生态文化代表了先进文化的发展方向。生态文化是在传统文化基础上发展起来的先进文化，它摒弃了旧的传统观念，吸收了现代的先进思想，从改造自然、征服自然、人定胜天的思想观念转变为以人为本、人与自然和谐相处，确立了保护自然就是保护人类自己的思想观念。从单纯追求经济发展速度，转变为经济、社会、环境同步协调发展，使环境保护从原来就治理而治理的被动性保护，转变为以预防为主、全方位的建设性保护，从源头控制生态环境恶化趋势，这是环境保护工作的一个重大突破。生态文化建设使经济发展和环境保护这对矛盾得到了真正的统一，使人们认识到保护生态环境就是保护生产力，抓生态环境建设就是推动和发展生产力，从根本上解决了那种认为发展经济必定造成环境污染、环境保护必定影响经济发展的错误认识，从而也为现代化建设指明了健康发展的方向，成为推进可持续发展的明亮灯塔。

### （四）加强政府生态体育宣传与教育

1.加大生态体育对外宣传教育

公众和企业的生态体育意识淡薄，会成为其生态体育活动的参与和生态体育实践的外在阻力。政府应逐渐转变角色，从运动员转变为教练员，注重提高公民的生态体育意识。对生态体育的宣传教育可以从以下几个方面进行：一是通过教育系统进行生态体育知识教育。学生是国家的未来，也是未来生态体育的实践者。邓小平同志"从娃娃抓起"的举措同样适用于生态体育。对教育系统超过两亿的在校学生进行有效的生态体育知识、体育安全知识、体育环保知识、体育道德规范、体育公平公正等教育，是提高生态体育意识的关键。影响了学生，通过"小手拉大手"，从而影响了父母和家庭，甚至整个社会。因此，政府应该出台相应的规章制度，鼓励教育系统真正成为生态体育教育的先锋力量。二是开展消费者生态体育消费教育。政府出台相关优惠政府鼓励企业加大对生态体育产品和服务的宣传力度，让更多消费者了解生态体育产品的绿色功效，进而能完全真实消费。三是政府应加强对各级官员的教育，提高其生态体育意识。各级官员是生态体育发展的主导力量，是各种生态体育法律法规、消费政策的制定者和执行者，政府的生态体育意识尤为重要。它最终会通过各级官员的决策行为和执行行为具体表现出来。

2.强化政府生态体育信息公开

西方学者追求将政府变成"玻璃缸里的金鱼"，即实现政府信息公开化和透明化。斯蒂格利茨则认为，"政府信息不公开会削弱公民的参与能力。个人基于公共利益愿意投入的时间和精力是有限的，保密增加了信息成本，这使许多公民在自身没有特殊利益的情况下，不再积极参与。"生态体育处于初级阶段，为了让公众更多地了解政府的作用所在，以及具体的政策规划，在政府生态体育决策中，政府部门需要通过政务公开机制，将决策制定方案、决策执行过程通过多种渠道予以公示，满足公众对生态体育的知情权，帮助公民众进行有效的沟通，也为公众积极参与到生态体育开展中来奠定了基础。

政府在对生态体育信息公开的过程中，可利用政府官方网站、城市公告栏、电视、报纸等媒体，通过讨论会、新闻发布会、协商会等多种方式，以与公众日常生活贴近的表达方式积极主动地公开生态体育信息。

### （五）健全生态体育组织和指导员队伍

加强生态体育工作机构和生态体育组织建设。在强化省、市、县（市、区）生态体育机构和生态体育组织建设的基础之上，着力加强街道（乡镇）生态体育工作机制建设，加强街道（乡镇）综合文化站的领导和协调，强化文化站生态体育服务职能，配备专职或兼职体育干部具体负责日常生态体育管理工作。建立健全街道（乡镇）相关人群、项目体育协会；支持居委会（村）和机关、企事业单位建立群众性绿色体育组织；有条件的学校、社区、体育场馆要建立开展生态健身的俱乐部。此外，健全基层生态体育健身站点、生态体育指导站和活动站等新型基层生态体育组织。

加强生态体育社会指导员队伍建设，组建生态体育社会指导员培训基地，不断完善生态体育社会指导员培训体系，进一步加大绿色体育社会指导员培训力度。组建生态体育志愿服务队，充分发挥优秀教练员、运动员、体育明星在生态体育指导服务中的引领作用，形成志愿服务长效机制。同时，规范生态体育社会指导员的管理，建立其表彰机制和经费投入机制。此外，加强宣传，为生态体育社会指导员开展全民健身志愿服务活动营造良好的舆论氛围。

# 第四节　体育教育生态化的发展趋势

## 一、进入生态化的体育时代

人类对自然的态度必须从功利性的利用转向对生命世界的回归，用一种对

"生命通流"的道德关怀来实现人类文明的可持续发展。人的生长是有规律,大自然的发展也是有规律的。如果人类不遵循大自然的发展规律,大自然就会报复人类。体育是人们后天习得的,我们是遵循它的发展规律还是违背其的发展规律是时候该做出选择了。毫无疑问我们会遵循大自然的发展规律。拯救自然、消除生态危机的迫切感催促我们快步进入生态化体育的时代。

体育伴随着人类而产生,历经几千年的发展变化,已经深深的融入人们的生活实践,成为人类健康发展的重要手段。现代体育的影响力已经渗透到社会的方方面面,日益显示出其独特的魅力与价值。但是,现代体育是西方工业文明的产物,带有工业文明思想的深刻烙印。征服自然、掠夺资源、过度商业化、滥用科技和药物、消费主义等是现代体育难以消除的顽症。在物质纵横的今天,人们的身体锻炼走上了追随时尚的误区。违背生态规律的体育运动,忽视了人自身的生态问题,从而出现许多体育活动失衡的现象,如个体内外生态系统的失衡;竞技体育与大众体育的失衡;竞技道德的失衡等等。在社会文明进行生态转向的时代机遇中,体育站在转型与改革的十字路口,何去何从?

应对危机,更新和调整社会文明发展的观念和方向是最为重要的。党的十八大报告站在全局和战略的高度,把生态文明建设与经济建设、政治建设、文化建设、社会建设一道纳入中国特色社会主义事业总体布局,并对推进生态文明建设进行全面部署,要求全党全国人民更加自觉地珍爱自然、更加积极地保护生态。深入贯彻落实党的十八大精神,要求我们在思想上更加重视生态文明建设,在实践中更好推进生态文明建设。

## 二、体育发展成为一种生态行为

如果说,人类的能动性在以往仅仅是一种对未来的蒙昧无知的冲撞;那么在今后,这种能动性应当而且必将是眼界越来越高的对未来的科学选择。在面向人类文明生态转向的世界图景中,体育理应而且必须对未来做出符合人类发展趋势的科学选择。

生态文明作为工业文明之后更高层次的文明形态,是一个具有丰富内涵的理论体系。这个体系,按照历史唯物主义的观点可以分为三个层次:

第一个层次是精神层次,即生态意识文明(思想观念)。思想意识是要解决人们的哲学世界观、方法论与价值观问题,其中最重要的是价值观念与思维方式,它指导人们的行动。以生态科学群、可持续发展理论和绿色技术群为代表的生态文明观，主要包括以下三个方面的内容：一是树立人与自然同存共荣的自然观。二是建立社会、经济、自然相协调、可持续的发展观。三是选择健康、适度消费的生活观。

第二个层次是制度层次，即生态制度文明（社会制度）。社会制度是要解决人与人的关系问题，追求社会公平正义。为了维护良好的生态环境必须进行制度建设，规范与约束人们的生产方式和消费行为，走科学发展道路，建设和谐社会。

第三个层次是物质层次，即生态行为文明（行为方式）。以往的生产方式和生活方式，以大量生产、大量消费、大量废弃为特征。这是一种浪费型生产方式，具有资源高消耗、产品低产出、环境高污染的性质。它的模式是；"原料—产品—废料"。它的技术路线是线性的非循环的，以排放大量废料为特征。这种生产方式和生活方式的性质导致自然生态严重透支。生态文明将坚决摒弃掠夺自然的生产方式和生活方式，学习自然界的智慧，创造新的生产形式和生活形式，既实现人类的可持续发展又保护自然价值，实现人与自然"双赢"。物质层次的生态行为方式选择是在精神和制度层次基础上实现生态文明的现实途径。

明确了生态文明建设的发展方向和理念，更重要的是找出引发生态危机的根源。研发新能源，生产节能型产品，这些从技术层面出发的环保手段，只是停留在一种头痛医头、脚痛医脚的治标方式。由此，我们就可以理解到，为什么"绿色奥运"理念提出多年后，对体育事业的整体发展并没有太多有效的改善，这正是因为"绿色奥运"还只是技术性层面的体育环保。依赖技术发展的环保模式，永远也难以满足几十亿贪婪人类的需求。只有从有形的工具层面提升到无形的思维方式和生存方式层面，解决生态危机才会成为可能。改变物质主义的生活习惯，倡导低碳生活，生态危机才会从技术层面的治标进入行为层面的治本。因此，符合生态文明建设的体育改革，也必须由此出发。生态化体育的发展首先是树立体育的生态意识文明；进而建立体育的生态制度文明，以保障个人的体育权利及规范和约束人们的体育方式和行为；最终落实到物质层次，即实施一种体育的生态行为文明，用绿色低碳的体育模式代替高消费高耗能的体育模式。如果说，物质层次的生态行为方式选择是在精神和制度层次基础上实现生态文明的现实途径，那么，生态体育就是在精神和制度层次基础上实施生态化体育的现实途径。

# 参考文献

［1］黎玉浓.湘西特困区体育教育生态化发展路径研究［D］.湖南农业大学，2015.

［2］安丽娜.竞技体育理论教程研究［M］.北京：中国纺织出版社，2016.

［3］刘绍曾，周登嵩.新编体育教育学［M］.北京：高等教育出版社，2004.

［4］但艳芳.中国城市绿色体育发展中的政府角色研究［M］.北京：北京体育大学出版社，2015.

［5］翟林.体育美育探微 体育美的理解与追求［M］.北京：北京体育大学出版社，2011.

［6］王忠宝.体育生态化探析［D］.东北大学，2011.

［7］李良萍，刘波，史强，等.安徽省高校体育教育生态化发展模式研究［J］.科技经济导刊，2016（32）.

［8］尹雨嘉.当代体育发展诸元导论［M］.北京：光明日报出版社，2014.

［9］刘毅勃.体育生态化发展路径研究［J］.湖北体育科技，2017（02）.

［10］滕有正，刘钟龄.环境经济探索机制与政策［M］.呼和浩特：内蒙古大学出版社，2001.

［11］陈智勇.新编大学体育教程［M］.北京：北京航空航天大学出版社，2014.

［12］游海燕，肖进勇等.体育生态论［M］.成都：四川科学技术出版社，2008.

［13］吴寿枝.大学体育与健康教程［M］.北京：北京体育大学出版社，2011.

［14］王敬浩.中国运动养生理论与技术体系研究［M］.桂林：广西师范大学出版社，2015.

［15］朱卫雄，郭晶，吴立新.大学生体质与健康［M］.武汉：武汉大学出版社，2015.

［16］谢雪峰.体育生态论纲［M］.北京：北京体育大学出版社，2011.

［17］汤立许.民族传统体育项目教材化与评价体系研究［M］.武汉：湖北人民出版社，2015.

［18］袁克强.新理念下的课堂教学［M］.西安：西安地图出版社，2006.

［19］叶加宝，苏连勇，邵雪梅.体育概论［M］.北京：北京体育大学出版社，2013.

［20］魏冰，李庶鸿，黄国龙，等.竞技体育生态系统及可持续发展研究［J］.山东农业大学学报（自然科学版），2013（1）.

［21］张媛.环境心理学［M］.西安：陕西师范大学出版总社有限公司，2015.

［22］柳伯力.体育旅游概论［M］.北京：人民体育出版社，2013.

［23］王蒲.运动竞赛理论与方法研究［M］.北京：人民体育出版社，2007.

［24］莫再美.广西城市老年休闲体育行为研究［M］.桂林：广西师范大学出版社，2015.

［25］刘爱平.体育与和谐社会［M］.长沙：湖南文艺出版社，2007.

［26］吴鼎福，诸文蔚.教育生态学 新世纪版［M］.南京：江苏教育出版社，2000.

［27］姜振寰等.技术学辞典［M］.沈阳：辽宁科学技术出版社，1990.

［28］罗洪铁.现代人力资源开发论［M］.成都：四川人民出版社，2005.

［29］李笑.社区建设与管理实务［M］.北京：经济管理出版社，2014.

［30］何斌.大学体育与健康教程［M］.成都：西南交通大学出版社，2014.

［31］郭荣菊.广西贫困地区农村体育教学现状调查及对策研究［D］.广西师范学院，2014.

［32］国家体育总局政策法规司.中国体育哲学社会科学研究 1978-2010［M］.北京：人民体育出版社，2013.

［33］蔡岳建.家庭教育理论与实践［M］.重庆：西南师范大学出版社，2013.

［34］张先松.健身健美运动［M］.武汉：华中科技大学出版社，2009.

［35］张晓义，张世民，张少伟.大学体育教程［M］.长春：吉林科学技术出版社，2007.

［36］秦钢，童立涛，刘景裕.现代大学体育教程［M］.北京：科学出版社，2008.

［37］刘星亮.体质健康概论［M］.武汉：中国地质大学出版社，2010.

［38］吕晓华等.体育健康论［M］.成都：四川科学技术出版社，2008.

［39］姜丽，黄永良，白莉.大学体育教程［M］.北京：高等教育出版社，2010.

［40］黄华清.大学体育教程［M］.北京：中国水利水电出版社，2009.

［41］陆晨.现代体育科学化管理［M］.北京：国防科技大学出版社，2009.

［42］肖林鹏.体育管理学［M］.北京：北京师范大学出版社，2011.

［43］郑霞.中国体育产业探究［M］.北京：北京体育大学出版社，2012.

［44］陶宇平.体育旅游学概论［M］.北京：人民体育出版社，2012.

［45］李同彦，赵云宏.试论竞技体育资源开发［J］.成都体育学院学报，2009（06）.

［46］郭太玮.体育课程导论［M］.南京：南京大学出版社，2012.

［47］黄秋玲.体育课程改革与体育课程资源的开发与利用［J］.体育世界（学术版），2012（05）.

［48］麻朝晖.贫困地区经济与生态环境协调发展研究［M］.杭州：浙江大学出版社.2008.

［49］商勇，宋述光.新型城镇化背景下城乡公共体育服务一体化发展模式研究 以山东省为例［M］.济南：山东人民出版社，2015.

［50］张小林.我国农村体育公共产品供给制度分析与创新［M］.北京：民族出版社，2014.

［51］冯迎娜.我国边远地区国家级贫困县农村中小学体育教育现状的研究［D］.北京体育大学，2009.

［52］陈叶坪.大学生健康教育［M］.武汉：华中科技大学出版社，2005.

［53］李凤梅，朱海涛.生态化体育的价值探求［J］.成都体育学院学报，2011（01）.

［54］张道荣.新时期我国农村体育的发展［M］.哈尔滨：哈尔滨地图出版社，2009.

［55］章海荣.生态伦理与生态美学［M］.上海：复旦大学出版社，2006.

［56］陈文.21世纪生态保护立法趋向研究［M］.黑龙江大学出版社，2015.

［57］吴建国，王文华，唐敬业.思想道德修养与法律基础［M］.北京：国家行政学院出版社，2015.

［58］郭艳华，周兆钿.再造和谐之城：广州建设人与自然和谐城市的理论与实证分析［M］.北京：中央编译出版社，2008.

［59］陈莉.大学体育与健康［M］.武汉：武汉大学出版社，2014.

［60］黄纬华.人类精神趋向［M］.郑州：大象出版社，2013.

［61］姜春云.拯救地球生物圈 论人类文明转型［M］.北京：新华出版社，2012.

［62］祝玉峰.政治文明新探［M］.成都：西南交通大学出版社，2010.

［63］李宏斌.现代奥运困境的伦理透视［M］.郑州：郑州大学出版社，2012.

［64］舒盛芳.大国竞技体育崛起及其战略价值研究［M］.上海：上海人民出版社，2015.

［65］于涛等.体育哲学研究［M］.北京：北京体育大学出版社，2009.

［66］李凌.生态体育的理论及评价指标体系的实证研究［M］.北京：北京体育大学出版社，2016.

［67］苏月.体育课堂生态化教学评价指标体系的构建［D］.聊城大学，2015.

［68］雷慧，邓罗平，张铁雄.学校体育生态化指标体系的构建［J］.武汉体育学院学报，2008（9）.

［69］马新宇.学校体育生态化指标体系的构建［J］.当代体育科技，2016（29）.

［70］新玉言，李克.崛起大战略"一带一路"战略全剖析［M］.台北：台湾出版社，2016.

［71］张秀娟.大国金融 大国经济需要大国金融［M］.北京：经济管理出版社，2016.

［72］李小林.城市外交 理论与实践［M］.北京：社会科学文献出版社，2016.

［73］张磊."一带一路"战略与中国少数民族地区社会经济发展［J］.中央民族大学学报（哲学社会科学版）.2016（4）.

［74］徐琳.体育营销学［M］.上海：复旦大学出版社，2013.

［75］王全昌.西安大型体育赛事品牌提升研究［J］.体育文化导刊，2012（09）.

［76］赵少平.体育教育中的生态失衡问题分析与对策［J］.当代体育科技，2014（15）.

［77］龚正伟.中国体育改革伦理理路与实践 我们需要什么样的体育［M］.长沙：湖南师范大学出版社，2011.

［78］杨利勇.我国体育生态失衡原因与平衡路径研究［J］.吉林体育学院学报，2013（04）.

［79］张耀.山西省国家级贫困县农村初级中学体育教育现状及对策研究［D］.首都体育学院，2011.

［80］钟全宏，高强.西北贫困地区学校体育发展研究［M］.兰州：兰州大学出版社，2009.